Wolfram Bortfeldt
Deckname »Kette«

Wolfram Bortfeldt

Deckname »Kette«

Der Verfassungsschutz und der Mord an Ulrich Schmücker

Luchterhand Literaturverlag

Die Rechte der Fotos auf den Seiten 15, 22, 168 liegen bei Klaus Hemme, auf der Seite 71 bei Peter Rondholz, auf der Seite 105 bei der dpa.

Lektorat: Gisela Merz-Busch
Umschlagentwurf: Max Bartholl
Satz: Dörlemann-Satz, Lemförde
Gesetzt aus der Garamond Stempel
Druck und Bindung: Ebner, Ulm
Printed in Germany
ISBN 3-630-86789-8

Inhalt

Anhang

Vorwort

In der Nacht vom 4. auf den 5. Juni 1974 wird der 22jährige Student Ulrich Schmücker im Berliner Grunewald erschossen. In einem Bekennerbrief erklärt ein »Kommando Schwarzer Juni« von der »Bewegung 2. Juni«, er sei als »Verräter hingerichtet« worden. Es ist der erste Fememord in der Geschichte der Bundesrepublik.

Dieser Mord ist nie gesühnt worden, obwohl es Tatverdächtige und Angeklagte gab. In vier Strafprozessen von 1976 bis 1991 mit insgesamt 591 Verhandlungstagen – das ist Rekord in der deutschen Justizgeschichte – konnte die Wahrheit nicht herausgefunden werden. Das Verfahren ist mit rechtskräftigem Urteil eingestellt worden, u. a. »weil die Tatumstände niemals mehr aufgeklärt werden können«. Ein ungewöhnlicher Beschluß.

In diesem Buch wird aber nicht die Prozeßgeschichte erzählt oder versucht, die Schuldfrage doch noch zu klären. Es zeigt vielmehr die Hintergründe, die letztlich auch zur Einstellung des Prozesses führten: Es ist die Geschichte eines Verfassungsschutzskandals.

Das Berliner Landesamt für Verfassungsschutz hat in diesem Mordfall von Anfang an Regie geführt, hat ohne rechtsstaatliche Bedenken Polizei, Gerichte und Verteidiger an der Nase herumgeführt. Einziges Ziel: Die Wahrheit darf nie ans Tageslicht kommen, weil der Geheimdienst selbst zu sehr in diesen Mordfall verstrickt ist. Um das zu verhindern, ließen die sogenannten Verfassungsschützer kaum einen schmutzigen Trick aus und manipulierten nach Herzenslust – geradeso, als hätten sie sich ein Motto der bekämpften Terroristen zu eigen gemacht: »Legal, illegal, scheißegal«. Beweismittel verschwanden, andere tauchten auf wundersame Weise auf. Briefe wurden gefälscht, Unfälle inszeniert, Zeugen präpariert, Anwälte bespitzelt. Der Verfassungsschutz agierte quasi im rechtsfreien Raum, weil ihn niemand kontrollierte. Im Gegenteil: Sein

Handeln wurde von der politischen Führungsspitze wissentlich gedeckt.

Zwei Agenten des Geheimdienstes arbeiteten im engeren Umfeld der mutmaßlichen Täter und scherten sich keinen Deut um Rechtmäßigkeit. Der Verfassungsschutz verhinderte, daß sie je vor Gericht erscheinen mußten, weder als Angeklagte noch als Zeugen. Sie leben heute im Ausland. Der eine bekam fast eine Million Mark für sein Abtauchen. Schweigegeld?

Auch Ulrich Schmücker war V-Mann des Verfassungsschutzes – was von Amts wegen bis heute bestritten wird. Sein Deckname war »Kette«. Auf Blatt 3 der V-Mann-Akte hat der Agentenführer unter den Vermerk über diese Namensgebung ein dickes schwarzes Kreuz gemalt und das Todesdatum daneben geschrieben. Dieser »Buchhalter« des Verfassungsschutzes hätte den Tod von Ulrich Schmücker verhindern können. Das Amt wußte von der Mordabsicht, aber schritt nicht ein. Der junge Mann starb, weil der Geheimdienst ihn als Lockvogel benutzte, um an andere, hochkarätige Terroristen heranzukommen.

Als Ulrich Schmücker im Juni 1974 starb, war ich Redakteur beim »Spandauer Volksblatt« in Berlin. Zunächst war der Fememord eine aufsehenerregende Nachricht – nicht mehr und nicht weniger. Aber schnell merkte man, daß in dem Fall irgend etwas nicht mit rechten Dingen zuging. Bei ersten Recherchen stieß ich auf einen möglichen Täter und Zeugen. Ein redseliger Freund des Mordopfers, der auch – allerdings ohne es zu ahnen – indirekter Informant des Verfassungsschutzes war. Kurze Zeit später starb er unter mysteriösen Umständen.

Während des ersten »Schmücker-Prozesses« 1976 deuteten sich die Verstrickungen des Verfassungsschutzes in dem Fall schon an, aber es war, wie sich später herausstellen sollte, nicht einmal die Spitze des Eisberges. Meine journalistische Neugier wuchs. Für mich wurde der Fall Schmücker zum Skandalfall Verfassungsschutz. Immer wieder stieß ich auf neue Hinweise und Erkenntnisse über die Machenschaften des Geheimdienstes. Vermutungen wurden zur beweisbaren Gewißheit. Auch Zufälle halfen dabei.

Im Jahr 1980 – ich war zu der Zeit STERN-Korrespondent in Berlin – kamen ein Kollege und ich auf die Spur des Agentenführers vom Verfassungsschutz, der der eigentliche Drahtzieher in dem Skandal war. Wir beschafften uns ein Foto von ihm und enttarnten seine wahre Identität. Und siehe da, nach dieser Veröffentlichung stellte es sich heraus, daß er – unter den verschiedensten Decknamen – im Terrorismusbereich agierte. In einem Prozeß hatte er sich durch bewußtes Lügen hervorgetan. Man kann fast pauschalierend sagen: Wo immer dieser Mann seine Finger im Spiel hatte, gab es »Merkwürdigkeiten«.

Während der 15 Jahre »Schmücker-Prozeß« kamen auch im Gerichtssaal immer mehr Machenschaften des Verfassungsschutzes ans Tageslicht. Das war das Verdienst der Verteidiger, die oft wie Privatdetektive arbeiteten. Ohne ihren engagierten Einsatz wären ihre Mandanten wahrscheinlich rechtskräftig verurteilt worden. Denn der Geheimdienst verschleierte und mauerte, wo er nur konnte: Akten wurden nicht freigegeben und Aussagegenehmigungen nicht erteilt.

Aber es gab auch Verfassungsschützer, die so etwas wie ein rechtsstaatliches Gewissen plagte. So »steckte« mir im Frühjahr 1988 ein Informant, daß das Amt nicht nur Telefonate der Verteidigung und der Hauptangeklagten belauscht hatte, sondern auch ein Spitzel in einer Anwaltskanzlei saß – Deckname »Flach«.

Als der Skandal nicht mehr unter der Decke zu halten war, ließ 1989 die neue politische Führung – der rot-grüne Senat Berlins – durch eine »Projektgruppe Verfassungsschutz« amtsintern die »Fehlentwicklungen« überprüfen. Die vier Berichte darüber und die Schlußfolgerungen eines parlamentarischen Untersuchungsausschusses, der seine Arbeit wegen vorgezogener Wahlen nicht beenden konnte, liegen diesem Buch ebenso zugrunde wie viele Akten des Verfassungsschutzes, teilweise noch mit dem Stempel »Geheim« oder »VS-Vertraulich« versehen. Über die wichtigsten Zeugenaussagen hatte ich eine Fülle von Notizen aus den öffentlichen Verhandlungen, auf die ich zurückgreifen konnte. Und auf mein persönliches Erleben der beiden Agenten »Wien« und »Flach« vor dem Untersuchungsausschuß.

In diesem Buch wird keine erfundene Kriminal-Story aus dem Geheimdienstmilieu erzählt; es werden nur Tatsachen berichtet, nichts wurde hinzugedichtet, selbst die Sprache ist authentisch. Wenn etwa ein Gespräch zwischen dem Agenten und dem Verfassungsschützer wiedergegeben wird, so ergibt sich der Wortlaut aus den Akten und Zeugenaussagen. Vorausgesetzt, die Zeugen haben nicht gelogen und der Verfassungsschutz hat nicht auch noch die eigenen Akten gefälscht.

Wolfram Bortfeldt

Auf dem Kudamm, nachts um halb eins

Der Mann mit den langen, strähnigen Haaren und dem üppigen, leicht schmierigen Schurrbart, der seinen Mund fast ganz verdeckte, hörte seinem Gegenüber kaum zu. Zuhören war ohnehin nicht seine Stärke, meistens führte er das Wort. Aber heute tat er auch das nicht, sondern rührte lustlos und abwesend in der Kaffeetasse. Lieber hätte er ein Bier getrunken. Sichtlich nervös schaute er ständig in Richtung Bahnhofsvorplatz. Von seinem Standort aus hatte man einen guten Überblick: Die beiden lehnten an einem der Stehtische am Fenster des Cafés »Speisewagen« gegenüber vom Bahnhof Zoo. Alle Autos, die auf den Vorplatz einbogen, alle Fußgänger, die den Hardenbergplatz überquerten, waren im Blickfeld. Der Mann mit dem Schnurrbart, er mochte etwa Mitte Dreißig sein, verfolgte alles mit leicht zusammengekniffenen Augen. Offenbar wartete er auf irgend etwas oder irgend jemand. Und als Steffen, ein Kumpel aus alten Zeiten, den er zufällig getroffen hatte, ihn etwas fragte, reagierte er nicht.

Plötzlich sprang er auf, sagte: »Mach's gut, ich mach' jetzt die Fliege!« Sprach's und verließ fluchtartig das Lokal. So schnell, daß Steffen ihn sofort aus den Augen verlor. Vergeblich suchte er mit den Augen den Bahnhofsvorplatz nach seinem Bekannten ab.

Auf der Uhr am Bahnhof Zoo war es 23.20 Uhr. Um diese Zeit war nicht mehr viel los an Westberlins Hauptbahnhof. Nur noch zwei Züge sollten bis Mitternacht die Halbstadt verlassen und mit ihnen die letzten Pfingsttouristen. Die wenigen Menschen, die um diese Zeit über den Platz schlenderten oder eilten, beachteten die einzige Attraktion dieser kühlen Juninacht nicht: Seit drei Minuten war fast totale Mondfinsternis – auf dem kalt beleuchteten Platz ohnehin kaum auszumachen.

Niemand beachtete auch den klapprigen gelben VW-Bus mit dem Kennzeichen HB-KL 568, der gerade in der Nähe des Haupteingangs hielt. Der Mann, der den »Speisewagen« so eilig verlassen hatte, rannte auf den Wagen zu, riß die Fahrertür auf und fragte: »Na, Wölli, alles klar? Haste das Paket?«

»Wölli«, ein wesentlich jüngerer, hagerer Mann mit schulterlangen Haaren, sprang aus dem Wagen und meinte: »Nee, die Genossen aus Westdeutschland haben 'ne Autopanne gehabt. Aber hinten liegt 'ne heiße Tüte drin, die kannste mal für mich bunkern. Schlüssel steckt!« Ehe sein Gegenüber etwas darauf erwidern konnte, umarmte ihn der junge Mann kurz und sagte: »Mach's gut, Hartmut, ich muß jetzt los.« Dann verschwand er im Bahnhof.

Der Mann aus dem »Speisewagen«, der eben »Hartmut« genannt worden war, setzte sich hinter das Steuer des alten VW-Busses und fuhr auf die andere Seite des Platzes, wo der Zoo-Eingang ist. Die Straße gegenüber dem Bahnhof war nur schwach beleuchtet und menschenleer. Er griff hinter sich auf die Rückbank, fühlte eine Plastiktüte und faßte kurz hinein. Dann stieg er hastig aus, ließ die Scheinwerfer brennen und ging in eine der beiden Telefonzellen. »Hartmut« schmiß zwei Groschen ein, wählte eine siebenstellige Nummer, die er offensichtlich auswendig kannte, und sagte: »Wien! Wir müssen uns sofort treffen, am besten in unserem Stammlokal am Kudamm!« Er hörte noch kurz die Antwort und hängte dann den Hörer ein. Es war 23.44 Uhr auf der Bahnhofsuhr.

Sein Gesprächspartner konnte keinen langen Weg gehabt haben und hatte wohl auf den Anruf gewartet, denn nicht mal eine halbe Stunde später stieg er vor der Kneipe »Drugstore« an Berlins Renommierboulevard auf der Beifahrerseite in den gelben Wagen. Der Mann mochte ebenfalls so Mitte Dreißig sein und war etwas rundlich. Er hatte dunkelbraunes Haar, trug eine dunkle Brille und einen gepflegt kurzen Oberlippen- und Kinnbart. Nach einer knappen Begrüßung sagte »Hartmut«: »Ich hab' nicht viel Zeit, und außerdem bin ich müde. Es gibt kein Paket, aber 'ne Tüte mit 'nem Eisen drin!« Sprach's und fuhr einfach los. »Ja und, was ist damit, was ist das für eine Waffe? Halt doch mal an!« Sie waren den Kurfürstendamm Richtung Halensee hinuntergefahren und kurz vor der Bleibtreustraße. Sie hielten an der Ecke unter einer Laterne. »Hier«, meinte »Hartmut« und hielt dem anderen eine gelbbraune Plastiktüte mit der

Aufschrift »Bata« vor die Nase. »Ich hab' sie mir selbst noch nicht genau angeguckt.« Dann zog er eine Pistole raus: Es war eine alte, leicht angerostete Parabellum 08. Die Griffschalen waren offensichtlich mal erneuert worden. »Hartmut«, der sich mit Waffen auskannte, versuchte den Schlitten nach hinten zu ziehen, um sie durchzuladen. Er war nur schwer zu bewegen.

»Das Ding ist keine fuffzig Mark wert«, meinte er abschätzend, »da muß man ja Angst haben, daß einem der Griff um die Ohren fliegt, wenn man abdrückt.« Sein Nebenmann nahm die Waffe kurz in die Hand und versuchte, die Nummer zu entziffern. Sie begann mit den Zahlen 375. Währenddessen griff »Hartmut« noch einmal in die Tüte und brachte zwei Magazine und ein paar Patronen zum Vorschein. »Am besten, ich nehm' das Eisen mal mit nach Haus und nehm' es auseinander. Ich glaub' nicht, daß es noch funktioniert.«

Der andere widersprach nicht: »Okay, aber paß auf, das könnte eine Falle werden! Nimm das Stück Stahl und warte ab, was weiter passiert. Ich will das Ding jetzt nicht haben!« Dann packte er die Waffe und das Zubehör wieder in die Tüte. Als er ausstieg, fiel der Abschied ebenso knapp aus wie etwa zehn Minuten zuvor die Begrüßung. »Hartmut« brummelte nur etwas vor sich hin, wendete mit dem Wagen auf der Kreuzung und brauste mit dem VW-Bus in Richtung Kreuzberg. Es war halb eins auf der Uhr an der Bushaltestelle.

Zur gleichen Zeit lag der Student Ulrich Sepp Schmücker röchelnd im Jagen 44 des Grunewalds, nur ein paar Kilometer entfernt. Wenig später starb er in dieser Nacht vom 4. auf den 5. Juni 1974 an den Folgen eines Kopfdurchschusses. Die Pistole in der Plastiktüte muß noch warm gewesen sein. Die beiden Männer am Kudamm – der eine ein Verfassungsschützer mit dem Arbeitsnamen »Steinecker«, der andere, »Hartmut«, sein Top-Agent – hatten vermutlich die Tatwaffe in der Hand gehalten.

Die Hinrichtung eines Verräters

Es ist stockfinster im Berliner Grunewald. Zwar hatte die Mondfinsternis um 23.16 Uhr ihren Höhepunkt gehabt, und die Nacht ist sternenklar, aber dennoch sieht man kaum die Hand vor Augen. In solchen Momenten hört der Mensch naturgemäß besonders auf jedes Geräusch in der Finsternis. Erst recht gutausgebildete Soldaten, die es gelernt haben, sich auch in der Dunkelheit zu orientieren und zu bewegen. In dieser kühlen Juninacht sind in dem Berliner Forst ein paar Dutzend US-Soldaten unterwegs. Ihr Manöver ist eine sogenannte Exfiltrationsübung: Ausbruch aus einem Gefangenenlager und Durchschlagen zu den eigenen Truppen. Ziel ist in diesem Fall ein Parkplatz an der Südspitze der Krummen Lanke, einem der Seen, die den Grunewald durchziehen. Dort wartet Lieutenant Robert Arthur Fitton in seinem Kommandozelt auf die GIs, die sich erfolgreich durch die Nacht geschlagen haben.

Um 0.30 Uhr haben Sergeant Macon Blue und seine Gruppe es fast geschafft. Knapp zweihundert Meter vor dem Ziel hören sie plötzlich ein Geräusch, das wie ein Röcheln klingt. Als sie stehenbleiben, gibt es keinen Irrtum mehr: In ihrer unmittelbaren Nähe röchelt und stöhnt ein Mensch. Eine Finte der »gegnerischen Truppen«, um sie kurz vor dem Ziel doch noch abzufangen? Vorsichtig tasten sie sich durch den Wald, das Geräusch wird immer deutlicher.

Auch wenn ihre Augen sich längst an die Dunkelheit gewöhnt haben – nur mühsam erkennen sie am Rande einer Schonung jenseits des Uferweges die Umrisse eines jungen Mannes, der ausgestreckt auf dem Waldboden liegt. Beim Näherkommen sehen sie, daß die Augen halb geschlossen sind, sein Mund ist weit geöffnet und auf der rechten Stirnseite klafft ein blutiges Loch. In Friedenszeiten auch für Soldaten kein alltäglicher Anblick.

Das Manöver ist vergessen. Sergeant Blue weiß, daß das Ziel nicht

Ulrich Schmücker, ca. 1972

mehr weit ist. Da wartet bei jeder Übung auch ein Sanitätstrupp wegen möglicher Blessuren der »kämpfenden Truppe«. Er rennt, alle militärischen Vorsichtsmaßnahmen vergessend, zu dem Parkplatz und alarmiert die Sanitäter. Sofort wird ein olivgrüner Krankenwagen in Bewegung gesetzt, aber nur fünfzig Meter von dem Schwerverletzten entfernt, versagt das Getriebe. Zu Fuß legen die Helfer den Rest des Weges zurück.

Im Licht ihrer Taschenlampen sehen sie eine riesige Blutlache unter dem Kopf des Schwerverletzten. Sie legen ihm einen Kopfverband an, um die Blutung zu stoppen, aber der ist sofort von Blut durchtränkt. Der junge Mann sagt noch etwas, aber die GIs verstehen kein Deutsch. Als wenig später die deutsche Polizei und Feuerwehr – von den Amerikanern alarmiert – am Ort des Geschehens eintreffen, können sie nur noch den Tod feststellen. Es ist ein Uhr durch, als auch die Kripo eintrifft. Sie gibt später zu Protokoll: »Der Tote war bekleidet mit einer braunen Wildlederjacke, grünen Cord-Jeans, braunweiß gemustertem Polo-Hemd, Unterhemd und -hosen, gelben Socken sowie halbhohen, mit Fransen versehenen Wildlederschuhen. Der Tote trägt einen spärlichen und rötlichen Kinn- und Oberlippenbart. In der linken Gesäßtasche befand sich ein Bundespersonalausweis auf den Namen Ulrich Schmücker.«

Sorgfältig wird alles registriert, was sich in den Taschen des Toten befindet – vom abgebrochenen Kamm über vierzehn Bonbons bis zum Tempotaschentuch und 2,51 Mark in Münzen. Trotzdem ist die Asservatenliste nicht vollständig: Sowohl die US-Soldaten als auch einer der Streifenpolizisten, die zuerst am Tatort waren, sagen später aus, daß bei dem Toten noch ein frankierter Briefumschlag lag – darin ein handgeschriebener Brief. Der Polizist will dieses Kuvert samt Inhalt seinem Vorgesetzten weitergereicht haben – der aber kann sich nicht mehr daran erinnern. Der Brief ist »auf dem Dienstweg« spurlos verschwunden. War es ein Brief, den Schmücker geschrieben hat? Wollte er jemandem etwas Wichtiges mitteilen, waren darin möglicherweise Hinweise auf die Täter? An wen war er gerichtet? War das Verschwinden des Briefes Schlamperei oder Absicht? Aber wer außer den Tätern hatte etwas zu verbergen?

Am nächsten Morgen geht bei der »Frankfurter Rundschau« ein

Bekennerbrief ein. In dem »Kommuniqué über Verrat« übernimmt ein Kommando »Schwarzer Juni« der »Bewegung 2. Juni« die Verantwortung für den Mord an Schmücker: »in den frühen morgenstunden des heutigen tages wurde der konterrevolutionär und verräter ulrich schmücker von einem unserer kommandos hingerichtet. schmücker war von einem tribunal der bewegung 2. juni wegen seiner aussagen vor staatsschutzbehoerden der BRD und west-berlin zum tode verurteilt worden.«

Unruhige Zeiten

Die »Bewegung 2. Juni« war Anfang der siebziger Jahre entstanden, benannt nach dem Todestag des Studenten Benno Ohnesorg, der am 2. Juni 1967 während einer Demonstration gegen den Schahbesuch in Berlin von dem Polizisten Karl-Heinz Kurras erschossen worden war. Mit dieser Namensgebung wollten die Anarchisten – so erklärte einer von ihnen, Bommi Baumann – suggerieren: Die Staatsmacht hat zuerst geschossen, wir schießen nur zurück.

Die Untergrundkämpfer des »2. Juni« kamen aus der antiautoritären Bewegung, einige aus der Kommune »K 1« um Fritz Teufel. Sie hatten die Studentenrevolte von 1968 miterlebt, die Demonstrationen gegen die Springer-Presse und gegen die Amerikaner in Vietnam. Ein politisches Programm aber hatten sie nicht, sondern agierten spontan aus moralischem und sozialem Engagement heraus. Oft war es nur ein sportliches Katz-und-Maus-Spiel mit der irritierten und überforderten Polizei. Als »Spaßguerillas« machten sie Aktionen, die selbst außerhalb der Sympathisanten-Szene belächelt, ja sogar gutgeheißen wurden: Stinkbomben, Verkleben von Fahrkarten-Automaten anläßlich von Preiserhöhungen der öffentlichen Verkehrsmittel, »Pudding«-Attentate, Klamauk vor Gericht. Mal traten sie als »Zentralrat der umherschweifenden Haschrebellen« auf, mal – dann schon militanter – als »Stadtguerilla«, »Schwarze Ratten« und »Tupamaros Westberlin«. Aus Spiel und Spaß wurde Ernst: Die ersten Waffen tauchten auf, Sprengsätze wurden gebastelt, die allerdings oft nicht funktionierten. Zur Geldbeschaffung überfiel man Banken. Noch beschränkte man sich, wie schon zu Rudi Dutschkes Zeiten, auf »Gewalt gegen Sachen«.

Entstanden ist die Untergrundbewegung »2. Juni« etwa zur gleichen Zeit wie die »Rote Armee-Fraktion« RAF, war jedoch – auch wenn es Kontakte gab und man sich kannte – keineswegs von Anfang an so militant und so straff organisiert wie die sogenannte Baader-Meinhof-Gruppe. Auch die RAF hatte ihren Ursprung in der Berliner Szene, trat aber vor allem durch Aktionen im gesamten Bundesgebiet in Erscheinung. Vielleicht war die »Geburtsstunde« dieser Gruppe in der Nacht vom 2. auf den 3. April 1968, als in Frankfurt zwei Kaufhäuser in Flammen aufgingen. Der Sachschaden betrug rund 700 000 Mark. Dafür wurden Andreas Baader und Gudrun Ensslin, die sich in Berlin kennengelernt hatten, zusammen mit zwei Mitangeklagten zu drei Jahren Zuchthaus verurteilt.

Am 14. Mai 1970 wird Baader bei einer Ausführung mit Gewalt befreit, dabei wird ein Unbeteiligter lebensgefährlich verletzt. Organisiert wurde die Befreiung von der Journalistin Ulrike Meinhof und Gudrun Ensslin, die vorzeitig entlassen worden war. Sie tauchten ab in den Untergrund und wurden steckbrieflich gesucht. Als sogenannte Baader-Meinhof-Bande überfielen sie Banken und verübten sie politische Anschläge.

Die mehr intellektuellen Frauen und Männer von der RAF sahen sich – im Gegensatz zu den Spontis vom »2. Juni« – als Berufsrevolutionäre, die dem »Imperialismus«, »Faschismus« und »Polizeistaat« den Kampf angesagt hatten. In einem von Ulrike Meinhof verfaßten Strategiepapier heißt es, »Stadtguerilla zielt darauf, den staatlichen Herrschaftsapparat an einzelnen Punkten zu destruieren, stellenweise außer Kraft zu setzen …«

Der Staat war auf den Terrorismus überhaupt nicht vorbereitet. Schon bei den Ulk-Aktionen und Provokationen der Kommunarden um Fritz Teufel hatte die Staatsmacht überreagiert und schuf so die ersten Märtyrer der Bewegung – »politische Gefangene«. Mit Straftaten aus dem Untergrund heraus hatten Polizei und Justiz schon gar keine Erfahrung – auch die Abteilung Staatsschutz bei der Polizei und die sogenannte P-Abteilung der Staatsanwaltschaft nicht. Das Adjektiv »politisch« wurde vermieden bei diesen beiden Institutionen, aber man war zuständig für Kriminalität »mit politischem Hintergrund«.

Auch das Referat »Linksextremismus« beim Berliner Landesamt für Verfassungsschutz tappte lange Zeit im dunkeln, weil die üblichen geheimdienstlichen Mittel und Methoden nicht griffen. Bis dahin hatte man sich nur mit straff organisierten, orthodoxen Kommunisten beschäftigt. Und gleich der erste Versuch mit einem V-Mann im Untergrund 1967/68 schlug fehl: Peter Urbach, genannt »S-Bahn-Peter«, bastelte selbst Molotow-Cocktails, beschaffte Waffen und stiftete zu Straftaten an – der klassische »agent provocateur«.

In den Jahren 1971 und 1972 eskalierte die Gewalt – auf beiden Seiten: Die Studenten Georg von Rauch und Thomas Weisbecker wurden auf offener Straße erschossen, die Umstände wurden nie ganz geklärt. Die beiden gehörten zur »Bewegung 2. Juni«. Im Juli 1971 wurde in Hamburg die 19jährige Friseurin Petra Schelm bei einer Polizeiaktion erschossen. Man hatte sie für Ulrike Meinhof gehalten. Ob sie je RAF-Mitglied war, ist unklar. Die Gegenseite bombt: Im Mai 1972 gibt es vier Tote bei Anschlägen der »Rote Armee Fraktion« auf amerikanische Einrichtungen in Frankfurt und Heidelberg.

Im Juni 1972 haben die Ermittlungsbehörden Grund zum Jubeln: Zuerst werden Jan-Carl Raspe, Holger Meins und Andreas Baader in Frankfurt verhaftet, kurz darauf Gudrun Ensslin in Hamburg und Ulrike Meinhof in Hannover. Der sogenannte »harte Kern« der RAF scheint zerschlagen. Sie alle leben heute nicht mehr: Holger Meins starb 1974 an den Folgen eines Hungerstreiks, Ulrike Meinhof beging 1976, die anderen drei 1977 Selbstmord in Stammheim.

Auch bei einer Aktion des »2. Juni« in Berlin gibt es plötzlich den ersten Toten, unbeabsichtigt: Bei einem Anschlag auf den Britischen Yachtclub am 2. Februar 1972 wird der deutsche Bootsbauer Erwin Beelitz getötet. Die Szene reagiert erschrocken, eine Reihe von Rebellen steigt aus.

Andere machten weiter: Neben Aktionen gegen den Vietnamkrieg und gegen Militärdiktaturen in aller Welt, widmeten sich viele der Betreuung inhaftierter Genossen. Die »Schwarze Hilfe« und die »Rote Hilfe« koordinierten die Solidarität für die »politischen Gefangenen«. Bald gab es kaum noch eine bundesdeutsche Großstadt, in der nicht wenigstens eine der beiden Hilfsorganisationen vertreten war. Für viele junge Idealisten war es der erste Kontakt zum politischen Untergrund – und oft der Einstieg in die Illegalität.

Eine ganz normale Terroristen-Karriere

Auch Ulrich Schmücker fand über die »Betreuung politischer Gefangener« den Einstieg in die Untergrundszene – eine fast klassische Terroristen-Karriere. Als Kind »später« Eltern kam er am 4. August 1951 in Hagen/Westfalen zur Welt. Seine Mutter war 37 Jahre alt, sein Vater, von Beruf Sportlehrer, war schon 51. Ulli, das Einzelkind, war eher schmächtig und sollte ein sportlicher, drahtiger Kerl werden: Im Schwimmen und Skifahren wurde er von klein auf getrimmt. Aber seine Knie machten auf die Dauer nicht mit. Diese Wettkämpfe mußten ohne ihn stattfinden.

Ohnehin entwickelte er auf dem Gymnasium in Castrop-Rauxel und später in Bad Neuenahr andere Neigungen und Begabungen: Sprachen und Musik. Sonst ein fast schüchterner Jugendlicher, stand er plötzlich im Mittelpunkt, wenn es um Rockmusik ging. Ulrich Schmücker war Leadgitarrist und Sänger in einer Band, die es den Rolling Stones nachmachen wollte. Doch das war nur die eine Seite.

Oft spielte er auch alleine zu Hause und komponierte besinnliche Lieder. Zum Erstaunen seiner keineswegs religiösen Eltern arbeitete er bei der evangelischen Jugend mit und hatte eine besonders enge Verbindung zu seinem Religionslehrer. So entstand sein Berufswunsch – Pfarrer. Ein Jahr vor dem Abitur ging er als Austauschschüler in die USA. Dort lernte der wohlbehütete junge Kleinstadt-deutsche das soziale Elend der Großstädte kennen. An der High School erlebte er, wie Mitschüler verprügelt wurden, bloß weil sie Schwarze waren. Zusammen mit jungen Amerikanern engagierte er sich gegen die Rassendiskriminierung und arbeitete in den Slums. Trotzdem schaffte er seinen Semester-Abschluß mit »sehr gut«.

Nach seiner Rückkehr sah er auch in Deutschland überall soziale Mißstände – aus seinem christlichen, sozialen Engagement wurde moralisch-politischer Tatendrang. Er wollte etwas an der Ungerechtigkeit in der Welt ändern, aber er wußte noch nicht wie. Pfarrer jedenfalls war kein Beruf mehr für ihn. Und mit seinen neuen Wertvorstellungen war auch das Soldatsein, der bevorstehende Wehrdienst in der Bundeswehr, nicht vereinbar. Wie viele seiner Altersgenossen und Klassenkameraden zog es ihn deshalb nach Berlin.

Im Oktober 1971 schrieb sich Ulrich Schmücker an der Freien Universität für die Fächer Geschichte und Ethnologie ein. An der Berliner Uni waren zu der Zeit die »Roten Zellen« die aktivsten und aufmüpfigsten unter den zahlreichen linken Grüppchen. So landete Ulrich Schmücker für kurze Zeit bei der »Roten Zelle Historiker« – aber befriedigend waren die Aktionen und Diskussionen auf dem Campus für ihn nicht. Auf der studentischen Spielwiese konnte man analysieren und tun, was man wollte: Doch nichts veränderte sich dadurch, schon gar nicht die angeprangerten gesellschaftlichen Verhältnisse.

Noch im ersten Semester fand er Kontakt zur »Schwarzen Hilfe«, und damit traf der Suchende auf Gleichgesinnte. Die Genossen im Knast, das waren die Opfer der »Bullen« und des »Schweinesystems«, die es zu unterstützen galt. Dann kam die erste Aktion für den jungen Studenten: Als die Berliner Verkehrsbetriebe am 1. März 1972 ihre Fahrpreise erhöhten, fuhr er mit zwei Genossen durch die Stadt, machte Fahrscheinautomaten mit Kaltmetall unbrauchbar und klebte Protest-Zettel darauf. In dieser Nacht waren mehrere solcher Gruppen unterwegs. Viele der Akteure gehörten zum »2. Juni«.

Am 19. März gab es nach einem Brandanschlag auf die Bücherei der juristischen Fakultät ein Teach-In im Audimax der Technischen Universität. Unbekannte ließen während der Veranstaltung Flugblätter von der Empore segeln, in denen die »Bewegung 2. Juni« die Verantwortung für den Anschlag übernahm. Damit trat die neue Organisation überhaupt das erste Mal unter diesem Namen in Erscheinung. Schmücker hatte die Zettelwerfer beobachtet und sprach die beiden Frauen an. Es waren Inge Viett und Verena Becker. Man vereinbarte ein Treffen ein paar Tage später. In der Folgezeit wurden regelmäßige Freitags-Treffs abgehalten, bei denen weitere Aktionen und der Aufbau neuer Gruppen des »2. Juni« besprochen wurden.

Ulrich Schmücker mit ca. 15 Jahren

Schmücker war innerhalb weniger Wochen problemlos zum harten Kern des Berliner Untergrunds vorgedrungen.

Durch einen in Dritte-Welt-Gruppen engagierten Tutor an der Uni bekam der Möchtegern-Guerilla tatsächlich Kontakt zu echten Untergrundkämpfern: Bei mehreren konspirativen Treffen diskutierte Schmücker mit einem Araber, der behauptete, zur Befreiungsfront Palästinas zu gehören. Man kam sich näher, der Mann bot dem deutschen Genossen Waffen und Sprengstoff an. Genau daran mangelte es damals noch in der Berliner Untergrundszene. Die Palästinenser dagegen brauchten dringend Geld. Und davon hatte die »Bewegung 2. Juni« gerade genug: In Berlin waren mehrere »Geldkisten« gelaufen, wie Banküberfälle im Terroristen-Jargon genannt werden.

Mit diesen neuen »connections« konnte Schmücker nun gegenüber den »2. Juni«-Leuten prahlen. Mit seinem späteren Mitgefangenen Harald Sommerfeld, der zum Kreis um die beiden Frauen Becker und Viett gehörte, hatte er seinen ersten Anschlag hinter sich – allerdings ein Fehlschlag. Die Brandbombe beim amerikanischen Offiziersclub ging nicht hoch: Sie bestand aus einem Aluminium-Kochtopf, gefüllt mit »Unkraut-Ex«, und einem Wecker. So dilettantisch waren die Bomben damals noch gebastelt.

So ging Inge Viett auf Schmückers Angebot ein, aus der arabischen Quelle richtigen Sprengstoff zu bekommen. Sie drückte dem Terroristen-Neuling dafür 5000 Mark plus 440 Mark Spesen in die Hand. Schmücker bestand seine Bewährungsprobe: Auf konspirativen Wegen beschaffte er nicht nur den gewünschten Sprengstoff samt Sprengkapseln, sondern hatte von den arabischen Freunden auch noch gelernt, wie man daraus Bomben baut. Außerdem wurde vereinbart, daß eine Gruppe des »2. Juni« im nächsten Monat zur Terrorausbildung in den Nahen Osten fliegen sollte. Aus dem moralisch entrüsteten Jungen, der Pfarrer werden wollte, war ein militanter Bombenleger geworden. Das war am 2. Mai 1972.

Am nächsten Tag stand in den Zeitungen, daß in der Türkei drei oppositionelle Studenten hingerichtet worden seien. Die Gruppe beschloß daraufhin, einen Anschlag auf das türkische Generalkonsulat zu verüben. Schmücker und der ebenfalls neu zur Gruppe gestoßene Wolfgang Knupe, genannt »Lupus«, sollten den Plan ausführen.

Staunend standen die Genossen um Schmücker herum, als er mit den Utensilien aus dem Deal mit den Palästinensern scheinbar profihaft eine Bombe bastelte. Kurz nach Mitternacht, es war die Nacht zum 5. Mai 1972, war das Ding fertig. Schmücker und »Lupus« deponierten den Sprengsatz unter einer Freitreppe an der Rückfront des Gebäudes. Das hatten alle fünf Gruppenmitglieder bei einem Minigolfspiel so ausbaldowert. Der Platz lag unmittelbar hinter ihrem Ziel, dem Konsulat. Als sie am nächsten Morgen nachsehen wollten, welche Wirkung die selbstgebastelte Bombe gehabt hatte, gab es lange Gesichter: Auch dieser Sprengsatz war offensichtlich nicht hochgegangen. Daraufhin machten sie die Polizei anonym über Notruf auf die Bombe aufmerksam.

Als selbst die »Berliner Abendschau« nichts über den mißglückten Anschlag brachte, setzten sie einen Brief auf und steckten ihn beim Büro der Deutschen Presse-Agentur an die Tür. Schmücker rief dpa an, damit das Schreiben gefunden wurde:

»Aus Solidarität mit dem Kampf des sich bewaffnenden türkischen Volkes gegen die Militärdiktatur in Ankara haben wir gestern eine Plastikbombe in das Konsulat dieser Faschisten gelegt. Die Bombe explodierte *leider* nicht. Um die Gefährdung Unbeteiligter durch eine Spätzündung zu verhindern, wurde die Polizei von uns benachrichtigt. Sie reagierte nicht! Die Bombe liegt noch jetzt in einer Mauernische der Hintertreppe des türkischen Generalkonsulats in der Kirschenallee/Charlottenburg. Hier wie überall auf der Welt wird der Kampf gegen das Großkapital, Faschismus und Imperialismus fortgesetzt.

Es lebe der internationale Befreiungskampf!

Bewegung des 2. Juni«

Auch darauf reagierte niemand. Nach dieser Enttäuschung beschlossen Inge Viett, Verena Becker, Harald Sommerfeld, Wolfgang Knupe und Ulrich Schmücker am nächsten Morgen jetzt ein Attentat auf die türkische Botschaft oder das Generalkonsulat in Bonn. Verena Becker sollte in Berlin bleiben, um alle Spuren beseitigen zu können, wenn etwas schiefginge und die anderen verhaftet würden.

Am 6. Mai gegen 18 Uhr traten die vier die Reise an. Im Kofferraum des Fiat 124 mit dem Kennzeichen B-W 3490 hatten sie unter anderem:

1 Sprengsatz
2 Funkgeräte
Zündschnur
Kabel
7 Batterien
1 Uhr
Chemikalien
Elektrowerkzeug
Schloßabzieher (zum Knacken von Autos)
Autokennzeichen B-WS 752
2 Witzhefte

Der Sprengsatz hatte ungefähr die Wirkung von zwei Handgranaten, war also ganz beachtlich. Wenn er hochgegangen wäre …

Auch dieses Unternehmen mißlang. In Köln versuchten sie, einen Mercedes 280 SE zu klauen. Zwar kriegte Sommerfeld die Tür auf, aber konnte mit dem Schloßabzieher das Lenkschloß nicht knacken. Frustriert fuhren sie weiter, und Schmücker, der ziemlich übermüdet am Steuer saß, verfuhr sich in der Nähe von Bonn. So beschlossen sie, nach Bad Neuenahr-Ahrweiler zu fahren, wo Schmückers Eltern wohnten. Es war schon hell, als sie auf einem Parkplatz, kaum fünfzig Meter vom Elternhaus entfernt, stoppten. Schmücker hatte seine Hausschlüssel in Berlin gelassen und wollte seine Eltern nicht aus dem Bett klingeln. Also pennten sie im Wagen.

Am Morgen des 7. Mai 1972 um acht Uhr wurden sie geweckt – von Streifenpolizisten. Denen war der Berliner Fiat mit den vier jungen Leuten aufgefallen. Eine Routinekontrolle. Als die Beamten den Sprengsatz im Kofferraum des grauen Fiat entdeckt hatten, ließen sich die müden Stadtguerillas widerstandslos festnehmen. Die Dorfpolizisten hatten einen Fang gemacht, von dem die Berliner Fahnder nur träumen konnten.

»Agent oder Revolutionär«

Am nächsten Tag erhielt das Berliner Landesamt für Verfassungsschutz ein Fernschreiben aus Koblenz:

»Am 7. 5. 72 wurden bei einer Kfz-Kontrolle in Bad Neuenahr (Rheinland-Pfalz) vier Berliner festgenommen, nachdem in dem von ihnen benutzten Fahrzeug ein selbstgebauter Sprengkörper, zwei Funkgeräte, gestohlene Kfz-Kennzeichen, eine Sprengkapsel und weitere zum Fertigen von Sprengkörpern geeignete Teile sowie Spezialwerkzeuge, wie sie bisher nur von Mitgliedern der Baader-Meinhof-Bande benutzt wurden, gefunden worden waren.

Bei den Festgenommenenen handelt es sich um

Inge VIETT, geb. 12. 1. 44
Harald SOMMERFELD, geb. 27. 3. 53
Wolfgang KNUPE, geb. 6. 12. 48
Ulrich SCHMÜCKER, geb. 4. 8. 51

Am 8. 5. 72 wurde vom Amtsgericht Haftbefehl gegen die vier Personen erlassen. Bis auf SCHMÜCKER verweigerten bisher alle Personen die Aussage.«

Alles, was Schmücker angegeben hatte, außer seinen Personalien, war: Er habe seine Eltern besuchen wollen, und von dem Sprengsatz im Auto habe er nichts gewußt. Er gab zu, politisch engagiert zu sein, und zwar in der »Roten Zelle Historiker«, aber er distanzierte sich von den Bombenanschlägen der letzten Zeit. Mehr erfuhr der ermittelnde Oberstaatsanwalt Braun bei der ersten Vernehmung in der Haftanstalt Koblenz nicht.

Zwei Wochen nach der Festnahme bekam Schmücker Besuch aus Berlin: Ein Mann namens Peter Rühl stellte sich als Sonderbeauftragter des Berliner Senats zur Aufklärung von Sprengstoffanschlägen vor und wies sich aus mit einem roten Dienstausweis des Senators für Inneres. Schmücker, der später ein sogenanntes Gedächtnisprotokoll über seine Begegnungen mit dem »Sonderbeauftragten« schrieb, schildert den Mann so:

»Rühl ist nach eigenen Angaben 36 Jahre alt (sieht aber gut 5 Jahre älter aus). Er ist etwa 180 cm groß, vollschlank, trägt dunkelbraunes Haar, einen Kinn- und Oberlippenbart und eine ebenfalls dunkelbraune oder schwarze Brille. Er ist wohnhaft in Berlin, verheiratet und hat eine 4- bis 6jährige Tochter. Er ist beamtet beim Berliner Senator für Inneres in der Abteilung für Verfassungsschutz. Die Telefonnummer seiner Dienststelle ist 03 11–87 05 91–42 18.«

Das Gespräch glich einem Plauderstündchen: »Ich kenne die Akten und will mich mit Ihnen nur ein bißchen unterhalten«, meinte Rühl, »nach dem, was ich gelesen habe, sind Sie noch der Vernünftigste von Ihrer Gruppe.« Und nach ein paar Belanglosigkeiten versuchte er ein Frage-Antwort-Spiel: »Kennen Sie nicht Verena Becker, die ist doch mit der Inge Viett befreundet?« – »Nein!« – »Aber Sie sind doch eng mit Inge befreundet, da müssen Sie doch einiges über ihre politische Tätigkeit wissen, zumindest aus Gesprächen mit ihr?« – »Ich weiß nichts darüber. Mein Verhältnis zu Inge ist ein reines Fickverhältnis!«

Das brachte den Beamten sichtlich aus der Fassung. Er wechselte das Thema: »Ich bin gar nicht so an der Aufklärung von Straftaten interessiert, dafür sind andere da. Mich interessiert mehr der Hintergrund«, setzte er zu einem neuen Versuch an. »Sie müssen ja Ihre Genossen nicht verraten oder Namen nennen. Ich brauch' nur allgemeine Informationen über die linke Szene, damit ich mir selbst ein Bild machen kann.« Als Schmücker keine Anstalten machte, auf den Plauderton einzugehen, lockte er ihn weiter. »Ich kenne 'ne Menge Leute, auch überzeugte Linke, die sich ab und zu mit mir unterhalten und mir manchmal ein paar Unterlagen überlassen. Ich weiß zum Beispiel, daß vorige Woche 3000 Mark auf das Konto der ›Schwarzen Hilfe‹ überwiesen worden sind. Da staunen Sie, was?«

Schmücker ließ sich nichts anmerken, aber war wohl doch beeindruckt. Rühl monologisierte weiter: »Ich will die Informationen ja nur für mich persönlich, ich arbeite nicht mit der Justiz zusammen.

Das können Sie mir glauben, ich linke Sie nicht, denn das würde sich rumsprechen, und dann sagt mir ja keiner mehr was. Sie können ja im Notfall alles bestreiten, was Sie mir erzählt haben, vor Gericht stünde dann Aussage gegen Aussage.«

Schmücker ließ ihn reden und reagierte nicht.

»Wenn Sie mir was erzählen, kann ich durchaus etwas für Sie tun«, lockte der Frager jetzt.

Schmücker antwortete jetzt fast bockig: »Ich weiß nichts, und selbst wenn ich etwas wüßte, würde ich nichts sagen, solange ich im Knast sitze.«

»Naja«, meinte Rühl, »auch da läßt sich was machen. Ich könnte mich für Ihre Entlassung einsetzen und Ihnen auch Geld für die Rückfahrt nach Berlin geben. Würden Sie denn in Berlin mal ein Bier mit mir trinken?« – »Schon möglich.«

Das schien dem Verfassungsschützer vorerst zu reichen, denn damit verabschiedete er sich. »Ich komm' demnächst noch mal vorbei!«

Ulrich Sepp Schmücker, der Gefangene Nr. 266/72, sollte insgesamt sechzehnmal Besuch von diesem »Sonderbeauftragten« bekommen – eine folgenschwere Bekanntschaft.

Knapp eine Woche später, Ende Mai, kam Peter Rühl wieder, um sich »rein menschlich« mit dem Häftling zu unterhalten. Schmücker, dem jede Gelegenheit recht war, aus der stickigen Zelle rauszukommen, ließ sich auf das Gespräch ein. In der Besucherzelle wurde über Formen gesellschaftlicher Organisation gesprochen, über psychischen Terror, der auf Gefangene ausgeübt würde, über die letzten Bombenanschläge, über politische Morde in der BRD und die Erschießung Georg von Rauchs. Rühl, der die Terminologie der Linken benutzte, schien darüber sehr gut informiert zu sein, wußte Details, geradeso, als sei er dabei gewesen. Eine Diskussion konnte man das Gespräch nicht nennen, denn Rühl redete fast die ganze Zeit. Wenn Schmücker einen Einwand hatte, setzte der gesprächige Besucher wieder zu einem längeren Monolog an. Schmücker fühlte sich »vollgequatscht«.

Als Rühl am nächsten Tag schon wieder auftauchte, bemerkte Schmücker, daß der sich vorher wohl länger mit seinem Kumpel

Sommerfeld unterhalten hatte. Im Aschenbecher des Besucherraums lagen viele nur halbgerauchte Zigaretten, eine typische Eigenart Sommerfelds. »Sie haben auch mit Harald geredet?« fragte er erstaunt. »Ja«, meinte Rühl nur und ging darauf nicht weiter ein.

»Es sieht übrigens nicht gut aus mit einer schnellen Entlassung. Bei den Ermittlungen haben sich neue Aspekte ergeben, die wir erst noch überprüfen müssen.«

Der Besucher war heute etwas wortkarger. Nach ein paar Belanglosigkeiten verabschiedete er sich mit den Worten: »Ich fliege heute noch nach Berlin zurück und kann erst mal nicht wieder nach Koblenz kommen. Wenn Sie ein Anliegen haben oder mich sprechen wollen, dann schreiben Sie einfach an den Senator für Inneres.«

Doch ungefragt kam der Verfassungsschützer am 7. Juni, also eine Woche später, wieder nach Koblenz. Er war ungehalten: »Sie haben mich ja schwer aufs Glatteis geführt. Sie sind ein ziemlich guter Lügner, das Kompliment muß ich Ihnen machen!« Auf Schmückers verdutztes Gesicht hin fuhr er fort: »Beinahe hätte ich Ihnen geglaubt und Sie für einen kleinen Träumer gehalten. Ich hab' jetzt nachrichtendienstliche Informationen, die ergeben ein ganz anderes Bild von Ihnen. Ich weiß jetzt fast alles über Sie und Ihre Freunde!« Nachdem er so losgepoltert hatte, schlug er wieder seinen freundlichen, kumpelhaften Ton an und gab einige seiner »nachrichtendienstlichen Informationen« zum besten: Er wußte, daß Inge Viett und Verena Becker nach einem Bankraub in Schmückers Wohnung waren, Schmücker sei sowohl beim amerikanischen Offiziersclub als auch beim türkischen Generalkonsulat gesehen worden. Und was er denn in der Nacht beim dpa-Büro gewollt habe? Dann behauptete Rühl, seine Kollegen hätten ein paar Passanten ausfindig gemacht, die ihn und seine Genossen dort gesehen und wiedererkannt hätten. Schließlich setzte er noch einen drauf: »Ich weiß, daß Sie den Sprengstoff, den wir im Wagen gefunden haben, von Arabern besorgt haben.«

Jetzt wurde Schmücker hellhörig. »Diese Stories können nur ein Produkt von Sommerfelds Phantasie sein. Ich weiß, daß der von einem von der Sicherungsgruppe Bonn bearbeitet wird. In so einem kleinen Knast spricht sich das schnell rum!«

Rühl sagte dazu nichts. Er ließ Schmücker in dem Glauben, Bonner Beamte wären an Sommerfeld dran. Tatsächlich hatte der Verfassungsschützer parallel zu Schmücker ständig auch Sommerfeld besucht und war dort mit seinen Gesprächsmethoden schneller zum Ziel gekommen: Harald Sommerfeld hatte ausgeplaudert, was er wußte, und seine eigene Tatbeteiligung gestanden. Aber der wußte eben nicht alles, deshalb wollte Rühl noch Schmücker weichkriegen.

»Noch ist bei Ihnen nicht alles verloren«, setzte er wieder an, »Sie sind doch intelligent und begabt. Wenn Sie mir ein paar Tips geben, besonders zur Araber-Sache, dann kann ich dafür sorgen, daß Sie bald entlassen werden und weiterstudieren können.«

Rühl sprach fast ohne Pause und wartete Schmückers Reaktionen nicht ab: »Ich kann Ihnen auch eine neue Wohnung besorgen. Wenn Sie dann ab und zu mit mir ein Bier trinken gehen, springt auch was für Sie dabei raus. Ich könnte Ihnen ein Stipendium besorgen. Das muß ja nicht das Ende Ihrer politischen Tätigkeit sein. Der Mann, der den Behörden die Namen der Frankfurter Kaufhaus-Brandstifter genannt hat, ist auch wieder in linken Gruppen tätig. Wollen Sie sich das nicht mal durch den Kopf gehen lassen?«

Er hatte Schmücker fast soweit. Zum ersten Mal hatte er durchblikken lassen, daß Schmücker später für den Verfassungsschutz arbeiten könnte. Der 21jährige Student bat um Bedenkzeit.

Am nächsten Tag war wieder Oberstaatsanwalt Braun am Zug, aber Schmücker erzählte ihm auch diesmal nichts. In dem Gespräch fiel aber einmal der Name Rühl.

Am 12. 6. war Schmücker endgültig weich geworden gegenüber dem Berliner Geheimdienstler. »Okay, wir können uns über ein paar Sachen unterhalten, aber ich bin kein Ruhland, den man vor Gericht zitieren und irgendwelche Aussagen wiederholen lassen kann«, erklärte er seine Gesprächsbereitschaft, »und ich mache auch keine Angaben gegenüber dem Gericht und dem Staatsanwalt wie Sommerfeld das vielleicht tut, bloß für ein paar Jahre weniger Knast und ein paar Piepen.« Diesmal redete Schmücker ohne Punkt und Komma. »Wenn ich schon die Seiten wechsel, dann komm ich auf Ihr Bier-Trink-Angebot zurück, und das auch richtig.«

Der Verfassungsschützer war überrascht, das war mehr, als er erhofft hatte. Sichtlich erregt schritt er im Zimmer auf und ab und sagte schließlich: »Ja, darüber kann man reden, aber das muß unter uns bleiben.« Er hatte von dem Staatsanwalt erfahren, daß Schmükker seine Gespräche mit Rühl erwähnt hatte. »Aber erst mal müssen Sie mir jetzt erzählen, was Sie wirklich alles wissen.«

Schmücker plauderte und plauderte. Und wenn er mal ins Stocken geriet, half Rühl nach. Dann schlug er mitgebrachte Akten auf – versehen mit einem Stempel »VS – Vertraulich« – und las daraus vor. Schmücker konnte sehen, daß der Beamte über detaillierte Unterlagen verfügte – Daten, Zusammensetzung von Spreng- und Brandsätzen, Fotos. Teilweise wußte er besser Bescheid als der inhaftierte Terrorist. Bei anderen Punkten wollte er wissen, ob bestimmte Aktionen auch auf das Konto des »2. Juni« gingen. Auch wenn er vieles schon wußte, so war Rühl doch sehr beeindruckt von den Informationen, die ihm Schmücker gab. »Das Protokoll muß ich natürlich weitergeben«, erklärte er und beruhigte Schmücker gleichzeitig, »aber nur für unseren internen Gebrauch. Polizei und Justiz erfahren davon nichts. Sie dürfen auf keinen Fall bei Braun weitergehende Aussagen machen. Ich werde den Staatsanwalt bitten, Sie vorläufig nicht mehr zu vernehmen.«

Der Koblenzer Oberstaatsanwalt Braun äußerte sich später gegenüber dem »Spiegel« unzufrieden über Rühls Vorgehen: Er habe dem Mann aus Berlin Zugang zu Schmücker verschafft, weil er dachte, »daß er mehr wußte als wir«. Aber die Zusammenarbeit sei einseitig verlaufen, »der Rühl sagte uns fast nichts«. Natürlich wisse er »um den Auftrag dieses Amtes«. Die arbeiteten »ja nicht nach dem Legalitätsprinzip« und könnten eben »das dickste Ding unter den Tisch kehren«. Auch »dem Rühl ging es mehr darum, die Sache justizmäßig nicht zu dick werden zu lassen, weil er mit dem Schmücker noch was anfangen wollte«.

Rühl hatte noch einiges vor mit dem erfolgreich bearbeiteten Schmücker. »Jetzt müssen Sie erst mal hier raus«, begann er bei seinem nächsten Besuch, »zwei, drei Wochen noch, dann werden Sie entlassen, das krieg' ich durch!« Der Häftling staunte. Einer Agentenkarriere schien nichts mehr im Wege zu stehen. »Sie nehmen dann wieder Kontakt zu Ihren Genossen auf und tauchen zu gegebener

Zeit – mit Genehmigung des Generalbundesanwaltes – wieder unter. Dann sind Sie V-Mann.«

Aber den Gedanken verwarfen die beiden konspirativen Partner schnell wieder, denn eine überraschende Haftverschonung hätte Mißtrauen in linken Kreisen erregen können. Die Pläne wurden immer abenteuerlicher. »Am besten, Sie flüchten«, meinte der Verfassungsschützer, »ich könnte eine Vorführung beim Staatsanwalt arrangieren. Dann sorge ich dafür, daß Sie eine halbe oder eine Minute unbeaufsichtigt sind. Zur vereinbarten Zeit rufe ich Braun an, in der Zeit können Sie aus dem Gerichtsgebäude fliehen und die Verfolger abschütteln.« In einer Seitenstraße wollte Rühl im Wagen auf den Flüchtling warten und mit ihm dann in den Köln-Bonner Raum fahren. Dort könnte Schmücker sich für einige Wochen bei Freunden verstecken, während der Verfassungsschützer die Spur nach Frankfurt lenken würde. »Sie müssen Ihr Aussehen dann verändern und von den Bekannten Geld leihen, denn ich kann Sie da noch nicht offiziell unterstützen. Sie nehmen von dort aus Kontakt nach Berlin auf und besorgen sich falsche Papiere.«

Amtliche Hilfe sollte es für den Transfer nach Berlin geben: »Für den Flug kriegen Sie echte Papiere mit falschem Namen, ein Kollege von mir wird Sie begleiten, damit alles klar geht. Dann können Sie mit Ihrem richtigen Namen Ihre Tätigkeit beim ›2. Juni‹ wiederaufnehmen.«

Der Gedanke an die Flucht erregte Rühl offensichtlich: »Das hat es in Deutschland noch nie gegeben, das gibt einen Riesenwirbel!« Es würden Ermittlungs- und Disziplinarverfahren eingeleitet, und Oberstaatsanwalt Braun könnte wohl kaum noch mit einer Beförderung rechnen. »Aber wenn es rauskommt, daß der Verfassungsschutz seine Finger da drin hat, ist der Skandal perfekt. Ein gefundenes Fressen für die Presse und die Linken!« Deshalb dürfe niemand davon erfahren, er werde die Sache auch nicht auf dem Dienstweg weiterleiten, sondern so, »daß in ganz Deutschland höchstens zehn Leute davon wissen. Das geht bis zum Minister«, sagte er, »denn dafür kann ich nicht allein die Verantwortung übernehmen.« Er wolle noch am gleichen Abend nach Berlin fliegen und sich für den Plan bei seinem Vorgesetzten einsetzen, »der kommt gleich unterm Bürgermeister!«

Schon am nächsten Tag war der Verfassungsschützer wieder da. Er brachte seinem neuen Partner zwei Stangen »Rothändle«, Obst, Getränke und ein Hühnchen mit Pommes frites mit. »Über den Fluchtplan wird jetzt an höchster Stelle entschieden. Bisher hat sich noch niemand gefunden, der die Verantwortung übernimmt. Aber es wird schon wie geplant ablaufen.« Rühl war richtiggehend besessen von dem Vorhaben. »In Berlin werde ich eine Wohnung für unsere Kontaktgespräche anmieten. Dabei müssen Sie aufpassen, daß sie nicht beobachtet werden, sonst ist Ihre Sicherheit nicht mehr gegeben, dann müssen Sie wieder in den Knast.«

Wie schon bei den ersten Treffen monologisierte Rühl, nur diesmal mit einem Eifer und einer Abenteuerlust, die sein Gegenüber immer mehr in den Bann zogen. Besonders, wenn es um die zukünftige Untergrundtätigkeit ging: »Sie dürfen sich dabei nicht zu sehr exponieren und müssen sich bei der Planung von Aktionen zurückhalten. Höchstens als Fahrer mitmachen. Am besten, Sie spezialisieren sich auf das Fälschen von Papieren und die Kontakte zu ausländischen Gruppen. Das bietet sich ja ohnehin an bei Ihren Sprachkenntnissen.« Schmücker, der zukünftige V-Mann, nahm alles gierig auf. Von ihm aus hätte es gleich losgehen können.

»Sie dürfen sich aber nie so verhalten, daß es ohne Sie nicht geht«, setzte Rühl fort, »denn sonst sind Sie der klassische agent provocateur. Das kann man sich in einem Rechtsstaat nicht leisten.« Wenn Schmücker etwas von Aktionen gegen Menschen erfahren sollte, müsse er sofort seinen Agentenführer anrufen, auch wenn dann die ganze Sache aufflöge. Ansonsten wäre es besser, nicht zu oft zu telefonieren. Im Gegenzug würde er Schmücker immer von bevorstehenden Polizeiaktionen und -kontrollen informieren, damit er nicht zufällig aufgegriffen würde. »Wenn das trotzdem mal passiert, dann rufen Sie mich sofort an, bevor ein Protokoll über die Festnahme geschrieben wird. Ist das nämlich erst mal aktenkundig, dann kann ich nichts mehr machen. Aber das schwerste scheint mir die psychische Belastung zu sein, denn Sie sind ja die ganze Zeit mit Linken zusammen. Da kommt es ja leicht zu emotionalen Bindungen. Ich will ganz offen sein: Es ist ja durchaus denkbar, daß durch einen Hinweis von Ihnen bei einer Polizeiaktion auch mal ein oder zwei

Leute erschossen werden. Oder glauben Sie, Baumann, Brockmann oder Knoll lassen sich widerstandslos festnehmen? Sie müssen auch mit so etwas rechnen und das auch verkraften. Das ist schon ein harter Job bei uns.«

Der Verfassungsschützer schien an alles gedacht zu haben: »Zur Zeit der Zerschlagung der ›Bewegung 2. Juni‹ könnten Sie – ja gerade im Ausland sein. Oder Sie werden mit den anderen eben festgenommen. Irgendwann einmal müssen Sie ja wieder legalisiert werden, und das geht ja nur mit einem ordentlichen Gerichtsverfahren.« Als er merkte, daß Schmücker der Gedanke an ein Verfahren überhaupt nicht gefiel, beschwichtigte er ihn gleich: »Ihre Flucht ist legal, und die anderen Gesetzwidrigkeiten während Ihrer Tätigkeit für uns passieren mit Genehmigung des Generalbundesanwalts. Dafür können Sie nicht bestraft werden, außerdem kann der Prozeß unter Ausschluß der Öffentlichkeit stattfinden. Wir würden dann dafür sorgen, daß Sie freigesprochen werden. Um das Verfahren in der Sache, für die Sie jetzt hier einsitzen, kommen Sie nicht herum. Wir leben ja in einem Rechtsstaat!« Fast besorgt schien der Agenten-Werber auch an Schmückers Zukunft zu denken: »Später können Sie Ihr Studium fortsetzen, denn nach dem Freispruch gelten Sie ja nicht als vorbestraft. Auf jeden Fall müssen Sie sich auf den Aufbau einer normalen bürgerlichen Existenz einstellen. Fassen Sie das Ganze so auf, als würden Sie ein oder zwei Jahre in einem Betrieb arbeiten. Auch die Bezahlung ist ungefähr die gleiche«, und fügte rasch hinzu: »Ja, ich weiß, daß Sie davon nichts wissen wollen, aber das gehört halt dazu. Das Geld wird monatlich auf ein Konto überwiesen und nach Abschluß der ganzen Sache ausgezahlt. Nicht viel, aber genug, um damit einen kleinen Laden aufzumachen. Außerdem schließen wir eine Lebensversicherung für Sie ab. Zur Not können Sie – wenn alles gelaufen ist – sicherheitshalber auch Ihren Namen ändern. Das kann man alles arrangieren.«

Am nächsten Tag schien Rühl wieder etwas kühler, mißtrauischer zu sein: »Sie werden verstehen, daß ich mich absichern muß für den Fall, daß Sie sich das mal anders überlegen. Ich glaube nicht, daß Sie mich linken wollen, aber man weiß ja nie. Sie könnten die Seiten wechseln, da brauche ich eine Sicherheit.« Bei diesen Worten legte er ein rotes Büchlein auf den Tisch. Es war der »Rote Schüler- und Lehrlingskalender« aus dem Wagenbach-Verlag. »Hier tragen Sie alles ein, was Sie mir erzählt haben, es reichen kurze Sätze und Stichworte. Es muß nur klar sein, daß Sie der Verfasser sind.« Der Kalender werde dann sicher aufbewahrt und solle nur auftauchen, wenn Schmückers Informationen plötzlich nichts mehr taugten. »Wenn mir was passiert, ich entführt oder erschossen werde, dann wird der Kalender anonym an die ›Rote Hilfe‹ geschickt. Innerhalb einer Woche sind Sie dann erledigt, so etwas spricht sich schnell rum unter Linken.«

Schmücker war verblüfft über das plötzlich wieder auftauchende Mißtrauen nach dem euphorischen Pläneschmieden der letzten Tage. Er beteuerte, daß er es wirklich ehrlich meine und den Verfassungsschützer nicht linken wolle.

»Naja«, erklärte Rühl, »die Aufzeichnungen sind ja auch zu Ihrem Vorteil. Ich kann im Amt dann mit absoluter Sicherheit argumentieren und zeigen, was für ein zuverlässiger Mitarbeiter Sie sind.« Schmücker war dann doch einverstanden, dieses Argument leuchtete ihm ein.

Beim nächsten Besuch, vier Tage später, es war der 17. 6. 1972, war Rühl sauer auf seine Vorgesetzten: »Die Sache kann nicht wie vorgesehen ablaufen. Niemand will die Verantwortung dafür übernehmen. Ich hab' mich wirklich stark gemacht für Sie, aber nach den jüngsten RAF-Festnahmen (Möller, Jünschke, Hammerschmidt, Meinhof) gilt die RAF als zerschlagen, dem Ganzen wird nicht mehr soviel Bedeutung beigemessen.« Als er Schmückers Enttäuschung sah, gab er sich besorgt: »Es könnte ja bei der Flucht auch geschossen werden, Sie könnten verletzt oder sogar getötet werden. Aber abgesehen davon, den Chefs ist das Risiko zu groß, daß die Hintergründe Ihrer Flucht rauskommen, das gäbe einen Skandal. Außerdem ist es in Berlin seit Ihrer Festnahme ruhig. Ich halte die Entscheidung für kurzsichtig. Vielleicht«, begann er zu philosophieren, »muß eine freie Gesellschaft auch lernen, mit ihren Bombenlegern zu leben. Da haben es die Geheimdienste in anderen Ländern, England oder Israel, leichter. Dort wären Sie schon längst draußen: ein, zwei Wächter zusammenschlagen – fertig.«

So ganz wollte sich Rühl aber doch nicht von den Fluchtplänen verabschieden: »Der Verfassungsschutz kann Ihre Flucht nicht unterstützen, aber mir ist da ein Gedanke gekommen: Ich sorge dafür, daß Sie noch einmal zu Braun in das Gericht geführt werden und bei der Vernehmung kein Wächter dabei ist. Dann könnten Sie abhauen, aber das ist dann ganz und gar Ihre Sache, ich will Sie da nicht beeinflussen, weder negativ noch positiv.« Jetzt war er wieder ganz begeistert von seiner Idee. »Wenn Sie fliehen, dann müssen Sie mir so bald wie möglich eine Nachricht zukommen lassen. Von dem Tag an sind Sie fester Mitarbeiter des Verfassungsschutzes. Wenn die Sache doch mal platzt, können wir behaupten, daß Sie erst nach Ihrer Flucht und freiwillig Kontakt zu uns aufgenommen haben. Am besten, ich gebe Ihnen mal meine Telefonnummer. Schreiben Sie sich die auf und lernen sie auswendig, bevor Sie den Zettel unbedingt vernichten: 03 11-87 05 91 – 42 18.«

Dann zückte er gönnerhaft einen 20-Mark-Schein mit den Worten: »Damit Sie nicht ganz ohne Bargeld dastehen, bis wir uns wieder treffen.« Schmücker war das zu heikel, denn seine Zelle wurde fast täglich durchsucht. Rühl empfahl ihm daraufhin, er könne ja einer Passantin die Handtasche entreißen und sich auf diese Weise etwas Bargeld beschaffen. »Das läßt die Flucht noch echter erscheinen und kann nachträglich vom Generalbundesanwalt genehmigt werden.« Doch Schmücker wollte ohne die Rückendeckung von Amts wegen auf keinen Fall türmen, das Risiko war ihm zu groß. Der Verfassungsschützer war aber derart von seiner Idee begeistert, daß er dem Häftling einen möglichen Fluchtablauf in den schillerndsten Farben – fast beschwörend – ausmalte. Gleichzeitig betonte er immer wieder, daß er Schmückers Entscheidung natürlich nicht beeinflussen wolle.

Bei der nächsten Vernehmung – als Oberstaatsanwalt Braun für rund zehn Minuten den Raum verließ – waren tatsächlich nur noch ein Beamter vom LKA, der hinter seinem Schreibtisch saß, und die Protokollführerin im Raum. Schmücker saß unmittelbar in Türnähe. Er hätte leicht flüchten können. Aber der Mut hatte ihn verlassen.

Am 22. Juni wurde Schmücker auf Veranlassung des Verfassungsschutzes in die Justizvollzugsanstalt Diez verlegt. Zwei Wochen später erschien dort wieder Peter Rühl und wartete mit Neuigkeiten auf:

In Berlin habe man Sommerfelds Fingerabdrücke im Zusammenhang mit einem Banküberfall identifiziert. »Jetzt kommt die Sache ins Rollen. Es ist nur eine Frage der Zeit, wann sie Sommerfeld damit konfrontieren und der dann gegenüber Braun auspackt.«

Der Verfassungsschützer hatte diesmal einen dicken DIN-A4-Umschlag mitgebracht, der mit einem Stempel »VS – Vertraulich« versehen war. Rühl holte rund hundert Fahndungs- und Observationsfotos des Berliner Landesamtes und des Bundesamtes für Verfassungsschutz hervor. Schmücker sollte sie durchsehen und erzählen, wen er kennt und wer mit wem Kontakt hat. Sie waren sortiert nach RAF, Berliner Linken und Palästinensern. Und sozusagen als Krönung zog er aus einem kleineren Umschlag die neuesten Observationsfotos von Schmückers Genossin Verena Becker hervor, sie klebten noch aneinander, so frisch waren sie. Der Häftling war aber nicht mehr so auskunftsfreudig und identifizierte nur Leute, deren Bekanntschaft er partout nicht abstreiten konnte. Dieser Besuch dauerte kaum zwei Stunden, während Rühl sonst häufig den ganzen Tag mit Schmücker im Besucherzimmer verbracht hatte.

Am 12. Juli 1972 war die womöglich alles entscheidende Begegnung der beiden so ungleichen »Partner«: »Ich habe leider schlechte Nachrichten für Sie. Der Sommerfeld hat vor Braun ausgesagt.« Die Sicherungsgruppe Bonn habe ihn über die verräterischen Fingerabdrücke informiert und ihm versprochen, daß er mit viereinhalb Jahren davonkomme, wenn er jetzt auspacke. Daraufhin habe Sommerfeld sich entschlossen, jetzt auch öffentlich gegen seine Mittäter auszusagen. »Als Beweis dafür, daß ich Ihnen nichts vormache, können Sie hier mal reinschauen.« Rühl legte das Protokoll über die Aussage auf den Tisch und ließ Schmücker in Ruhe darin blättern und lesen. Das Papier enthielt im wesentlichen detaillierte Angaben über den Anschlag auf den Britischen Yachtclub, bei dem es einen Toten gegeben hatte. Das Protokoll stammte vom Sonntag, den 9. 7. 72, und war in Koblenz angefertigt. Dorthin hatte man Sommerfeld am frühen Morgen dieses Tages gebracht, denn Schmückers Genosse war ebenfalls in eine andere Justizvollzugsanstalt verlegt worden, und zwar nach Wittlich. Der Berliner Verfassungsschutz wollte damit verhindern, daß die Delinquenten sich über Kassiber oder Mithäftlinge über die Vernehmungen verständigen könnten.

Jetzt, drei Tage später, setzte Rühl seinem »Schützling« die Pistole auf die Brust: »Es gibt jetzt nur noch zwei Möglichkeiten für Sie. Die will ich Ihnen mal mit allen Konsequenzen erklären, damit Sie mir später nicht mal vorwerfen, ich habe Sie überredet oder sogar gezwungen. Sie müssen selbst entscheiden!«

Rühls Taktik war ziemlich durchsichtig, brachte aber Ulrich Schmücker in die Klemme. Wie auch immer er sich entscheiden würde, es wäre ein folgenschwerer Entschluß in seinem gerade 20jährigen Leben.

Die eine Möglichkeit, so erklärte ihm jetzt der Verfassungsschützer, wäre, jede weitere Aussage zu verweigern. Von dem Tag an würde er als fester Mitarbeiter des Verfassungsschutzes bezahlt und als solcher behandelt. »Sie haben dann unsere Anweisungen zu befolgen und dürfen kein Wort sagen, auch wenn es Ihnen noch so dreckig geht und Ihnen noch so zugesetzt wird.« Er bekäme vom Amt nie die Erlaubnis, vor Gericht als Zeuge auszusagen. Er würde vermutlich zu etwa vier Jahren Freiheitsstrafe verurteilt und müsse diese auch antreten. Seine Auftraggeber würden dann aber dafür sorgen, daß Schmücker nach der Hälfte oder zwei Drittel der Zeit »wegen guter Führung« entlassen werde. »Vor Gericht machen Sie ein bißchen Bambule, aber nicht daß Sie den Richter als Schwein beschimpfen. Im Knast nehmen sie dann möglichst viele Kontakte zu Linken auf und versuchen, Kassiber zu schmuggeln. Während der Zeit haben Sie alle Freiheiten, die möglich sind. Ich kann Ihnen ein Fernstudium vermitteln und Sie bei Besuchen durch Bücher, Zeitschriften, Zigaretten und Lebensmittel moralisch unterstützen.«

Dann machte der Beamte ihm aber klar, daß das keine so gute Alternative wäre: »Ich frage mich, ob sich das lohnt, für eine Mitarbeit von vielleicht nur sechs Monaten 2 bis 3 Jahre abzusitzen. In der Zeit könnte sich ja vieles ändern, vielleicht gäbe es ja dann das Problem Terrorismus gar nicht mehr in Deutschland und Sie hätten ganz umsonst gesessen.«

Schon am Tonfall merkte man Rühl an, daß ihm die folgende Lösung besser gefiel: »Die zweite Möglichkeit ist, umfassend vor

Braun auszusagen, und zwar auch alles, was Sie mir in den letzten Wochen erzählt haben. Und zwar bevor man Ihnen Sommerfelds vollständige Aussage unter die Nase hält. Wenn Sie aussagen, garantiere ich Ihnen, daß Sie in drei Wochen draußen sind und im Herbst wieder studieren können. Ihr Prozeß findet unter Ausschluß der Öffentlichkeit statt. Entweder Sie werden freigesprochen oder die Strafe wird unter Anrechnung der U-Haft zur Bewährung ausgesetzt. Auf keinen Fall müssen Sie wieder in den Knast.« Schmücker könne sich dann eine beliebige Universität aussuchen und neue Studienfächer ohne Berücksichtigung von Numerus-Clausus-Bestimmungen studieren, wenn er wolle, auch im Ausland. »Auch in Oxford?« – »Ja, auch das ließe sich arrangieren.«

Rühl wartete die Wirkung seiner Worte ab. Schmücker mußte die plötzliche Wende erst einmal verdauen. Seine Träume vom Agentendasein schienen wie Seifenblasen zu zerplatzen. Sein Gegenüber spürte das.

»Sehen Sie«, sagte er nach einer kurzen Pause, »ich habe mir immer jemanden gewünscht, der für uns ein, zwei Jahre in den Knast geht. Das wäre der ideale Agent. Eigentlich müßte ich alles tun, Sie als Mitarbeiter zu behalten. Aber wenn man dann den Menschen vor sich sieht, sieht das ganz anders aus. Vielleicht bekomme ich in meinem Beruf nie mehr so eine Gelegenheit. Aber der Mensch ist doch wichtiger, und rein menschlich glaube ich: Es ist besser für Sie, wenn Sie aussagen.« Und dann ließ Rühl die Katze endgültig aus dem Sack und nahm dem verwirrten Schmücker die letzten Illusionen: »Sie haben dann natürlich bei allen Linken verschissen, zumindest bei den Anarchisten. Aber einmal müssen Sie ja ohnehin ins bürgerliche Leben zurückkehren.« Und während Schmücker schweigsam die »neue« Wahrheit zu schlucken versuchte, setzte er nach: »Wer sagt Ihnen denn, daß Sie tatsächlich nach zwei oder zweieinhalb Jahren rauskommen? Nein, die Aussage ist jetzt das einzig Richtige! Sie müssen das nur geschickt machen, das politisch begründen und dann darauf bestehen, daß die Begründung mit ins Protokoll aufgenommen wird.«

Schmücker sagte noch immer kein Wort, und Rühl monologisierte weiter, so wie er es liebte. Er hatte sich vorbereitet auf die Offenbarung und war froh, daß der völlig Überrumpelte ihn nicht unterbrach: »Die Begründung ist für das Verfahren wichtig, weil das Ihre überraschende Aussage erklärt und gar nicht erst der Verdacht aufkommt, da sei irgendwie dran gedreht worden. Hauptsächlich dient es aber Ihnen, denn Sie müssen ja damit irgendwie weiterleben. Ich helfe Ihnen später, daß Sie wieder in anderen linken, nicht anarchistischen Gruppen mitmachen können. Für den Verfassungsschutz gehen Sie ja auch nicht völlig verloren. Es gibt ja immer mal wieder Bilder zum Vorlegen, Auskünfte einzuholen und Schriften oder Flugblätter auszuwerten. Andere linke Gruppen sind ja für uns auch nicht uninteressant.«

Dann kam der Mann vom Verfassungsschutz zum Schluß: »Sie haben jetzt die Wahl, die eigentlich keine ist: Die Aussage ist das einzig Vernünftige. Aber die Entscheidung muß ich Ihnen überlassen. Sie können es sich bis morgen überlegen, dann brauche ich die Entscheidung. Jetzt kann ich noch was für Sie tun, aber wenn Sommerfeld erst mal mit seiner Aussage soweit ist, daß man Sie Ihnen vorhalten kann, dann kann ich den Gang der Dinge auch nicht mehr beeinflussen.« Damit ließ er Schmücker wieder in seine Zelle zurückbringen.

Am nächsten Tag, am 13. 7. 1972, um 10 Uhr kam Rühl wieder. Ohne Schmückers Entscheidung abzuwarten, legte er mit den Worten »Dies ist der Beweis!« ein Protokoll über Sommerfelds Aussage auf den Tisch. Wieder durfte der Häftling ein bißchen darin lesen und sich vergewissern, worüber sein Genosse ausgesagt hatte.

»Ich habe mir alles noch mal überlegt«, begann dann Rühl, als ob er die Entscheidung zu treffen hätte, »eine Aussage ist das einzig Richtige. Das andere wäre zwar sehr schön geworden, aber es bleibt Ihnen wohl nichts anderes übrig, wenn Sie nicht im Knast vergammeln wollen. Dann haben Sie alles hinter sich und können völlig neu anfangen.« Schmücker ließ sich ohne Protest in die Zelle zurückschicken, um Schreibpaper und Kugelschreiber zu holen.

»Ich habe mir auch Gedanken gemacht, wie man die Aussage am besten aufbaut«, begann Rühl ohne Umschweife, als Schmücker zurück war. Dann erklärte er ihm, wie er die Aussage gliedern sollte, wie man am besten die Entwicklung darstellen würde und wie er anfangen sollte. »Schreiben Sie als Datum 9. 7. 1972, dann können Sie mit Sommerfeld gleichziehen. Wenn Sie jetzt alles möglichst komplett runterschreiben, können Sie selbst bestimmen, was ins Protokoll kommt. Dann ersparen Sie sich tagelange Verhöre und unangenehme Fragen. Wichtig ist die politische Erklärung für die Aussage.«

Schmücker schrieb. Wenn er mal nicht so recht weiterwußte, half ihm Rühl auf die Sprünge oder las ihm Auszüge aus Sommerfelds Aussage vor. Der Beamte gab ihm Anweisungen in Form von Tips, was er zu schreiben hatte, und formulierte zum Teil ganze Sätze. Das ging so bis zum späten Nachmittag. Dann gab er ihm vor dem Abschied noch Hausaufgaben auf: »Sie können ja heute abend und morgen früh weiterschreiben. Ich bin wieder so um zehn rum da.«

Schmücker tat, wie ihm geheißen. Rühl überflog am nächsten Tag die Aufzeichnungen und »arbeitete« mit ihm weiter. Zwischendurch telefonierte er, während Schmücker weiterschrieb. In seiner Anwesenheit rief er einen Staatsanwalt in Berlin an und erklärte ihm die neue Situation. »So, das geht jetzt klar«, sagte er nach dem Auflegen, »Freispruch oder mindestens Bewährung gleich nach dem Prozeß ist sicher. Oder der Generalbundesanwalt stellt das Verfahren sogar ein.«

Dann rief der Verfassungsschützer seinen Vorgesetzten in Berlin an. Offensichtlich klappte die Verbindung nicht gleich, denn mehrfach verlangte er den Hausanschluß »60«: »Nee, ich will den Sechs-Null, wenn er noch da ist.« Und als er ihn schließlich erreicht hatte, den »Chef«, fragte er – nachdem er die Aussage Schmückers erläutert hatte: »Kann da nicht doch noch was laufen?« Dann lauschte er eine Weile, was sein Chef zu sagen hatte, und legte auf. Vom Inhalt des Gesprächs erzählte er Schmücker diesmal nichts. Statt dessen trieb er den Geständigen plötzlich zur Eile an: »Wir haben nur noch bis Anfang nächster Woche Zeit, sonst ist alles für die Katz.« Ohne Mittagspause ging es weiter, nur nebenbei konnte Schmücker die mitgebrachten belegten Brötchen essen. Jetzt war die politische Begründung dran. Rühl hatte sich offensichtlich die wesentlichen Punkte zurechtgelegt. Ohne lange zu überlegen, diktierte er dem »2. Juni«-Mitglied eine Distanzierung vom Terrorismus. Der Text bestand aus einer Reihe von Standardformulierungen, wie sie immer wieder bei geständigen Terroristen und »Kronzeugen« auftauchen –

unverkennbare Handschrift des Verfassungsschutzes: »Jeder Linke, der den Reaktionären den Wind aus den Segeln nehmen und Faschisierungstendenzen entgegenwirken will, muß im eigenen Interesse alles tun, um ähnliche Terrorakte in Zukunft zu verhindern und ihnen vorzubauen. Diese Aussage soll mein Beitrag dazu sein«, hieß es u. a. bei Schmücker.

Als sie fertig waren, verabschiedete sich Rühl und trug dem Geständigen auf, die Niederschrift dem Anstaltsleiter zu geben und bis zum Wochenende fleißig weiterzuschreiben. Am Montag solle er sich dann zur Vernehmung bei Oberstaatsanwalt Braun vorführen lassen. Er selbst sei dann auch in Koblenz. Wenn Schmücker Fragen hätte, sollte er Braun sagen, er müsse auf die Toilette. Er werde das mit dem Staatsanwalt absprechen, damit sie dann ungestört in einem Nebenraum reden könnten. »Braun weiß ja ohnehin, was läuft, wenn auch nichts Konkretes. Sonst darf niemand davon wissen, besonders Ihr Anwalt nicht.« Schmücker befolgte die Anweisungen.

Am Montag rief Rühl ihn an und sagte, daß Braun an diesem Tag keine Zeit hätte. Er selbst werde bis zum 20. August in Urlaub fahren. »Ich habe meinen Stellvertreter in alles eingeweiht, aber Sie kommen ja auch so zurecht, denke ich.«

Am 18. Juli 1972, um 8.55 Uhr, begann die »Vernehmung«: Schmücker gab sein Geständnis beim Staatsanwalt zu Protokoll – mit einem Zusatz bei den Angaben über die Araberkontakte: »Zu diesem ganzen Komplex möchte ich nur gesondert und ganz vertraulich Stellung nehmen. Mir ist aus Gesprächen bekannt, daß die Leute, um die es hierbei geht, Verräter unter allen Umständen liquidieren; ich bin sicher, daß ich im Falle eines Bekanntwerdens meiner diesbezüglichen Aussagen von ihnen bedroht wäre und mich in Lebensgefahr befände.«

Vor dem Untersuchungsrichter bestätigte Schmücker am 20. 7., daß er »das Geständnis selbständig und freiwillig und zur Erleichterung seines Gewissens« abgelegt habe.

Für Schmücker begann jetzt eine angenehmere Zeit in der Justizvollzugsanstalt Diez: Hatte er bisher in strenger Einzelhaft gesessen, so konnte er jetzt fast uneingeschränkt Kontakt mit anderen Häftlingen haben, spielte sogar wieder Gitarre in der Gefängnis-Rockband und bekam wegen seiner angegriffenen Gesundheit frische Milch, die seine Mutter schon lange beantragt hatte, bis dahin ohne Erfolg. Seine Eltern konnten ihn jetzt alle zwei Wochen besuchen und ohne Aufsicht mit ihm zusammensitzen.

Rühl rief ihn am 4. August aus dem Urlaub an. Es war Schmückers 21. Geburtstag. Er offenbarte, daß Schmücker nun doch keine Haftverschonung bekäme. Dafür sei aber noch im August die Anklageschrift fertig, und er würde im September sofort nach dem Prozeß auf Bewährung entlassen. Das wäre so mit Staatsanwalt Thiele in Berlin abgesprochen worden. Das Verfahren gegen Schmücker war inzwischen nach Berlin abgegeben worden.

Als der Verfassungsschützer am 16. September wieder zu Besuch kam und wie üblich Zigaretten, Obst, Getränke und Zeitschriften mitbrachte, war Schmücker sichtlich erfreut. Diesmal redete hauptsächlich der Häftling: »Ich hätte mich nicht von Ihnen zum Geständnis überreden lassen, wenn ich gewußt hätte, daß es sich im Knast doch ganz gut leben läßt.« – »Haben Sie nach dem Geständnis Schwierigkeiten bei Mitgefangenen gehabt?« – »Nee, ich hab erzählt, daß ich erst nach Sommerfeld ausgesagt habe. Einer hat erzählt, daß Sommerfeld alle in die Pfanne gehauen hat. Jetzt ist er von der Bezugsliste der ›Roten Hilfe‹ gestrichen worden mit dem Hinweis, die Genossen sollen ihm nicht mehr schreiben. Ich steh' noch auf der Liste.«

Obwohl noch nicht abzusehen war, wann das Gerichtsverfahren endlich laufen würde, war Schmücker überhaupt nicht deprimiert. »Ich habe mir die Situation nach dem Geständnis viel schwieriger vorgestellt. Ich krieg' bestimmt wieder Kontakt zu Linken und kann da mitarbeiten.«

»Na, machen Sie sich da keine Illusionen. Warten Sie erst mal den Prozeß ab. Dann werden wir weitersehen.«

Doch für Ulrich Schmücker stand jetzt fest: »Eine Rückkehr ins stinknormale, bürgerliche Leben kann ich mir nicht vorstellen. Entweder ich lebe als Agent oder als Revolutionär!« Eine tödliche Alternative.

Entscheidungen von oben

Die Kontakte zwischen Peter Rühl und Ulrich Schmücker wurden seltener. Bis Weihnachten 1972 gab es nur noch einen Anruf und einen Besuch. Weder war ein Termin für das Gerichtsverfahren in Aussicht, noch gab es die ersehnte und versprochene Haftverschonung bis zum Prozeß. Und von einer – rechtlich ohnehin nicht möglichen – Einstellung des Verfahrens durch den Generalbundesanwalt war schon gar nicht mehr die Rede. Man ließ Schmücker regelrecht schmoren.

»Ich habe ein schlechtes Gewissen, daß Sie immer noch im Knast sitzen und die Verhandlung sich immer wieder rausschiebt«, sagte Rühl bei seinem Besuch am 22. Dezember und drückte dem Häftling wie zum Trost 115 Mark »Weihnachtszuwendung« in die Hand, »es gibt Meinungsverschiedenheiten zwischen dem Verfassungsschutz und der Justiz«.

Die Justiz funktionierte nicht so, wie es das Berliner Landesamt für Verfassungsschutz gern gehabt hätte. Bis dahin hatte alles nach Plan geklappt: Von Anfang an spielte man Schmücker und Sommerfeld gegeneinander aus. Die »Sicherungsgruppe Bonn« war nie im Spiel, das erzählte Rühl nur den beiden Ansprechpartnern. Es war *sein* Spiel. Die ebenfalls am 7. Mai verhafteten Inge Viett und Wolfgang Knupe hatten bei Rühls Besuch lediglich die mitgebrachten belegten Brötchen gegessen und dann beharrlich geschwiegen.

Zuerst hatte Rühl bei Harald Sommerfeld angesetzt. Der war mit gerade 19 Jahren nicht nur der Jüngste des Terroristen-Quartetts, der Verfassungsschutz hatte auch einen Ansatzpunkt. Durch Tipgeber aus der Szene wußte man vage etwas über dessen Beteiligung an einem Banküberfall. Um ihn gesprächig zu machen, behauptete Rühl außerdem, der im Auto gefundene Sprengstoff sei von der gleichen Art wie bei einem RAF-Anschlag auf den Frankfurter Flughafen.

Wenn Sommerfeld nicht »mit ihm im Gespräch bleibe«, so schüchterte er den jungen Mann ein, dann werde er von dem in linken Kreisen gefürchteten amerikanischen Geheimdienst an einem anderen Ort vernommen. Er wisse ja wohl, was das bedeuten könnte …

Sommerfeld wie Schmücker gaukelte er vor, der jeweils andere habe gegenüber der »Sicherungsgruppe Bonn« umfassende, den anderen belastende Aussagen gemacht. Beiden versprach er baldige Haftverschonung, später einen kurzen Prozeß mit milden Strafen, deren Rest zur Bewährung ausgesetzt werde. Das bewährte Rezept »Zuckerbrot und Peitsche« ging auf: Beide plauderten wie gewünscht.

Durch die Aussagen bekam der Verfassungsschutz überhaupt zum ersten Mal Hintergrundinformationen über die »Bewegung 2. Juni« und deren Sympathisantenkreis. Bis dahin kannte man die Gruppe nur von Flugblättern. Durch die ersten Angaben Sommerfelds im Mai wurden 14 Brand- und Sprengstoffanschläge (darunter der auf den Britischen Yachtclub, bei dem es das erste Todesopfer gegeben hatte) und vier Banküberfälle aufgeklärt. Nach den Aussagen vor dem Ermittlungsrichter im Juli gab es eine Reihe von Verhaftungen in Berlin.

Fluchtpläne allerdings schmiedete Rühl nur mit Schmücker, den er für den Intelligenteren hielt. »Sie dürfen nicht denken, daß ich Sie gelinkt habe«, sagte er dem Möchtegern-Agenten noch im Dezember, »wenn München eher gewesen wäre, dann wäre auch die Flucht damals gelaufen. Aber das kann man ja nicht voraussehen.« Er spielte damit auf den palästinensischen Überfall auf die israelische Olympiamannschaft in München im September 1972 an. Damals, so ist es zu verstehen, wären seine Vorgesetzten bereit gewesen, eine solche Flucht zu unterstützen. Weil niemand die Verantwortung dafür übernehmen wollte, wurde Rühl vom Amt – und wahrscheinlich von höherer Stelle – zurückgepfiffen.

Auch der Versuch, Schmücker als V-Mann zu gewinnen, sollte von Amts wegen abgebrochen werden. Nach dessen Geständnis vor der Justiz galt er beim Verfassungsschutz als »verbrannt«. Aber der Anwerber Peter Rühl spielte weiter mit dem Gedanken – und mit

Schmücker. Den ließ er zumindest in dem Glauben, in der Richtung sei noch etwas drin für ihn. Da Sommerfeld wirklich alles preisgegeben hatte, was er wußte, hatte Rühl »die stille Hoffnung, daß die Teilaussage Schmückers keine Bedeutung mehr hat und so operative Möglichkeiten nicht ganz vorbei seien«. So schrieb er in einem internen Arbeitsbericht am 22. September 1972.

Im Berliner Landesamt für Verfassungsschutz war man voll des Lobes für Rühl. Durch seine Arbeit hatte man so umfassende Kenntnisse über die Terroristen bekommen, daß man glaubte, den »2. Juni« schon fest im Griff zu haben. »Eine immense Ausdauer« bescheinigte ihm sein Vorgesetzter Franz Natusch, Leiter des Referats Auswertung und späterer Chef des Amtes: »Im Verfassungsschutzbereich hat eine Befragung dieser Art noch nicht stattgefunden. Eine ganz phänomenale Leistung!«

Da gab es jetzt nur noch eine Hürde, die zu nehmen war: Der zuständige Staatsanwalt Thiele folgte nicht den »Vorstellungen« Rühls, was das Strafmaß für die beiden Geständigen betraf. Der Verfassungsschützer hatte Sommerfeld maximal viereinhalb Jahre Jugendstrafe mit Aussetzung der Reststrafe versprochen, Schmücker sollte mit einem noch milderen Urteil davonkommen.

»In verschiedenen Gesprächen mit Herrn Staatsanwalt Thiele konnte ich feststellen, daß er von sich aus nichts tun wird, um eine Haftverschonung, zu welchem Zeitpunkt auch immer, zu forcieren«, beklagte sich Rühl in einem amtsinternen Vermerk vom 6. 11. 1972. »Ich habe den Eindruck, daß Herr Thiele offensichtlich nicht bereit ist, das Geständnis Schmückers so anzuerkennen, daß auch ein echter Vorteil für den Angeklagten in diesem Fall dabei herauskommt.«

In den folgenden Wochen hielt Rühl ständig Kontakt zu dem Staatsanwalt, aber der ließ sich nicht reinreden, wie aus einem Vermerk Rühls vom 30. November 1972 hervorgeht: »Auf telefonische Anfrage am 27. 11. 1972 teilte mir Herr Staatsanwalt THIELE mit, daß er immer noch keinen Prozeßtermin für SCHMÜCKER habe ... In diesem Zusammenhang erklärte Herr THIELE nochmals, daß er selbst auch bei einer Strafe von unter zwei Jahren keine Bewährung beantragen würde. Ohne sich konkret zu äußern, ist anzunehmen, daß Herr THIELE vermutlich zwischen zwei und drei Jahre für SCHMÜCKER beantragen wird.«

Die vorgesetzten Verfassungsschützer sind auch unzufrieden und überlegen angesichts des in ihrem Sinne uneinsichtigen Staatsanwalts einen Ausweg: »Wir sollten hier nochmals an höherer Stelle vorsprechen!« notiert Rühls unmittelbarer Vorgesetzter als Referatsleiter »Extremismus«, Willi Rumprecht, auf dem Vermerk. Und dessen Vorgesetzter wiederum, Franz Natusch, fügt ebenfalls handschriftlich hinzu: »Es scheint mir ebenfalls notwendig, nunmehr, wie schon oft geplant und auch mit IV AL besprochen, den Sen. f. Justiz in dieser Sache anzusprechen.«

Der Mann mit der Stellenbezeichnung »IV AL«, mit dem man das so geplant und besprochen hatte, ist Eberhard Zachmann, als Leiter der Abteilung IV des Berliner Innensenats der Chef des Landesamtes für Verfassungsschutz. Und der zeichnet am 7. Dezember eine weitere Notiz Rühls ab und stimmt ihr damit zu:

»Herrn Abteilungsleiter
Wenn das Gespräch unter dem Tenor ›bitte um milde Beurteilung‹ geführt werden soll, dürfte es nur erfolgversprechend sein, wenn es auf höherer Ebene geführt wird. Ich bitte Sie deshalb, das Gespräch mit dem Senator für Justiz – wenn möglich – persönlich zu führen.«

Der Verfassungsschutz hat – wohlweislich – nicht in seinen Akten notiert, ob und mit welchem Ergebnis der Amtschef im Gespräch mit dem Justizsenator die Sache Schmücker »angesprochen« hat.

Rühl jedenfalls hatte am 22. Dezember eine Erfolgsmeldung: »Wir haben uns jetzt mit der Justiz geeinigt, Sie werden auf jeden Fall nach der Hälfte der Strafzeit entlassen. Das ist hundertprozentig sicher«, triumphierte der Verfassungsschützer, »wir haben nicht mit der Staatsanwaltschaft, sondern mit der Instanz verhandelt, die über Gnadengesuche zu entscheiden hat. Der Justizsenator hat selbst an den Verhandlungen teilgenommen und dieser Lösung zugestimmt.« Und Rühl machte Schmücker, der zunehmend in der Haft litt, weitere Hoffnung: »Ich werde mich kurz vor oder nach dem Prozeß persönlich dafür einsetzen, daß Sie Haftunterbrechung kriegen wegen Ihres stark verschlechterten Gesundheitszustandes.« Auf Thiele, den auf seine Unabhängigkeit bedachten Staatsanwalt, war er nicht gut zu sprechen: »Der will sich einen unvoreingenommenen Anschein geben, der übertreibt. Einige Anklagepunkte hat er sehr aufgebauscht.«

Doch Thiele hat sich mit seinem Berufsethos nicht durchsetzen können: Das Urteil stand schon vor dem Prozeß fest.

V-Mann »Kette« taucht ab

Am 7. Februar 1973 um 9 Uhr wird der Prozeß gegen Ulrich Schmücker vor der 14. Großen Strafkammer des Landgerichts Berlin eröffnet. Das Verfahren findet kaum öffentliches Interesse, weil gleichzeitig in einem anderen Saal Horst Mahler vor Gericht steht. Es gibt auch nichts Ungewöhnliches. Die Anklage wird verlesen, der Angeklagte ist in allen Punkten geständig. Er wiederholt lediglich das, was er schon zu Protokoll gegeben hatte. Noch vor der Mittagspause wird das Urteil verkündet: Der »politische Schwärmer, dessen Weltbild sich völlig geändert hat« – so der Vorsitzende Friedrich Geus – wird der »Begünstigung, der gemeinschaftlich versuchten Herbeiführung einer Explosion in zwei Fällen und der Vorbereitung eines Sprengstoffverbrechens« für schuldig befunden, »alle Taten begangen tateinheitlich mit der Mitgliedschaft und Unterstützung einer kriminellen Vereinigung«. Gesamtstrafe: zwei Jahre und sechs Monate. »Bei der Strafzumessung konnte das umfassende Geständnis des Angeklagten, das er ohne Rücksicht auf dadurch entstehende Gefahren für sein Leben abgelegt hat, mildernd berücksichtigt werden. Das Geständnis des Angeklagten ist zudem Ausdruck seines auf Überzeugung beruhenden Willens, künftig politische Veränderungen nicht mehr mit Mitteln der Gewalt erzwingen zu wollen.« In seiner mündlichen Urteilsbegründung fügte der Richter hinzu: »Diese Geständnisfreudigkeit läßt befürchten, daß er nun keine ruhige Minute mehr haben wird. In den Kreisen, in denen er verkehrte, schreckt man vor Bluttaten nicht zurück.«

Der Haftbefehl gegen Ulrich Schmücker wird aus gesundheitlichen Gründen mit sofortiger Wirkung ausgesetzt. Der 21jährige verläßt als freier Mann den Gerichtssaal in Moabit – so, wie es ihm sein »Betreuer« vom Verfassungsschutz versprochen hatte.

Zwei Tage später bekommt Schmücker, der bei Schulfreunden in

Kreuzberg untergekommen ist, überraschenden Besuch: Kriminalhauptmeister Günter Schmidt von der Abteilung I, dem Staatsschutz der Berliner Polizei, rät ihm, die Stadt auf dem schnellsten Wege zu verlassen. Seine Genossen, die er durch seine Aussagen belastet hätte, könnten sich an ihm rächen. Aber Schmücker bleibt vorerst.

Am gleichen Tag ruft ihn Peter Rühl an: Man sollte sich unbedingt mal treffen, so wie sie es im Knast verabredet hätten – ganz konspirativ natürlich. »Können Sie morgen um 12.30 Uhr an der Charlottenburger Brücke beim Tiergarten sein? Ich komme mit einer Taxe. Dann können wir alles weitere bereden.« Schmücker sagt zu, aber erzählt auch seinen Freunden davon und von Rühls Besuchen im Knast. Um zu dokumentieren, daß er mit dem Agentenführer vom Verfassungsschutz wirklich keinen Deal vorhat, kommt ihm eine Idee: »Ich gehe zu dem Treffen, und wenn der Geheimdienstbulle auftaucht, fotografiert ihr ihn. Dann geben wir das Foto an die Presse. Damit ist der für immer erledigt!«

Am Sonnabend, den 10. Februar, kurz nach 12 Uhr, beziehen zwei Freunde, bestückt mit Kamera samt Teleobjektiv, an der »Straße des 17. Juni« Position im Gebüsch. Schmücker stellt sich wie verabredet an den Straßenrand und wartet auf seinen alten Bekannten – vergebens: Der Verfassungsschützer taucht nicht auf. Frustriert ruft Schmücker von der Telefonzelle gegenüber ein Taxi, mit dem er ein paar Minuten später wegfährt.

Was er und seine Freunde nicht ahnen konnten: Bei den ersten Treffs mit neuen V-Männern baut der Geheimdienst eine Sicherung ein. Der Treffpunkt wird unauffällig observiert, und erst wenn nichts Auffälliges zu beobachten ist, fährt eine Taxe des Verfassungsschutzes vor, um den V-Mann dann zum eigentlichen »Treffort«, meistens ein Lokal, zu fahren. Erst dort wartet der Kontaktmann, der V-Mann-Führer. Die Observanten hatten Schmückers Freunde entdeckt und die Aktion gestoppt. Und der Clou: Nicht die beiden Amateurfotografen nahmen den Verfassungsschützer auf, sondern dessen Kollegen knipsten Schmückers Freunde. Anschließend verfolgten sie die Taxe mit Schmücker, aber nur ein paar Straßen weiter. Der Droschkenführer hatte die Verfolger bemerkt und versuchte, sie abzuhängen. Das Treffen war geplatzt, für beide Seiten ein unbefriedigender Ausgang.

Ulrich Schmücker, den Peter Rühl fest an der Angel wähnte, weil doch alles nach Plan geklappt hatte, war längst abgesprungen. Schon im Herbst 1972, als Rühl kaum noch im Knast auftauchte und der Prozeß immer noch nicht anberaumt war, schienen Schmückers Agententräume geplatzt zu sein. Statt dessen schwebte ihm ein Comeback im linken Untergrund vor – trotz seiner belastenden Aussagen gegen die Genossen. Deshalb mußte er den Linken sein Verhalten gegenüber dem Verfassungsschutz irgendwie plausibel machen, damit sie ihn nicht als Verräter ansahen.

So setzte er sich im Dezember in seiner Diezer Zelle hin und schrieb ein Gedächtnisprotokoll über die Kontakte mit Rühl. Der Verfassungsschutz ahnte nichts von der Existenz dieses brisanten, für das Amt und seinen Agentenführer peinlichen 33-Seiten-Papiers. Schmücker diktierte es im Mai 1973 seiner Mutter in die Maschine. Selbst unter dem Aspekt, daß es gleichzeitig als Rechtfertigungsschrift verfaßt wurde und Schmücker es sicherlich in einigen Passagen geschönt und verharmlost hatte – der letzte Absatz stellte für den Geheimdienst eine Bedrohung dar:

»Ich habe dieses Gedächtnis-Protokoll im Dezember 1972 in der Zelle der JVA Diez – diesmal wirklich – selbständig und freiwillig niedergeschrieben, um es zu gegebener Zeit an einen der Verteidiger von Wolfgang Knupe, Verena Becker, Inge Viett oder Karin und Siegfried Mahn – evtl. auch an ein entsprechendes Gericht – weiterzuleiten. Meine in diesem Protokoll gemachten Angaben entsprechen der Wahrheit. Ich bin bereit, sie bei den Hauptverhandlungen gegen die oben genannten Personen unter Eid zu wiederholen und sie – auf Wunsch der Verteidigung – nach bestem Wissen und Gewissen auszuführen.

Diez/Lahn, den 31. Dezember 1972

gez. Ulrich Sepp Schmücker«

-3-

VS-Vertraulich

IV (2) E b 1 22.März 1973 Fe

Vermerk:

Betr.: Informant Ulrich SCHMÜCKER

Nach Rücksprache mit IV (2) 1 vom 15.3.1973 erhält der obengenannte Informant den Tarnnamen

K e t t e .

Vfg.

1. IV (2) E zur Kenntnis
2. IV (2) E a 4 zur Kenntnis 23.3.73
3. Z. d. A.

I. A.

† 5.6.1974

Deckblatt der Akte »Kette« des Verfassungsschutzes

Wenige Tage nach dem mißglückten konspirativen Treffen mit dem Agentenführer fuhr Schmücker mit seiner Mutter nach Bad Neuenahr, um sich von der Haft zu erholen und sich etwas aufpäppeln zu lassen. Doch auch hier verfolgte ihn seine jüngste Vergangenheit: Gleich am ersten Tag klingelte das Telefon, und es meldete sich ein »Peter aus Berlin, ein Freund von Ulli, er weiß dann schon Bescheid«, erinnert sich seine Mutter. Der Verfassungsschützer rief fast täglich an, und Irmgard Schmücker, die meistens während der – teilweise mehrstündigen – Telefonate neben ihrem Sohn stand, bekam mit, worum es ging: Rühl warb um ihn und machte ihm immer wieder große Versprechungen. Er könne in Oxford studieren oder in einer Stadt seiner Wahl, auch ein Numerus-Clausus-Fach. Auf alle Fälle solle man sich an einem neutralen Ort treffen, zum Beispiel in der Eifel, und mal über alles in Ruhe reden. Schmückers Mutter riet ihrem Sohn davon ab und meinte, Rühl könne doch nach Bad Neuenahr zu ihnen kommen. Das aber wollte der Verfassungsschützer nicht. Frau Schmücker ist sich sicher, daß ihr Sohn partout als V-Mann angeworben werden sollte: »Sie können sich die Anrufe sparen, bei mir ist nichts drin!« soll ihr Sohn einmal gesagt haben.

Aber Rühl gab nicht auf. Bis zum 27. März 1973 meldete er sich. Da er von dem Gedächtnisprotokoll nichts ahnte, hoffte er immer noch auf eine Zusammenarbeit – auch um sein Gesicht gegenüber dem Amt und der Justiz zu wahren. Schließlich hatte er den Studenten als *den* V-Mann aufbauen wollen. Auch seine Vorgesetzten glaubten – was sie später abstritten – noch an eine Chance, Schmücker als Mitarbeiter bei der Stange halten zu können.

Mit der Geheimhaltungsstufe »VS-Vertraulich« – also keine Auskunft gegenüber anderen Behörden, wie z. B. der Polizei – wurde am 22. März 1973 die Akte mit der Nummer 086-P-80 117 eröffnet. Auf Blatt 3 ist folgender Vermerk:

Betr.: Informant Ulrich SCHMÜCKER

Nach Rücksprache mit IV (2) 1 vom 15. 3. 1973 erhält der obengenannte Informant den Tarnnamen

Kette.

Damit war für Schmücker eine V-Mann-Akte angelegt. Der aber fuhr nach den Telefon-Tiraden Rühls mit seinen Eltern in Skiurlaub. Der Verfassungsschutz verlor ihn – zunächst – aus den Augen. V-Mann »Kette« war abgetaucht.

Unbrauchbare Zeugen

Am 5. Juni 1974, wenige Stunden nach der Ermordung Schmückers, wird im Berliner Polizeipräsidium ein Brief abgegeben. Absender ist Franz Natusch, amtierender Leiter des Landesamtes für Verfassungsschutz, weil der Chef in Urlaub ist. Adressat ist die Abteilung I, der polizeiliche Staatsschutz. Dort wurde sofort nach Bekanntwerden des Mordes eine siebenköpfige Sonderkommission »Schmücker« gebildet. Jeder Hinweis zur Aufklärung landet auf dem Schreibtisch dieser Beamten. So auch dieser Brief:

»Am 31. 5. 1974 bat SCHMÜCKER gegen 14.30 Uhr fernmündlich um eine Zusammenkunft, da er angeblich ›interessante Informationen‹ berichten könne. In dem unmittelbar darauf folgenden Treff erzählte SCHMÜCKER u. a., daß er sich seit Herbst 1973 bemühe, eine eigene Gruppe zu bilden.« Außerdem wird mitgeteilt, was Schmücker über seine Kontakte in Berlin erzählt haben soll und daß er zuletzt unter dem Namen BERND LAURISCH in Neukölln, Lahnstraße 82, gewohnt hat. Und: »Im weiteren Verlauf der Befragung erklärte SCHMÜCKER, daß er sich ›von linken Genossen‹ beobachtet fühle, und fragte, ob ihm nicht eine Schußwaffe zur Verfügung gestellt werden könnte.«

Nichts steht in dem Schreiben darüber, warum ein Student namens Schmücker den Verfassungsschutz anruft, warum sofort ein Treffen arrangiert wird und wie ein junger Mann auf die Idee kommen kann, vom Geheimdienst eine Waffe bekommen zu können.

Der Überbringer des Schreibens ist der Amtsrat Michael Grünhagen vom Landesamt. Es ist nur der erste einer Vielzahl von Briefen, die die Soko »Schmücker« von den »Kollegen« erhält, stets persönlich überbracht von Grünhagen. Er erläutert die Schreiben und ist ohnehin fast ständig im Polizeipräsidium während der ersten Wochen der Ermittlungen – ein Abgesandter des Verfassungsschutzes in Sachen Schmücker. Er nimmt an fast allen Beratungen teil und erfährt so, was die Polizei herausfindet, welche Hinweise aus der Bevölkerung kommen und was die Polizei für Ermittlungen anstellt. Zwar gibt er auch hin und wieder Tips – die Kripobeamten merken bald, daß Grünhagen sich im Terrorismusbereich gut auskennt –, aber die Soko ist nicht gerade erfreut über dessen ständige Präsenz. Einer der Beamten beklagte sich später, daß er kaum zum Arbeiten gekommen wäre, wenn er an allen Besprechungen teilgenommen hätte, die auf Wunsch des Verfassungsschützers anberaumt wurden. Der Leiter der Soko, Kriminalhauptkommissar Norbert Ribbeck, hatte den Eindruck, Grünhagen erschien nur, um Informationen entgegenzunehmen. »Also, an ein Mitwirken bei irgendwelchen Tätigkeiten außerhalb kann ich mich nicht erinnern. Daß immer jemand bei uns war, um sich über den Sachstand zu erkundigen, das war nach dem Ablauf der Hinweisgebung durchaus richtig und ja auch aus den Zusammenarbeitsrichtlinien, die für uns ja maßgebend waren, richtig und geboten«, erinnert sich der Soko-Chef heute. Die Richtlinien besagen, daß die Polizei dem Verfassungsschutz alle relevanten Erkenntnisse mitzuteilen hat.

Dieser Informationsfluß glich aber eher einer Einbahnstraße. »Wir müssen überlegen, welche Erkenntnisse wir der Polizei geben«, erklärte später der Chef des Berliner Geheimdienstes, Eberhard Zachmann, »die Polizei ist an das Legalitätsprinzip gebunden, die muß also, auch wenn sie nur einen hinreichenden Verdacht auf etwas hat, sofort die Ermittlungen einleiten, und das macht unsere Arbeit kaputt.« Nach den geheimen Richtlinien kann der Verfassungsschutz die Einstellung von Ermittlungshandlungen verlangen, wenn es im Interesse des Nachrichtendienstes ist. Amtsrat Michael Grünhagen hatte also auch eine Bremserfunktion innerhalb der Soko, wenn die Ermittlungen der Polizei in eine Richtung gingen, die ihm nicht paßte. Schmückers Mutter erinnert sich, daß ein Beamter, der sie nach dem Mord vernahm, darüber klagte: »Wenn wir mit unseren Ermittlungen weiterkommen, wird immer eine Schranke aufgerichtet von einer anderen Behörde, die es nicht zuläßt, die Wahrheit zu finden.« Wahrscheinlich war es dazu nicht nötig, von dem Weisungsrecht gemäß den Richtlinien Gebrauch zu machen. Denn andererseits bekam die Kripo von Grünhagen auch nützliche Hinweise.

Dieses seltsame Zusammenspiel mag eine Erklärung dafür sein, daß die Ermittlungen der Soko »Schmücker« nicht ganz so verliefen, wie es die kriminalpolizeiliche Pflicht und Routine eigentlich verlangt hätte. Der verschwundene Brief, der beim sterbenden Schmücker gefunden worden war, allein hätte noch unter »Panne« oder »Schlamperei« verbucht werden können. Aber es gab eine Reihe weiterer Merkwürdigkeiten beim »ersten Angriff«, so heißen im Kripo-Jargon die ersten, oft entscheidenden Ermittlungen:

Am Nachmittag des 5. Juni, bald nachdem sie das Schreiben vom Verfassungsschutz bekommen haben, gehen Soko-Chef Ribbeck und Kriminalhauptmeister Günter Schmidt in die Wohnung, in der Schmücker zuletzt unter falschem Namen gelebt haben soll. Es ist eine einfache Einzimmer-Wohnung im zweiten Stock des Hauses Lahnstraße 82, eine Studentenbude für 52 Mark Miete. Sie wird sorgfältig durchsucht, denn jede Kleinigkeit kann von Wichtigkeit für die Aufklärung der Tat sein. Die Arbeit in Schmückers letzter Bleibe ist nicht einfach, denn der Student war offensichtlich ein »Zettelmensch«: Die Beamten stellen eine Unzahl von Papierstücken sicher, auf denen Namen, Anschriften und Telefonnummern notiert sind. Kartonweise werden sie asserviert. Selbst Rabattmarken werden mitgenommen. Nur eines »vergessen« die erfahrenen Kriminalisten: In der Wohnung des Ermordeten werden keine Fingerabdrücke genommen – eigentlich eine Routinearbeit, um festzustellen, wer außer dem Opfer in letzter Zeit noch in der Wohnung war. Darunter könnten ja auch der oder die Täter gewesen sein.

Aus der Vielzahl der Telefonnummern, die gefunden wurden, pickt sich die Soko merkwürdigerweise eine heraus, einen Anschluß in Wolfsburg. Nach Auskunft der Kollegen in der VW-Stadt ist es die Nummer einer älteren Frau, über die nichts Besonderes bekannt ist. Aber sie habe eine Tochter, die Mitbegründerin einer »Kommune 3« ist und »einschlägig« vorbestraft sei.

Am 6. Juni 1974 berichten alle Tageszeitungen über den »Fememord im Grunewald« in großer Aufmachung: »Im Grunewald: Anarchist aus Rache ermordet« und »Rätsel um den Anarchisten-Mord – Ein Kopfschuß für den Verräter? – Polizei setzt 5000 Mark Belohnung aus«. Bereits am Abend zuvor hatte im Berliner Regionalfernsehen die Kripo die Bevölkerung um Mithilfe gebeten: »Wer kann uns Angaben machen über den Umgang des Toten, des Ulrich Schmükker, in der letzten Zeit, insbesondere vor der Tat?«

Bei allen schlagzeilenträchtigen Verbrechen melden sich nach solchen Aufrufen viele Leute bei der Polizei: Wichtigtuer, Spinner, Aufschneider und Bürger, die ihren Nachbarn sowieso eins auswischen wollen, weil ihnen deren Nase nicht paßt oder der mit den langen Haaren ohnehin verdächtig ist – für die Beamten nicht immer leicht, die Spreu vom Weizen zu trennen. Auch im Mordfall Schmükker gab es eine Vielzahl von Hinweisen:

Polizeihauptmeister Patho vom Polizeirevier 158 in Berlin-Wilmersdorf nimmt einen telefonischen Hinweis auf:

»Am 6. 6. 74, gegen 09.45 Uhr, meldete sich telefon. unter dem Namen Antonio Rücker, 406 Viersen, Jägerstr. 9 whft., z. T. bis zum 10. 6. 74 in Berlin 21, Rathenower Str. 60 bei Gieschke aufhältlich, telef. erreichbar unter der Nr. 394 53 63, und machte folgende Angaben:

Vor etwa 6 Tagen will er den ermordeten Schmücker an einem Tisch vor dem Lokal Anapam am U-Bhf. Dahlem Dorf mit mehreren jüngeren Personen (vermutlich Studenten) heftig diskutierend gesehen haben. Am Dienstag, den 4. 6. 74, gegen 20.00 Uhr, habe er Sch. im gleichen Lokal mit zwei männl. Personen wieder angetroffen.

Beschr. dieser Pers.: Beide ca. 175 cm groß, eine mit langem hellblonden Haar, mit Parker u. Jeans bekleidet, die andere Person mit langem dunklen Haar und mit einer braunen Lederjacke u. mit einer hellblauen modernen Hose bekleidet. Nach wenigen Minuten verließen alle drei das Lokal und fuhren mit einem blauen VW-Käfer davon (Berliner Kennz.). Am gleichen Tage, gegen 22.15 Uhr, will Herr Rücker alle drei Personen in der Limastr. in Zehlendorf wiedergesehen und beobachtet haben, daß sie dort das Grundstück Nr. 11 betraten und in dem nicht bewohnbaren Haus verschwanden. Bei dem Haus Nr. 11 handelt es sich nach Angaben des Reviers um das ehemalige Hotel Rheingold, in welchem sich des öfteren wohnungslose Pers. aufhalten sollen.«

Am nächsten Tag, es ist der 7. Juni, geht Kriminalkommissar Paschke von der Soko dem Hinweis insofern nach, als er das unbewohnte Haus in der Limastraße in Augenschein nimmt. Das Gebäude ist eine knappe Viertelstunde zu Fuß vom Fundort der Leiche Schmückers entfernt. Er trifft in dem ehemaligen Hotel natürlich niemanden an, stellt fest, daß es ziemlich heruntergekommen ist und wohl zeitweise von Obdachlosen als Unterkunft benutzt wird. Darüber macht er einen Vermerk. Soko-Chef Ribbeck zeichnet ihn ab und läßt ihn als erledigt abheften. Als Hinweis Nr. 14 verschwindet dieser Vorgang – wie andere auch – in einem Ordner, der nicht zu den offiziellen Ermittlungsakten kommt.

Was sich die Beamten von der Besichtigung eines Abrißhauses versprochen haben, wird wohl immer ein Geheimnis bleiben. Den Tipgeber, der leicht telefonisch zu erreichen war, befragten und überprüften sie nicht. Er hat Schmücker zweimal an dessen Todestag gesehen, zuletzt etwa zwei Stunden vor dem Mord, und beide Male nicht weit vom Tatort, denn auch das Lokal »Anapam« liegt im gleichen Bezirk. Bei jedem anderen Mordfall wären die Fahnder dankbar für solch einen Hinweis, nicht aber die Soko »Schmücker«.

Zudem gab es noch andere Hinweise auf einen blauen VW-Käfer: Im Zuge der sogenannten Hausermittlungen in der Nähe des Tatortes – dabei werden Anwohner gefragt, ob sie zur Tatzeit verdächtige Wahrnehmungen gemacht haben – stießen die Beamten auf den Kaufmann Gerd-Peter Kurpjuweit. Laut Vermerk hatte der Mann »nach eigenen Angaben in der Nacht zum 5. 6. 74, etwa gegen 0.30 Uhr, einen dunkelblauen VW-Käfer, Baujahr ca. 1963/1964 mit dem polK: B – TU ... (Zahlenkombination nicht bekannt), an dessen vorderer Stoßstange in der Mitte ein einzelner Scheinwerfer befestigt war, wegfahren sehen. Der VW war mit mindestens einer Person (verm. männlich) besetzt, die Herr K. aber nicht erkennen konnte. Vor seiner Abfahrt war der Pkw in der Fischerhüttenstr., in Höhe der Einmündung Elvirasteig, mit Fahrtrichtung Fischerhüttenweg abgestellt.

Als Herr K. das Fahrzeug bemerkte, befand sich die Person bereits darin. Bemerkt hatte er das Fahrzeug mindestens 10 Minuten vor dessen Abfahrt.«

Auch diesem Hinweis wird keine weitere Beachtung geschenkt. Nachdem am 7. Juni in einer Berliner Boulevardzeitung im Zusammenhang mit dem Schmücker-Mord die Fotos von vier gesuchten Mitgliedern des »2. Juni« veröffentlicht wurden, meldete sich die 30jährige Renate Stratz bei der Polizei, weil sie ihrer Meinung nach interessante Beobachtungen gemacht hatte: Am späten Abend des 4. Juni sei sie mit einem Freund zur Krummen Lanke gefahren, um einen Spaziergang am See zu machen. Ziemlich genau um 0 Uhr meinte sie, in der nächtlichen Stille ein röchelndes Stöhnen gehört zu haben. Dem Geräusch hätten sie aber keine Bedeutung beigemessen. Kurz darauf sahen sie einen Rettungswagen mit Blaulicht. Etwa zehn Minuten später seien sie zu ihrem Wagen zurückgegangen, den sie auf einem Parkplatz in unmittelbarer Nähe des Sees abgestellt hatten. Unmittelbar hinter ihnen hätte zu diesem Zeitpunkt ein roter Fiat 500 geparkt. In dem Wagen hätten zwei Personen gesessen. Als die Insassen das Paar bemerkten, sei der Fiat losgefahren und habe vor ihnen gewendet. Dabei hätten die beiden Personen zu ihr und ihrem Freund hinübergesehen, so daß sie die Gesichter gut habe erkennen können. Die Beleuchtung der Straße sei dafür ausreichend gewesen.

Am 7. Juni hatte die Zeugin dann den Zeitungsbericht mit den vier Fotos gesehen. Sie glaubte, darauf den einen, Werner Sauber, als Fahrer des Fiats und den anderen, Till Meyer, als den Mann auf dem Rücksitz erkannt zu haben, und zwar so, daß sie die Insassen bei einer Gegenüberstellung »mit einiger Sicherheit wiedererkennen« würde. Dieses alles gab Renate Stratz am 8. Juni 1974 persönlich bei der Soko »Schmücker« dem Kriminalkommissar Eichhorst zu Protokoll. Der Beamte schrieb ein zweiseitiges Vernehmungsprotokoll darüber, fügte dem die Zeitungsveröffentlichung bei sowie einen eigenen Vermerk, in dem er nochmals besonders darauf hinwies, daß die Zeugin Sauber und Meyer erkannt haben will. Auf dieses notierte Soko-Chef Ribbeck handschriftlich:

»1. Sauber u. Meyer wurden in Presseveröff. nach Mord gebracht.
2. Kein Tatzusammenhang derzeit erkennbar.
3. Zu den erled. Hinweisen. R. 24/6.«

Protokoll, Zeitungsartikel und Vermerk verschwanden daraufhin als »Hinweis Nr. 15« ebenfalls im sogenannten Hinweisordner. Weder wurden der Zeugin Fotos der beiden dem »2. Juni« zugerechneten Sauber und Meyer zur genaueren Identifizierung vorgelegt, noch wurden die Männer in die Ermittlungen einbezogen. Das ist um so erstaunlicher, als am gleichen Tag ein weiterer Hinweis aus der Bevölkerung einging, wonach Sauber und Meyer am 6. Juni ebenfalls in der Nähe des Tatortes gesehen worden waren. Der Soko-Chef sieht »keinen Tatzusammenhang«, wenn zwei Zeugen wahrscheinlich das Röcheln des sterbenden Schmücker gehört haben. Hinweise, die nicht in die offiziellen Ermittlungsakten kommen.

Das Wort »Retent« findet sich nicht im Duden. So muß man sich selbst einen Reim darauf machen, was hinter dieser Wortschöpfung der Kripo steckt. Es ist vermutlich lateinischen Ursprungs und hat etwas mit »Zurückhalten« zu tun. Das macht – zumindest im Mordfall Schmücker – einen Sinn: Die Soko bekam nicht nur Hinweise aus der Bevölkerung, sondern auch von anderen Behörden. Man hatte gleich am 5. Juni alle Landeskriminalämter und Verfassungsschutzämter vom Mord per Fernschreiben unterrichtet. Darauf gab es Reaktionen. So teilten die Kripo-Kollegen aus Hannover mit, man hätte Informationen, wonach eine Vera B., zur Zeit in Wolfsburg lebend, in die Tat verwickelt sei. Vom Bundeskriminalamt und der Kripo in Baden-Württemberg kamen Ermittlungsunterlagen: Ein als glaubwürdig eingeschätzter, in terroristischen Kreisen verkehrender Mann hatte in Vernehmungen geschildert, daß Ulrich Schmücker im Mai 1974, also kurz vor seinem Tod, in Heidelberg durch eine örtliche Anarchistengruppe »beschattet« worden sei. Sicherlich interessante Hinweise.

Die Berliner Sonderkommission ging ihnen aber nicht nach. Die behördlichen Tips wurden einfach unbearbeitet abgelegt – in einem »Retent«. In dieser Spezialakte verschwanden zahlreiche Hinweise und Spuren – meistens versehen mit dem Vermerk des Soko-Chefs Ribbeck: »Nur für Retent«, oft mehrfach unterstrichen. Damit sollte sichergestellt werden, daß der Inhalt nicht der Staatsanwaltschaft und dem Gericht bekannt wird. So wurde mit dem »Retent Sch 762« verfahren. Nur das Bundesamt und das Berliner Landesamt für Verfassungsschutz bekamen Kenntnis davon.

Kriminalkommissar Werner Warias, der Schriftführer der Soko, hatte alle Hände voll zu tun. Er mußte viererlei Akten anlegen: Die offizielle, die der Justiz zur Verfügung gestellt wurde, den Hinweisordner und den »Retent Sch 762«, die beide zurückbehalten wurden, und schließlich einen weiteren »Retent« – für Verfassungsschützer Michael Grünhagen. Der gab sich nämlich nicht mit mündlichen Informationen zufrieden, eigens für ihn wurde eine weitere Akte geführt. Welche Hinweise und Erkenntnisse darin – über den polizeilichen »Retent Sch 762« hinaus – verschwanden, wird man nie mehr erfahren: Diese Schriftstücke sind nach Auskunft des Verfassungsschutzes »wegen Bedeutungslosigkeit« vernichtet worden. Ein erstaunliches Vorgehen, ganz gegen die Gepflogenheiten des Amtes, das sonst für seine wahre »Sammelwut« von Unterlagen jeder Art bekannt ist.

Es tauchte in den offiziellen Akten auch nie ein sogenannter »Lebenskalender« von Ulrich Schmücker auf. Darunter versteht man den Versuch, durch Recherchen und Ermittlungen die letzten sechs Lebenswochen eines Mordopfers zu rekonstruieren: Wo war er in dieser Zeit, was hat er gemacht und mit wem hatte er Kontakt? Kriminalkommissar Paschke, der damit befaßt war, sagte später, da hätte es zwei oder drei »dunkle Stellen« gegeben. Diese zu erhellen, bemühte man sich nicht. Der »erste Angriff« war fehlgeschlagen. Hatte das auch mit den »Erläuterungen« des ständig präsenten Verfassungsschützers Michael Grünhagen zu tun?

Ein heißes Eisen wird verbunkert

Der 5. Juni 1974, ein Mittwoch, schien ein ganz normaler Alltag in Berlin zu sein. Der übliche touristische Pfingsttrubel rund um Kudamm und Gedächtniskriche war vorbei, die Stadt ging wieder zur Tagesordnung über. Die Ermordung von Ulrich Schmücker war noch kein Thema. Die Morgennachrichten hatten nichts darüber gebracht, und für die Zeitungen war die Meldung zu spät gekommen. Unterdessen harkten Polizeibeamte im großen Umkreis um den Tatort im Grunewald den feinen, hellen, typisch märkischen Sand durch: Sie suchten eine Patronenhülse, besser: *die* Patronenhülse. Vergebens, sie wurde nie gefunden.

Es mag so gegen zwölf Uhr am Vormittag gewesen sein, als »Hartmut«, der Agent des Verfassungsschutzes, seine Wohnung in der Köpenicker Straße in Kreuzberg verließ. Die »heiße« Waffe hatte er nach dem Frühstück auseinandergenommen, fachmännisch begutachtet und wieder zusammengebaut. Der Zustand der Pistole mißfiel ihm, trotzdem hatte sie einen gewissen Wert für Sammler. Davon verstand er was. Er legte sie in seine Schreibtischschublade, schloß sie ab und nahm den Schlüssel an sich. Dann ging er aus dem Haus.

Er war noch keine fünfzig Meter die Straße in Kreuzberg entlanggegangen, als plötzlich ein Motorrad neben ihm hielt. Er kannte den Fahrer nicht, hätte ihn auch nur schwer erkennen können, denn der Mann nahm gar nicht das Visier des Helms hoch, sondern raunte ihm nur kurz zu: »Sofort im Amt anrufen, von einem Polizeirevier! Es besteht Lebensgefahr!« »Hartmut« war verdutzt über den unerwarteten Boten und brummelte unwirsch etwas vor sich hin. Der Motorradfahrer schien das aber als Zustimmung aufzufassen, denn er gab daraufhin Gas und brauste davon.

Der Agent ließ sich Zeit mit dem gewünschten Anruf. Es war schon ein Uhr durch, als im Landesamt für Verfassungsschutz das

Telefon klingelte. »Ich hab' nicht viel Zeit, meine Eltern aus Westdeutschland sind da. Wir sind gleich zum Essen verabredet. Was gibt's denn so Wichtiges?« fragte »Hartmut« ziemlich ungehalten. Deshalb kam V-Mann-Führer »Steinecker« sofort zur Sache: »Schmücker ist erschossen worden. Heute nacht an der Krummen Lanke. Wir müssen uns unbedingt sofort treffen!« – »Ich versetz doch nicht meine Eltern, bloß weil so ein Idiot umgelegt worden ist«, reagierte der Anrufer, »außerdem hab' ich ja schon immer gesagt, daß da was im Busch ist!« Die Nachricht über Schmückers Tod schien ihn weder zu überraschen noch zu beeindrucken. Trotzdem ließ er sich zu einem kurzen Treffen überreden.

Als sie sich schließlich um 17.30 Uhr trafen, kam »Steinecker« gleich zur Sache: »Sind Sie bereit, als Zeuge auszusagen?« »Hartmut« hatte alles andere erwartet, nur nicht diese Frage. »Wenn ich Sie nicht so gut kennen würde«, polterte er los, »dann würde ich mich echt verscheißert fühlen. Da wird einer umgelegt, weil Leute vermuten, daß er für einen Nachrichtendienst tätig ist, und Sie fragen mich, ob ich mich ganz öffentlich als Verräter präsentiere!« Sein Agentenführer versuchte ihn zu beschwichtigen: »Ja, ja, ist ja gut! Mein Chef wollte, daß ich das frage. Mir war klar, daß das nicht in Frage kommt.« Der V-Mann schien beruhigt zu sein und brummelte: »Von Anfang an habt ihr mir zugesagt, daß ich nicht gegen meinen Willen als Zeuge aussagen muß, und dabei bleibt's!«

Er fragte »Steinecker« nichts zum Mord an Schmücker, wollte auch keine Einzelheiten wissen oder wann es passiert sei – auch als sein Gesprächspartner von sich aus zu erzählen anfing. Er unterbrach ihn lachend und sagte: »Jetzt wissen Sie ja, wie gefährlich mein Job ist. Ich kenn' mein Risiko! Sie müssen nur alles tun, daß meine Tätigkeit geheim bleibt, sonst ist es aus. Ich glaube, jetzt geht es erst richtig los!« Er war ganz Feuer und Flamme, der nächtliche Mord schien ihm fast Auftrieb gegeben zu haben.

Der Verfassungsschützer war erleichtert, daß sein Mann sich beruhigt hatte und wie bisher weiterarbeiten wollte. Er gab ihm jetzt noch ein paar Tips für den Fall, daß die Polizei sich für ihn interessieren sollte: »Natürlich mußt du« – immer, wenn er etwas von »Hartmut« wollte, verfiel er in das vertrauliche »Du« – »der Polizei Angaben machen, die bei der Aufklärung des Mordes helfen können. Aber«, fügte er rasch hinzu, als sich die Miene seines Gegenübers wieder verfinsterte, »nur solche, die dich bei deinen Genossen nicht in Schwierigkeiten bringen. Und wenn ein anderer plaudert und zum Beispiel was über dich erzählt, verweigerst du einfach die Aussage. Das kann natürlich unangenehme Folgen für dich haben. Die könnten dich mitverdächtigen, deine Wohnung durchsuchen und dich vorläufig festnehmen. Wenn's hart auf hart kommt, mußt du sogar einige Monate in U-Haft.«

»Hartmut« schien darüber nicht sonderlich beunruhigt zu sein. »Das Risiko geh ich doch selbstverständlich ein«, erklärte er, »das wär' doch absehbar, vielleicht für drei oder vier Monate. Aber es muß klar sein, daß das Amt meine ständigen Unkosten übernimmt. Das wäre so ungefähr ein Tausender!« Sein Agentenführer murmelte daraufhin etwas Unverständliches in seinen Bart und meinte, er habe doch erst mal grundsätzlich wissen wollen, ob »Hartmut« notfalls bereit wäre, für die Sache in den Knast zu gehen. Und dann fragte er plötzlich in einem anderen, eher amtlichen Tonfall – wieder per »Sie«: »Was haben Sie eigentlich gestern abend gemacht, bevor Wölli den Wagen zurückbrachte?«

»So ungefähr um zehn vor neun hat er den Wagen übernommen, dann bin ich ins Kino gegangen, in den Zoo-Palast. Um 23.10 Uhr bin ich rausgekommen. Da hab' ich einen alten Kumpel getroffen, Steffen heißt der, und hab' mit ihm einen Kaffee im ›Speisewagen‹ getrunken. Dann kam Wölli mit dem VW-Bus zurück. Dem hätte ich am wenigsten zugetraut, daß er einen umlegt!« Er schien diese Frage erwartet zu haben.

»Haben Sie denn wirklich nichts gewußt oder geahnt?« bohrte jetzt der Verfassungsschützer weiter. »Ich frag' nur, weil es schon vorgekommen ist, daß ein V-Mann wichtige Informationen für sich behalten hat aus Angst, er könnte möglicherweise enttarnt werden.« Sein V-Mann wurde wieder etwas ungehalten: »Ich hab' nichts gewußt und auch nicht geahnt, daß gestern was gegen Schmücker laufen sollte. Das hätte ich schon erzählt!« Der Agentenführer merkte, daß mit »Hartmut« an diesem Tag nicht zu spaßen war.

»Steinecker« fragte deshalb nicht weiter. »Ja, glaub' ich ja, ich muß nur ganz sicher sein, wenn der Chef nachfragt. Es reicht auch für heute, ich hab' noch einen anderen Termin. Wir sehen uns dann morgen wieder.« Als handele es sich dabei um das Nebensächlichste der Welt fügte er noch hinzu: »Wir haben beschlossen, daß wir die Waffe besser an uns nehmen. Dann ist sie aus dem Verkehr. Bringen Sie die morgen mit!«

Jetzt blitzte so etwas wie Trotz in »Hartmuts« Augen auf, geradeso, als ob man ihm sein Lieblingsspielzeug wegnehmen wollte. »Ich hab' das Eisen gar nicht bei mir in der Wohnung gebunkert«, log er, »und außerdem: Was soll ich machen, wenn Wölli auftaucht und das Ding wiederhaben will? Soll ich dann sagen: Geht nicht, die hat mein V-Mann-Führer?« Aber der Verfassungsschützer ließ sich auf keine Diskussion ein: »Das ist doch Quatsch! Es ist doch wohl das Natürlichste auf der Welt, wenn nach so einem Ding das heiße Eisen erst mal unauffindbar ist. Das muß Wölli doch einleuchten. Also dann bis morgen!«

Am 6. Juni 1974 – rund 24 Stunden nach dem tödlichen Schuß im Grunewald – übergab V-Mann »Hartmut« seinem V-Mann-Führer »Steinecker« widerwillig die mutmaßliche Tatwaffe samt Magazinen und Munition in der Plastiktüte.

So ganz war das Thema aber noch nicht erledigt. Als die beiden Männer sich am folgenden Tag um 18 Uhr im »Drugstore« am Kudamm wieder trafen, ging die Diskussion um die Waffe wieder los, diesmal heftiger. Nachdem »Steinecker« ihm eröffnet hatte, daß er auf gar keinen Fall die Waffe wieder rausgeben würde, wurde sein Agent wütend: »Wenn ich das Eisen nicht wiederkriege, dann arbeite ich nicht mehr für euch!« Er schien es ernst zu meinen. »Das ist ein alberner Spruch, das haben Sie sich doch gar nicht überlegt«, erwiderte der Verfassungsschützer. »Aber jetzt beruhigen Sie sich erst mal.« Aber »Hartmut« hakte nach: »Für meine Sicherheit ist es das beste, wenn das Eisen bei mir verbunkert ist. Die könnten mich sonst ganz schön in die Klemme bringen!«

»Es ist mein letztes Wort in der Angelegenheit«, machte sein Kontrahent ihm klar, »es gibt kein Zurück!«

»Aber woher soll ich wissen«, setzte der enttäuschte Agent nach,

»daß Sie mir nicht bei irgendeiner Gelegenheit diese Waffe präsentieren? Wer sagt mir denn, daß es wirklich keinerlei Hinweise oder Beweise für die Tatsache gibt? Damit haben Sie doch immer etwas in der Hand!«

Befürchtete »Hartmut«, daß ihn sein Agentenführer eines Tages mit der Waffe, auf der ja seine Fingerabdrücke waren, unter Druck setzen würde, ihn des Mordes bezichtigen könnte? Ein Beweis für die »Tatsache«, ein Geheimnis zwischen ihnen?

Jetzt wurde »Steinecker« unwirsch bei soviel Mißtrauen: »Das passiert alles nur zu Ihrem Schutz, es ist besser, wenn die Waffe nicht mehr bei Ihnen zu finden ist. Außerdem gibt es eine ganz plausible Erklärung für die Genossen, wenn das Eisen verschwunden ist: Jeder normale Mensch würde nach einer solchen Tat alle möglichen Beweismittel sofort vernichten. So macht das auch die RAF. Jetzt ist wirklich die Diskussion beendet!« Doch dann fügte er noch als versöhnlichen Abschluß der Auseinandersetzung hinzu: »Später werden wir sie dir schenken!«

Ein leeres Versprechen: Die angerostete Parabellum 08, Kaliber 9 mm, mit der gerade noch erkennbaren Nummer 375 ... 75 und dem Schriftzug »byf«, verschwand für 15 Jahre in einem Panzerschrank im Kellerraum K 14 des Berliner Landesamtes für Verfassungsschutz. Besser läßt sich eine mögliche Mordwaffe kaum »verbunkern« – unauffindbar für Polizei und Justiz.

Michael Grünhagen alias ...

Auf der Straße würde man achtlos an ihm vorübergehen, denn an ihm ist nichts Auffälliges. Und beim Beruferaten käme man auf Lehrer, Büroangestellter oder Beamter. Hinter einem Schreibtisch läßt er sich gut vorstellen, vielleicht noch hinter einem Bankschalter. Er ist knapp 1,80 Meter groß und vollschlank. Sein dunkelbraunes Haar ist vorne schon etwas schütter, so daß seine flache, faltige Stirn das Gesicht entscheidend mitprägt. Durch den Oberlippen- und Kinnbart wirkt es wiederum schmaler, als es tatsächlich ist. Manchmal trägt er eine Brille mit dunklem Gestell, aber nicht immer – die Eitelkeit eines Mittdreißigers, der ohnehin wie Anfang Vierzig wirkt. Seine Sprache verrät seine Herkunft, selbst wenn er sich bemüht, Hochdeutsch zu sprechen, so unverkennbar ist sein schnoddriger Berliner Akzent. Sein markantestes Merkmal aber kann man nicht sehen: Dieser Mann hat viele Namen.

Als Michael Grünhagen wurde er am 16. April 1938 in Berlin geboren. In einfachen Verhältnissen wuchs er auf, besuchte die Schule bis zur Mittleren Reife und absolvierte eine kaufmännische Lehre. Aber schon früh fühlt er sich zu Höherem geboren, daraus macht er nie einen Hehl. So sattelt er 1956 um und geht zur Polizei. Aber auch dort macht man nicht so leicht Karriere, muß er feststellen, und bewirbt sich als Oberinspektor 1963 beim Berliner Landesamt für Verfassungsschutz – mit Erfolg.

Diese Behörde hat – auch im Vergleich zu anderen Landesämtern – ihre Besonderheiten. Die Insellage Westberlins inmitten der kommunistischen DDR zu Zeiten des Kalten Krieges prägte das Gesicht des Westberliner Verfassungsschutzes. So galt sein Hauptaugenmerk neben der Spionageabwehr den inneren Feinden der freiheitlich-demokratischen Grundordnung – und die lauerten überall in der »Frontstadt«. Dieser Meinung war man zumindest im Amt. Die Objekte der geheimdienstlichen Begierde waren folglich nicht nur kommunistische Parteien und Splittergruppen, sondern auch Gewerkschaften und sogar die damals regierende SPD.

Auf diesem Terrain verdiente sich Grünhagen seine ersten Meriten. Getarnt als Beamter des Gewerbeaußendienstes spähte er SPD-nahe linke Gruppen aus. Aber zuviel Diensteifer führte bald dazu, daß er aufflog und enttarnt wurde. Der strebsame Verfassungsschützer mußte zurück ins zweite Glied. Aber der Schreibtischjob behagte ihm nicht, und so machte er einen – wenn auch nur kurzen – Abstecher in die sogenannte »hohe Politik«. Als Assistent eines Bundestagsabgeordneten scheiterte er kläglich – ein Schönheitsfleck in der Karriere des Michael Grünhagen. Doch die Arbeitsplatzgarantie im öffentlichen Dienst sicherte ihm die Rückkehr in das Landesamt für Verfassungsschutz.

1970 begann dann tatsächlich die Karriere des ehrgeizigen Beamten. Als »Beschaffer« kam er in die Unterabteilung »Politischer Extremismus – Auswertung und Beschaffung«. Bis in die jüngste Zeit befaßte sich dieser Teil des Amtes fast ausschließlich mit Linksextremen und bekam häufig den Vorwurf zu hören, auf dem rechten Auge blind zu sein. Man spähte die SPD und die »Alternative Liste« wegen angeblicher extremistischer Tendenzen aus, verschonte aber die CDU, als etwa in der Berliner Jungen Union Rechtsradikale den Ton angaben. Viele dieser jungen Christdemokraten tauchten später bei den Republikanern auf.

Als Michael Grünhagen in diese Unterabteilung kam, gab es aber gerade ein neues »Phänomen« auf der linken Seite, die »Bewegung 2. Juni« – Ulrich Schmückers politische Heimat. Als der Student aus Bad Neuenahr in Berlin aktiv wurde, war Michael Grünhagen schon zum »Beschaffungsgruppenleiter« aufgestiegen. Zum Beschaffen von Informationen gehörte nicht nur Zeitung- und Flugblatt-Lesen, Beobachten von einschlägigen Veranstaltungen wie »Teach-Ins«, sondern auch die Anwerbung von V-Männern aus der Szene: Informanten, die für Geld und gute Versprechungen dem Geheimdienst Tips und Insider-Kenntnisse lieferten. Es reichte nicht, *einen* V-Mann in der Gruppierung zu haben, weil man die Erkenntnisse vorsichtshal-

Verfassungsschützer Michael Grünhagen

ber gegenchecken mußte. Denn es sind – dies ist eine alte Geheimdienst-Weisheit – nicht gerade die zuverlässigsten Kantonisten, die sich als Informanten andienen oder sich anheuern lassen. Die Spanne reicht vom Wichtigtuer über den Abenteurer bis zum Labilen.

In die letzte Kategorie – mit dem Zusatz »intelligent-labil« – ordnete der Verfassungsschutz im Mai 1972 Ulrich Schmücker und Harald Sommerfeld ein, als er von deren Verhaftung erfuhr. Bis dahin hatte der Geheimdienst mit seinen Informanten aus der Untergrundszene nur Pleiten erlebt. So witterte man im Berliner Amt Morgenluft nach der Zufallsverhaftung in Bad Neuenahr. Deshalb entsandte man in den Koblenzer Knast den vermeintlich besten Mann: Amtsrat Michael Grünhagen.

Schmückers Dauerbesucher Peter Rühl war der Terroristenjäger Michael Grünhagen. Selbst der zuständige Oberstaatsanwalt Braun kannte nur den Arbeitsnamen, und unter diesem Pseudonym trug Grünhagen sich auch in das Besucherbuch der Koblenzer Haftanstalt ein. Sein Ausweis war entsprechend frisiert, als Anschrift war Berlin, Marburger Straße 10, angegeben – eine getürkte Adresse, denn dort hat der Verfassungsschutz nicht mal eine Dépendance.

Als Peter Rühl ging er in den siebziger Jahren in deutschen Haftanstalten ein und aus. Das ging natürlich nur mit Einverständnis der zuständigen Staatsanwälte. Die waren in der Regel einverstanden, denn der Verfassungsschützer bereitete ja das Terrain für die offiziellen Aussagen und Geständnisse vor. Daß sie dabei nicht immer alles und nicht die volle Wahrheit erfuhren, weil Rühl die Angaben vor der Justiz mit den bearbeiteten Häftlingen vorbereitete und formulierte, ahnten sie nicht oder ließen sich dadurch nicht irritieren. Man fragte auch nicht zu hartnäckig nach, um dem Verfassungsschutz nicht ins Handwerk zu pfuschen. Hauptsache der Stoff reichte für eine ordentliche Anklage.

Routinemäßig erkundigte sich Grünhagen alias Rühl im Fall Schmücker bei seinen Kollegen vom Landesamt für Verfassungsschutz Rheinland-Pfalz über den zuständigen Staatsanwalt. Er bekam die Auskunft: »Mit dem kann man reden!« Das ist so üblich. Die Tatsache, daß die Landesämter derartige »Erkenntnisse« über Staatsanwälte haben, läßt darauf schließen, daß Daten und Fakten über sie gesammelt werden. Hat man die Erlaubnis des Anklägers, dann erfolgt die »Ansprache«: Wie bei Schmücker versucht der Verfassungsschützer, mit dem Häftling zunächst überhaupt ins Gespräch zu kommen. Dann wird überlegt, ob und was offiziell ausgesagt oder gestanden werden soll. Denn solche Angaben gehen normalerweise in die Ermittlungsakten ein und werden dadurch gerichtsbekannt, sind also allgemein zugänglich.

Das aber ist – im Sinne des Verfassungsschutzes – nicht opportun, wenn der Mann nicht »verbrannt« werden soll, also als V-Mann noch gebraucht wird. Das galt für Schmücker, in dem Rühl seine zukünftige »Quelle« im linken Terrorismusbereich sah. Harald Sommerfeld wurde lediglich weichgeklopft, ausgequetscht und – nach dem versprochenen milden Urteil – »nachbetreut«. Während ehemalige Genossen ihn noch im Knast wähnten, studierte er schon mit finanzieller Unterstützung des Amtes in Göttingen. Zur Tarnung und aus Sicherheitsgründen lief seine Post noch über eine Haftanstalt.

Der Verfassungsschützer tauchte unter dem Namen »Rühl« bei vielen Häftlingen der RAF und des »2. Juni« auf. Meistens biß der Übereifrige aber bei den Terroristen auf Granit. Hans-Jürgen Bäcker, ein Genosse des verurteilten Ex-Anwalts Horst Mahler, ließ Rühl sogar die Schuhe ausziehen, um zu sehen, ob Mikrofone darin installiert waren. Er kontrollierte den Ausweis des Beamten und ließ die darin angegebene Anschrift von Freunden draußen gegenchecken. Dann empfing er Rühl nicht mehr.

Der Beamte trat aber auch unter seinem richtigen Namen auf: Im Prozeß gegen Astrid Proll bezichtigte er die Angeklagte des Mordversuchs. Sie wäre vermutlich deswegen verurteilt worden, wenn nicht ausgerechnet zwei Kollegen vom Bundesamt für Verfassungsschutz Grünhagen der offensichtlichen Lüge überführt hätten. Diese Falschaussage vor Gericht hatte jedoch keine juristischen Folgen für den Terroristenjäger. Doch im späteren Prozeß um die Ermordung des Berliner Kammergerichtspräsidenten Drenkmann bekam Grünhagen von seinen Vorgesetzten vorsichtshalber keine Aussagegenehmigung. Der Richter Friedrich Geus – der Schmücker verurteilt hatte – sah sich daraufhin außerstande, die Angeklagten zu verurteilen. Der Mord blieb ungesühnt.

Michael Grünhagens Tätigkeit wurde immer von ganz oben gedeckt. Die Liste seiner »Arbeitsnamen« ist lang: Mal hieß er »Jablonka«, mal »Peter Petersen«, »Buchholz«, »Zacher« oder »Manfred Fabian«. Seine größten Erfolge aber hatte er als »Peter Rühl« – und als »Steinecker«. Denn Grünhagen war auch jener Agentenführer, der von seinem V-Mann, in der Szene als »Hartmut« bekannt, die Waffe entgegennahm, mit der wahrscheinlich Schmücker erschossen wurde. Wann immer im Berliner Terrorismusbereich der Verfassungsschutz tätig wurde, mit ziemlicher Sicherheit war der Mann mit den vielen Namen darin verwickelt – ein vielbeschäftigter Mann.

Ein mißglücktes Comeback

Für Ulrich Sepp Schmücker, den Wunsch-V-Mann »Kette« von Rühl alias Grünhagen, war das Thema Verfassungsschutz erst mal abgehakt nach den endlosen Telefonaten mit dem Geheimdienstler. Nach dem Urlaub mit den Eltern hielt es ihn aber nicht lange im heimischen Bad Neuenahr. Ihn zog es wieder nach Berlin. Er brannte darauf, sich in den Augen seiner Genossen zu rehabilitieren. Denn in der linken Szene hatte sich seine Geständnisfreudigkeit nach dem Prozeß in Windeseile herumgesprochen. Vokabeln wie »Spitzel« und »Verräter« wollte er nicht auf sich sitzen lassen.

Jetzt hat er es schwer, eine Bleibe zu finden, denn bei seinen Ex-Genossen traut er sich nicht anzufragen. So wohnt er vorübergehend bei Schulfreunden aus Bad Neuenahr. Zur Universität zieht es ihn zunächst nicht. Er gammelt so in den Tag hinein.

In diesen Aprilwochen des Jahres 1973 gleicht das Kriminalgericht Moabit einer Festung: Es wird gegen sechs mutmaßliche RAF-Terroristen wegen einiger Banküberfälle und der Zugehörigkeit zu einer kriminellen Vereinigung verhandelt. Dorthin – wo er zwei Monate zuvor selbst vor dem Kadi stand – zieht es Schmücker, um den »politischen Prozeß« persönlich als Zuschauer mitzuerleben. Der Andrang ist groß, trotz intensiver, fast schikanöser Einlaßkontrollen. Es passiert aber nichts Aufregendes.

In einer Verhandlungspause macht er sich auf die Suche nach der Gerichtskantine und findet sie im Kellergeschoß. Der Raum ist verraucht und riecht nach verkochtem Kantinen-Einerlei. Fast alle Tische sind besetzt. So setzt er sich zu einem etwa gleichaltrigen, langmähnigen Mann, den er vorher auch als Zuschauer in dem RAF-Prozeß gesehen hat. Man kommt ins Gespräch – über den Prozeß und den »bewaffneten Kampf«. Und Schmücker, seit seiner Rückkehr nach Berlin deprimiert und vereinsamt, freut sich, daß ihm jemand zuhört. Vertrauensselig plaudert er über sich und seine wenig rühmliche Geschichte des letzten Jahres. Sein Gegenüber ist erstaunt, er hat von Schmücker gehört und kennt dessen Ruf in der Szene. Aus Schmückers Mund klingt das jetzt alles ganz anders als die Gerüchte, die über ihn kursieren. Sein Gesprächspartner glaubt ihm und lädt ihn ein, das Gespräch bei ihm zu Hause fortzusetzen.

Götz Tilgener, so heißt der neue Bekannte, wird in der Szene »Billy« genannt. Fast zur gleichen Zeit wie Schmücker kam er im Herbst 1971 nach Berlin, um ebenfalls der Bundeswehr zu entgehen. Nur mit einem Unterschied: Er war schon einberufen und beging somit Fahnenflucht. Deswegen hatte er schon gesessen, war dann kurz bei der Bundeswehr, haute erneut ab und wurde wieder wegen Fahnenflucht mit Haftbefehl gesucht. Wie Schmücker war auch er zur »Schwarzen Hilfe« gestoßen. Sie waren sich dort zwar nie begegnet, aber es gab gemeinsame Bekannte.

Tilgeners Domizil in der Kreuzberger Cuvrystraße 49 ist eine kleine Ladenwohnung: ein Zimmer, Küche, Toilette. Hier wohnt er mit einer wesentlich älteren Frau zusammen. Kaum ist Schmücker mit seinem neuen Bekannten dort gelandet, da läßt er – vertrauensselig und naiv wie er ist – auch gleich die Katze aus dem Sack: Ob »Billy« ihm nicht eine Waffe besorgen könne, vielleicht eine »FN 9 mm« oder eine »Browning 9 mm«, in jedem Fall mit großem Magazin?

Tilgener ist verblüfft. Schmücker erklärt ihm, daß er damit den Verfassungsschützer Rühl erschießen wolle, als Beweis dafür, daß er kein Spitzel, sondern noch immer Genosse sei. Es gelingt »Billy«, ihm den verrückten Plan auszureden. In anderen Dingen ist er behilflicher: Er bringt Schmücker für einige Zeit bei einer Freundin in der Kreuzbergstraße unter und beschafft ihm sogar neue Papiere. Mit einer Anmeldebestätigung und einem Führerschein auf den Namen »Bernd Laurisch« lebt Schmücker nun in Berlin. Selbst von alten Schulfreunden läßt er sich mit »Bernd« anreden – zum Schutz vor seinen ehemaligen Genossen und dem Verfassungsschutz.

Götz Tilgener, nur ein kleines Licht in der Berliner Untergrundszene, gilt als Spinner und Schwätzer, besonders wenn er mal wieder zuviel getrunken hat. Aber eines hat er mit Schmücker gemeinsam: Beide träumen davon, eine eigene, neue Stadtguerilla-Gruppe aufzubauen. Politisch stimmen sie völlig überein. Gleichzeitig ist Schmücker darauf versessen, sich in den Augen des »2. Juni« zu rehabilitieren. Vor allem will er sich mit Inge Viett treffen, die seit ihrem Ausbruch in Berlin abgetaucht ist. Wenn er ihr erklären könnte, wie die Verhöre – aus seiner Sicht – wirklich gelaufen sind, würde ihn niemand mehr für einen Verräter halten. So glaubt er wenigstens. Und dabei hofft er auf die Hilfe seines neuen Freundes »Billy«, der gerne mit seinen »connections« zum harten Kern des »2. Juni« prahlt.

Im Mai 1973 findet der Prozeß gegen seinen Kampfgefährten Harald Sommerfeld statt. Ulrich Schmücker soll als Zeuge aussagen. Dem Gericht gegenüber behauptet er, in Schweden zu sein, und beantragt bei der Justizkasse sogar die Reisekosten nach Berlin. Das Geld wird tatsächlich geschickt – nach Bad Neuenahr. Aber seine Eltern wissen auch nicht, wo er steckt. Vor Gericht jedenfalls erscheint er nicht. Daraufhin wird der Haftbefehl gegen Ulrich Sepp Schmücker wieder in Kraft gesetzt.

Doch im Juli reist der Gesuchte tatsächlich ins Ausland, mit seinem richtigen Paß. Vom Ostberliner Flughafen Schönefeld aus fliegt er in den Nahen Osten. Seine fixe Idee: Er glaubt, in Beirut und Damaskus Kontakte zur palästinensischen Befreiungsbewegung knüpfen zu können. Damit, so hofft er, könnte er – wie schon bei seinem ersten Einstieg in die Terrorszene – interessant sein für neue und ehemalige Genossen. Und einer Frau will er damit etwas beweisen: Inge Viett. Die Reise, die Tilgener ihm teilweise finanziert, wird ein Flop. Aus den erhofften »connections« wird nichts. Auch alle Versuche nach seiner Rückkehr, statt dessen in Ostberlin arabische Untergrundkämpfer zu treffen, schlagen fehl.

Am 24. September 1973 passiert etwas Überraschendes: Im Berliner Landesamt für Verfassungsschutz klingelt das Telefon und ein »Peter Mink« verlangt, Peter Rühl zu sprechen. Der Geheimdienstmann ist erstaunt, denn der Name »Peter Mink« war mit Ulrich Schmücker vereinbart worden, quasi als Codewort, um an ihn – den Verfassungsschützer – heranzukommen. Seit dem letzten Anruf in

Bad Neuenahr am 27. März hatte er nichts mehr von seinem einstigen Hoffnungsträger »Kette« gehört. Und jetzt ruft Schmücker an, um sich mit ihm zu treffen. Grünhagen alias Rühl ist neugierig: Er weiß, daß der Haftbefehl gegen Schmücker wieder in Kraft gesetzt ist, und er hat keine Ahnung, wo sein ehemaliger Schützling in den letzten Monaten war. Die beiden verabreden sich für den übernächsten Tag. Nach den letzten Erfahrungen im Februar, als Schmücker ihn bei dem vereinbarten Treffen im Tiergarten fotografieren lassen wollte, geht der Verfassungsschützer diesmal auf Nummer Sicher.

Am Mittwoch, dem 26. 9. 1973, erscheint Schmücker am vereinbarten Ort und steigt dort in die bereits wartende Taxe, deren Kennzeichen ihm vorher mitgeteilt wurde. Er weiß nicht, wohin die Fahrt geht, und ahnt auch nicht, daß insgesamt fünf Geheimdienstler eingesetzt sind, um die Fahrt und das Treffen zu observieren. Sie landen schließlich in der Autobahnraststätte Grunewald. Das Lokal liegt günstig für das Sicherheitsbedürfnis des Verfassungsschutzes: Die unbebaute Umgebung und der große Parkplatz lassen sich leicht überblicken. Auch drinnen sind zwei Beobachter postiert. Von alledem merkt Schmücker nichts, als er um 19.15 Uhr die Raststätte betritt und sofort auf Rühl zusteuert.

Die beiden alten Bekannten begrüßen sich kurz und plaudern miteinander. Rühl allerdings ist kühler und zurückhaltender als in früheren Zeiten. Zu erzählen gibt es auch nicht viel. Rühl hat hinterher den Eindruck, daß Schmücker ihn nur treffen wollte, um herauszufinden, ob die Polizei bereits wieder hinter ihm her ist. Eine neue Verabredung treffen sie nicht. Immerhin essen sie zusammen auf Staatskosten: Der Verfassungsschützer rechnet später im Amt für Speisen und Getränke 43 Mark ab, abzüglich zwei Mark Eigenanteil. Die beiden Observanten im Restaurant haben Auslagen von 16,50 Mark. Rühl und Schmücker gehen um 20.45 Uhr wieder auseinander, der Verfassungsschutz spendiert ihm noch einmal ein Taxi. Im Observationsbericht Nr. 241 ist später zu lesen: »Während der gesamten Observationszeit konnte keine Gegenobservation festgestellt werden.« Inhaltlich aber war das Treffen für das Amt unbefriedigend. Außer Spesen nichts gewesen.

Zufall oder nicht: Ulrich Schmücker bleibt in der Nähe des Verfassungsschutzes. Im Herbst bekommt er einen Job als Hilfsportier im »apartments Hotel« in der Dahlemer Clayallee 150. Dies ist nicht irgendein Hotel, allein schon aufgrund seiner Lage: Es liegt unmittelbar neben dem amerikanischen Hauptquartier, und nur besondere Gäste steigen hier ab – überwiegend militärische und zivile Angehörige der US-Armee. Deshalb liegt es nahe, daß alle Beschäftigten aus Sicherheitsgründen besonders überprüft werden, nicht nur weil es zahlreiche Anschläge gegen amerikanische Einrichtungen gegeben hat, sondern auch wegen Spionagegefahr. Zudem liegt das Hotel innerhalb der vom Stadtkommandanten erklärten Bannmeile: Hier entgeht den Sicherheitskräften kaum etwas. Schon wer offen mit einem Fotoapparat hantiert, macht sich verdächtig und wird sofort überprüft. Alliiertes Hoheitsgebiet mitten in Deutschland, eine Berliner Spezialität dank des damals noch geltenden Besatzungsrechts.

Ulrich Schmücker arbeitet in dem kleinen, aber feinen Hotel unter seinem richtigen Namen, mit den falschen Papieren hätte er bei den strengen amerikanischen Sicherheitsvorkehrungen ohnehin keine Chance gehabt. Und die Arbeitsstelle befindet sich in guter Nachbarschaft: Drei Häuser weiter residiert in grauen, langgestreckten Gebäuden aus den zwanziger Jahren das Landesamt für Verfassungsschutz, sozusagen unter den Fittichen der Amerikaner. Rühls und Schmückers Arbeitsplätze liegen kaum hundert Meter auseinander. Der Hilfsportier konnte es nicht wissen, denn als offizielle Anschrift des Amtes wurde immer der Senator für Inneres, Fehrbelliner Platz 2, angegeben. Daß aber der Geheimdienst – wie später behauptet – nichts von Schmückers Job gewußt haben will, ist mehr als unwahrscheinlich. Ganz sicher ist der Student der Sicherheitsüberprüfung unterzogen worden. Und in solchen Fällen gab es Anfragen der Amerikaner bei den befreundeten deutschen Diensten.

»connections«

Ohne »connections« läuft in der linken »scene« nichts – Amerikanismen im Szene-Jargon, aller Kritik an den USA zum Trotz. Und dieser Satz besagt nichts anderes als die bürgerliche Allerweltsweisheit: Beziehungen sind alles. In der Berliner Linken wurde man in den sechziger und siebziger Jahren »weitergereicht«, empfohlen – als guter Genosse bzw. gute Genossin. Dann war alles klar: Man konnte bei Fremden pennen, bekam Tips für Jobs und, nicht weniger wichtig, einen Platz in einer Wohngemeinschaft. Die WG war das Zentrum des Lebens und des politischen Handelns.

Ulrich Schmücker war heimatlos – politisch und wohnungsmäßig. Er hatte nach seiner Rückkehr nach Berlin keine »connections« mehr, außer »Billy«. Götz Tilgener war der Strohhalm, an den er sich klammerte, so daß es dem Betroffenen oft zuviel wurde. Aber Schmükker tat ihm irgendwie leid. Zwar konnte er nicht mit dem gewünschten Kontakt zu Inge Viett dienen, aber er vermittelte ihn in eine linke WG. Ab Herbst 1973 wohnte Ulrich Schmücker, allerdings als »Bernd Laurisch«, im »Studio für Gestaltung« in der Kreuzberger Zeughofstraße 20. Der Name rührte daher, daß die Fabriketage eigentlich von einem Bildhauer als Atelier gemietet war, der sich aber inzwischen aufs Land zurückgezogen hatte und die Räume jungen Leuten als Bleibe überließ. Tilgener kannte die Bewohner, die zwar Linke waren, aber keine Aktivisten in der Anarcho-Szene. Keiner von ihnen ahnte, wer ihr neuer Mitbewohner »Bernd« in Wirklichkeit war. Verzicht auf polizeiliche Anmeldung war in ihren Kreisen kein Problem. Schmücker fühlte sich auf Anhieb wohl, politisch wie menschlich: Er verknallte sich in die WG-Genossin »Usch«. Das hatte er lange vermißt: Zuwendung und Geborgenheit nach der Haft und der monatelangen Einsamkeit in Berlin. Als seine neue Freundin Anfang 1974 schwanger wurde, verstärkte das noch seine Hochgefühle.

Sein Freund Götz »Billy« Tilgener prahlte zwar viel mit seinen guten »connections«, aber politisch gesehen war er nur eine Randfigur der »scene«. Bei der »Schwarzen Hilfe« zählte er auch nicht zu den Aktivsten, immerhin schrieb er aber gerne Briefe an »politische Häftlinge«. Regelmäßig veröffentlichten die »Rote« und die »Schwarze Hilfe« Listen von Inhaftierten, denen man schreiben sollte, um ihnen die Haft zu erleichtern. Oft wurden auch Briefe der Insassen in den Info-Blättchen der Organisationen publiziert. So wurde eine Frau bundesweit bekannt, die auch Briefpartnerin von »Billy« war: die »Rote Ilse« aus Wolfsburg.

Im April 1972 – kurz bevor Schmücker & Co. in Bad Neuenahr verhaftet werden – wurde vor dem Landgericht Hildesheim einer Gruppe aus Wolfsburg der Prozeß gemacht wegen eines Brandanschlages. In der VW-Stadt wollten sie den Berliner Anarchisten nicht nachstehen. Ilse Bongartz, die Älteste der Gruppe, wird zu drei Jahren Haft verurteilt. Die damals 36jährige Frau ist keine studentische Intellektuelle wie die meisten Genossen: In einfachen Verhältnissen aufgewachsen, geht sie nach der Hauptschule auf eine Handelsschule. Die bricht sie aber ebenso vorzeitig ab wie eine kaufmännische Lehre im Volkswagenwerk. Sie arbeitet dann als Ungelernte in der Polsterei der Fabrik. Mit kaum 19 Jahren heiratet sie einen VW-Arbeiter und bringt vier Kinder zur Welt.

Politisch aktiv wird sie erst spät: Nach der Bundestagswahl 1969, als die sozialliberale Regierung gewählt wird, tritt sie spontan in die SPD ein. Es dauert nicht lange, und die agile Frau wird stellvertretende Juso-Vorsitzende in Wolfsburg. Aber es dauert auch nicht lange, und sie wird wieder aus der Partei rausgeschmissen. Innerparteiliche Differenzen sind der Grund.

Ihr Ehemann war inzwischen ausgezogen. Ilse Bongartz holt sich junge Leute in die kleine Wohnung, politisch Gleichgesinnte. Ihre Vorbilder leben in Berlin: Dort zündeln und bomben die Anarchos vom »2. Juni« und die Aktivisten von der »Rote Armee-Fraktion«. Und in Anlehnung an die Kommunen »K 1« und »K 2« nennt man sich einfach die »K 3«. Ein Brandsatz in einem Jugendclub und ein Anschlag auf einen VW-Güterzug wird ihnen zum Verhängnis, sie werden geschnappt. Während die anderen Mittäter Jugendstrafen –

meist auf Bewährung – bekommen, wird die »Rote Ilse« zu drei Jahren Haft verurteilt.

Nachdem die »Rote Hilfe« ihre Knastanschrift und einen Brief von ihr veröffentlicht hatte, bekam die schreibfreudige Frau viel Post in die Haftanstalt Vechta. Darunter auch Briefe aus Berlin – von »Billy«. Es entspann sich ein reger Austausch zwischen den beiden. Und als Götz Tilgener von ihr erfuhr, daß sie am 30. Oktober 1973 auf Bewährung entlassen wird, fährt er schon eine Woche später nach Wolfsburg, um seine Briefpartnerin persönlich kennenzulernen. Sie verstehen sich auf Anhieb gut – und landen im Bett. Auf der Rückfahrt nach Berlin wird er verhaftet. Wegen Fahnenflucht stand Tilgener noch immer auf der Fahndungsliste.

Kaum drei Wochen später bekommt Ilse Bongartz wieder Besuch aus Berlin – auf Empfehlung von ihrem Freund »Billy«: Ulrich Schmücker und seine Freundin »Usch«. Tilgener hatte ihr von dem »armen Schwein« erzählt. Beide waren zu dem Schluß gekommen, daß der Verfassungsschutz dem Genossen übel mitgespielt hatte. Man könne ihn jetzt nicht einfach hängen lassen. Und politisch sahen sie auch nur Übereinstimmung: Ihr Ziel ist der Aufbau einer neuen Gruppe. So wird das Berliner Pärchen in Wolfsburg mit offenen Armen empfangen. Für zehn Tage nisten sie sich bei Ilse ein. Der frisch verliebte Schmücker sieht auch politisch wieder Land: Kein Mißtrauen, sondern viele Gemeinsamkeiten. Honeymoon in Wolfsburg. Götz Tilgener bekam von beiden Seiten nahezu euphorische Briefe und träumte im Knast von einer Landkommune mit Ilse, »Usch« und Ulrich Schmücker. Um so herber muß die Enttäuschung für ihn gewesen sein, als er im Knast davon erfuhr, daß seine neue Freundin Ilse sich nicht nur verliebt hatte, sondern den Hamburger Genossen Wolfgang Jandt auch gleich heiratete. So konnte sie den Namen Bongartz, unter dem sie berühmt-berüchtigt war, ablegen. Die Ehe aber hielt kaum einen Monat.

Die »Rote Ilse« gründete wieder eine Kommune. In der Wolfsburger Bäckergasse 2 schart sie wesentlich jüngere Leute um sich. Sie ist inzwischen 37 Jahre alt, ihre neuen Mitbewohner sind kaum halb so alt, Jahrgang 1955. Allesamt sogenannte »Kinder aus gutem Hause«:

Annette, die Tochter eines Pfarrers, ist die einzige, die sich keinen konspirativen Namen zulegt. Ihr Freund »Wölli« kommt aus einer Lehrerfamilie. Die beiden besuchten – ebenso wie die gleichaltrigen Mit-Kommunarden »Söre« und »Farim« – ein Gymnasium, aber nicht bis zum Abitur. Sie waren aus dem Elternhaus in die Bäckergasse gezogen, aber keineswegs als politische Aktivisten, sondern als junge Leute auf der Suche. Das heruntergekommene Bauernhaus in Wolfsburg war ihre Fluchtburg und Ilse eine Art Ersatzmutter.

Das ist die neue Situation, die Götz Tilgener nach seiner Haftentlassung Anfang März 1974 vorfindet. Und auch in Berlin hat sich etwas verändert: Sein Freund Ulrich Schmücker hat – nachdem er zwei Wochen bei seinen Eltern war – plötzlich Zoff in seiner Wohngemeinschaft. Man geht ihm aus dem Weg, wirft ihm die enge Bindung an seine Eltern und Unzuverlässigkeit vor. Am schlimmsten trifft Schmücker aber, daß seine Freundin »Usch« nichts mehr von ihm wissen will. Als »Billy« in der WG nachhakt, stellt er fest: Man hat herausgefunden, wer »Bernd« in Wirklichkeit ist und macht Schmücker die alte Geschichte zum Vorwurf, hält ihn für einen Spitzel und Verräter. Wieder wird Tilgener für ihn der letzte Strohhalm: Schmücker unterschreibt eine Vollmacht, damit dieser bei seinem Anwalt die Akten über seine Aussagen und das »Gedächtnisprotokoll« abholen und lesen kann. Dann würde man schon sehen, daß er kein Verräter sei.

Auch in Wolfsburg ist die Stimmung gegen Schmücker umgeschlagen. Als »Billy« am 6. April seinen ersten Besuch in der Kommune Bäckergasse macht und Ilses neue Mitbewohner kennenlernt, wird über seinen Freund Uli diskutiert. Jetzt versteht er auch, warum dessen Vorleben wieder hochgekommen war: Bei einem Treffen mit Inge Viett und Ralf Reinders, die zum harten Kern der »Bewegung 2. Juni« gehören und ganz oben auf der Fahndungsliste der Polizei stehen, hat Ilse herbe Kritik wegen ihres Kontaktes zu Schmücker einstecken müssen. Sie erfährt erstmals, wie umfassend ihr »Genosse« in der U-Haft ausgesagt hat. Und es wird vermutet, daß die Verhaftung der vier im Mai 1972 auf dem Parkplatz in Bad Neuenahr, kein Zufall war, sondern daß Schmücker seine Mitfahrer verpfiffen hat. Falls er nicht tatsächlich Agent ist, so gehen die Überlegungen weiter, dient er vielleicht als Lockvogel und hat den Verfassungsschutz an den Fersen.

Die Wolfsburger Gruppe überlegt, wie man Klarheit gewinnen kann. Eine Möglichkeit wäre, einen Banküberfall unter Einbeziehung Schmückers zu planen, ihn aber nicht auszuführen. Wenn dann Polizei zur vorgesehenen Zeit auftauchen würde, wäre klar: Schmükker ist ein Spitzel. Der Plan wird verworfen. Dann weiß Tilgener eine Lösung: Man arrangiert ein Treffen mit Schmücker in Berlin und beobachtet unauffällig das Meeting. Wird dabei eine Observation von anderer Seite festgestellt, weiß man zumindest, daß der Verfassungsschutz weiter an Schmücker dran ist. Das beschließt die Gruppe, die »Gegenobservation« soll ein paar Tage später stattfinden.

Zurück in Berlin, beschafft Götz Tilgener die Aussageprotokolle Schmückers beim Anwalt. Er ist entsetzt, ebenso wie Ilse: Was sie lesen, klingt ganz anders als die Darstellungen ihres vermeintlichen Genossen. Dieses Ausmaß seiner Aussagen gegenüber der Justiz hatten sie ihm nicht zugetraut. Um so gespannter sind sie auf das »observierte« Treffen. »Billy« soll seinen Freund Uli dazu »einladen«.

Am Dienstag, den 9. April, als Ilse Bongartz/Jandt schon in Berlin ist, taucht in Wolfsburg ein gewisser »Harry« auf. Er ist, wie Tilgener, ein Brieffreund aus Ilses Knastzeit. Der neue Genosse fährt Ilse hinterher. In Berlin sehen sie sich zum ersten Mal, auch sie verstehen sich auf Anhieb gut, menschlich wie politisch. Die Wolfsburgerin erzählt ihm von ihren Plänen, eine neue Gruppe aufzubauen. Aber es mangelt an Geld. Deshalb brauche man dringend Waffen und Schloßabzieher zum Autoknacken, um »Geldkisten« zu starten. »Harry« meint, da ließe sich vielleicht etwas machen, und verspricht, sich demnächst wieder zu melden.

Es ist Gründonnerstag, der 11. April 1974, als die Wolfsburger Kommune ihren Observationsplan mit Schmücker in die Tat umsetzt. »Billy« war ohnehin mit seinem Freund verabredet. Als Treffpunkt wird die Kreuzberger Kneipe »Tarantel« gewählt, ein bekannter Treff der Anarcho-Szene in der Köpenicker Straße. Tilgeners Stammlokal ist wenig anheimelnd: dunkel, verraucht, muffig. Auf den etwa 40 Quadratmetern sind zehn schon ziemlich schäbige

Tische verteilt und Holzstühle. An den Wänden große, vergilbte Fotos von Ulrike Meinhof, Horst Mahler und der palästinensischen Untergrundkämpferin Leila Khaled, der Boden ist bedeckt mit gammeligen Teppichen, auf denen schon manches Bier verschüttet wurde. Wenn man eintritt, fällt einem gleich der alte Berliner Tresen ins Auge. Eine typische Kreuzberger Studentenkneipe.

Als Ulrich Schmücker an diesem Abend um Viertel nach neun die »Tarantel« betritt, spielt wie fast jeden Tag eine Rockband auf der kleinen Bühne links vom Eingang. Aber der Hobbygitarrist hat keine Augen und Ohren für die Musik. »Billy« hat ihm versprochen, daß er hier jemanden trifft, den er kennt. Als erster Name war ihm Inge Viett eingefallen, aber er ist noch mehr überrascht, als er Ilse aus Wolfsburg an dem Tisch neben der dunkelbraunen Säule entdeckt. Die hat er nicht in Berlin vermutet. Während Schmücker noch verwirrt zögert, kommt Ilse auf ihn zu und umarmt ihn herzlich. Sie setzen sich an den kleinen, runden Tisch an der Säule. Um diese Zeit ist noch nicht viel los, nur wenige Tische sind besetzt: ein Pärchen rechts von der Tür – das sind die »Observanten« Annette und »Wölli« aus Wolfsburg, die Schmücker nicht kennt –, ein anderes Paar hinter der Säule und »Billy«, der gleich den Tresen angesteuert hat. So nach und nach füllt sich die Kneipe, gegen zehn Uhr ist sie zu zwei Dritteln gefüllt. Einer der Neuankömmlinge: »Farim« aus Ilses neuer Kommune. Er hatte die Aufgabe übernommen, die Straße vor dem Lokal zu beobachten, um zu sehen, ob Schmücker verfolgt wird. Die »Observanten« können im Laufe des Abends nichts Verdächtiges feststellen.

Das Gespräch zwischen Ilse und dem verdächtigten Genossen verläuft nicht unfreundlich, aber die Wolfsburgerin macht ihm klar, daß man ihm nicht mehr traut. Schmücker schwört und beteuert, daß er es wirklich ehrlich und ernst meine. Er bettelt geradezu darum, nicht von der »politischen Arbeit« ausgeschlossen zu werden. Ilse gibt sich großzügig: Eine Chance wolle man ihm noch geben. Er könne sich bei der Unterstützung einer Gruppe der IRA (Irish Republican Army) bewähren. Dann würde man weitersehen. Zuerst müsse er aber einen Fragebogen zur Überprüfung seiner Kontakte zum Verfassungsschutz ausfüllen. Dann will Ilse den Draht zur IRA herstellen. Sie würde sich in den nächsten Tagen bei ihm melden. Schmükker ist mit allem einverstanden.

Sein Freund »Billy« hatte sich die meiste Zeit am Tresen aufgehalten. Er stand am Durchgang für den Kellner, mit dem er sich, wann immer der Zeit hatte, unterhielt. Man kannte sich gut: Meistens stand »Hartmut« als Zapfer hinter dem Tresen, heute kellnerte er ausnahmsweise. Kurz bevor Schmücker ging, fielen ihnen drei Araber auf: »Sieh mal, die drei Araber«, meinte »Hartmut« zu seinem Stammgast, »die beobachten sicher Schmücker. Wenn die ihn mal nicht heute umlegen!« Tilgener, nicht mehr ganz nüchtern, brachte nur ein »Au backe!« heraus und bestellte sich noch einen doppelten Whisky. Der Kellner war von »Billy« vorher über die »Observation« der Wolfsburger aufgeklärt worden. Als Schmücker wenig später das Lokal verließ, stand einer der Araber auf und ging ebenfalls raus. »Hartmut« hatte dabei ein ungutes Gefühl: »Na, hoffentlich passiert jetzt nichts!« Tilgener bekam es kaum noch mit. Ulrich Schmücker passierte in dieser Nacht nichts. Nach dem Gespräch mit seiner Wolfsburger Freundin ging er hoffnungsvoll nach Hause. Er erwischte gerade noch die letzte U-Bahn.

Das »Volkstribunal« tagt

Das konspirative Treffen in der »Tarantel« war ein Fehlschlag: Nichts hatte darauf hingedeutet, daß Schmücker den Verfassungsschutz im Schlepptau hatte. Und Ilses Gespräch mit ihm war ganz offen verlaufen. Menschlich verachteten die Wolfsburger den Verdächtigen keineswegs. Aber der Verdacht blieb. Und sie standen unter dem Druck, sich gegenüber dem harten Kern des »2. Juni« wegen ihres Schmücker-Kontaktes zu rechtfertigen. So hielt man an der Fragebogen-Aktion fest. Als »Volkstribunal« wollten sie über den Verräter richten.

Am Ostersamstag, es ist der 13. April 1974, setzen sie sich zusammen, um den Fragenkatalog, mit dessen Beantwortung Schmücker sich rechtfertigen soll, zu entwerfen. »Hartmut« aus der »Tarantel« stellt ihnen dafür eine Schreibmaschine, eine moderne »brother Electric 3000«, zur Verfügung. Darauf tippen sie sechs »Fragen der nationalen und internationalen revolutionären Bewegung zur Person des Ulrich Schmücker« auf vier Blatt Papier so, daß der Delinquent handschriftlich seine Antworten einfügen kann.

Sie treffen sich mit Schmücker am nächsten Abend in der »Tarantel«. Götz Tilgener präsentiert seinem Freund den Fragebogen. »Hartmut« spendiert der Gruppe dazu Freibier. Geredet wird dabei nicht viel, es knistert in der verräucherten Kneipenluft: Wie wird der Mann sich rechtfertigen, nach allem, was sie den offiziellen Vernehmungsprotokollen entnehmen konnten? Ulrich Schmücker ist sichtlich nervös, raucht eine Zigarette nach der anderen, Schweißperlen stehen ihm auf der Stirn. Für ihn gilt: jetzt oder nie. Er sieht hier – zu Recht – seine letzte Chance für ein Comeback als Untergrundkämpfer. Er macht sich daran, mit kleiner, krakeliger Handschrift die Fragen zu beantworten. Nur einmal wird er unterbrochen, als »Hartmut« ihn anblafft: Schmücker hatte ganz in Gedanken den

Aschenbecher einfach unter dem Tisch ausgeleert. Für alle Beteiligten scheint eine Ewigkeit vergangen zu sein, als die Fragen endlich beantwortet sind: »Fragen der nationalen und internationalen revolutionären Bewegung zur Person des Ulrich Schmücker:

1. Welches waren Deine Beweggründe, den Strafverfolgungsbehörden Auskunft über die Organisation Bewegung 2. Juni zu geben?

Antwort: Zur Zeit meiner Aussage zur Bewegung 2. Juni war mir bekannt, daß H. Sommerfeld bereits umfassend ausgesagt hatte. Ich ging davon aus, durch meine Aussage den Behörden keine neuen Informationen zu geben und einige durch Sommerfeld belastete Genossen ... in ihr entlasten zu können.

2. Du warst Angehöriger der Bewegung 2. Juni und Du hast Mitglieder dieser Organisation durch Deine Aussagen belastet. Nenne uns bitte die Motivationen für Deine Gespräche mit Staatsschutzbehörden der BRD!

Antwort: In meinen Gesprächen mit einem Offizier des Verfassungsschutzes versuchte ich, Näheres über das Zustandekommen der Aussage Sommerfelds und den Stand der Ermittlungen zu erfahren. Ich versuchte auch in vier Kassibern (... von denen nur die ersten beiden durchkamen) zwischen Ende Mai und Mitte November '72, Genossen vor dem Zugriff der Behörden zu warnen, auch nach meiner Haftentlassung im Febr. '73 warnte ich ..., daß dem VS ihre Waffenbeschaffung bekannt sei. Diese Informationen hatte ich aus den Gesprächen mit dem VS. Durch diese Gespräche versuchte ich ebenfalls, meine eigene Situation als von Sommerfeld Verratener zu verbessern, also aus der von mir empfundenen Ohnmacht im Knast herauszukommen, *ohne selbst Genossen zu verraten.* Daß dies falsch war, ist mir im nachhinein klar. Die juristischen Implikationen meiner Aussagen und deren Funktion in den weiteren Strafverfahren waren mir jedoch zu dieser Zeit nicht bewußt.

3. Als Angehörigem der Bewegung 2. Juni waren Dir internationale Kontakte dieser Organisation bekannt. Durch Deine Aussagen

vor Staatsschutzbehörden der BRD hast Du die internationale revolutionäre Bewegung verhindert und gleichzeitig die Arbeit nichteuropäischer Geheimdienste verstärkt und gefördert. Wie stellst Du Dich dazu?

Antwort: Meine Aussagen zu internationalen Kontakten beschränken sich auf die Kontakte zur PFLP und lassen sich in drei Kategorien unterteilen:

1. Aussagen zur vereinbarten Kooperation zwischen der PFLP und der Bew. 2. Juni: die von Sommerfeld zu diesem Thema gemachten Angaben führte ich aus, formulierte sie detailliert und vermischte sie mit mir belanglos erscheinenden Informationen; ich versuchte dabei, nicht (zumindest in wichtigen Dingen nicht) über das hinauszugehen, was Sommerfeld bekannt war.
2. Hintergrund-Informationen, die mit unseren Kontakten zur PFLP nichts zu tun hatten, die ich zum Teil den bürgerlichen Medien entnommen oder frei konstruiert hatte; sie dienten dazu, meine Aussage umfassend erscheinen zu lassen.
3. Aussagen zum Verhandlungsverlauf und zur Sprengstoffübergabe: Hierbei ging es mir darum, Detlev Z. und die beteiligten PFLP-Genossen zu decken; meine Aussagen zum Verhandlungsverlauf sind größtenteils falsch, einige Treffen und Gespräche frei erfunden, andere weggelassen, Zeitpunkte z. T. um einen Monat verschoben, so blieb Z. zwar Kontaktvermittler, ich konnte aber glaubhaft darstellen, daß er vom Inhalt der Gespräche nichts wußte. Die beteiligten PFLP-Genossen habe ich nicht identifiziert, obwohl mir wiederholt ihre Photos vorgelegt wurden (von verschiedenen Behörden); ich habe sie immer nur als Araber o. ä. aufgeführt, obwohl zwei von ihnen Nordeuropäer waren. Ich führte die Polizei an den Übergabeort in Braunschweig in der sicheren Annahme, daß die Übergabe abgesichert sei und diese Spur zu nichts führt.

   Durch meine Vermittlung hatte die Bew. 2. Juni auch Kontakte zur Potere Operaio in Italien und einer revolutionären Organisation im amerikanischen Mittelwesten (Minneapolis, Chicago). Zu diesen Kontakten habe ich keinerlei Aussagen gemacht, da davon Sommerfeld nichts bekannt war.

Ich meine *nicht*, durch meine Aussagen die Arbeit nichteuropäischer Geheimdienste verstärkt und gefördert zu haben, habe aber die intern. rev. Bewegung in zwei Aspekten behindert:

1. Mein Verhalten mußte für alle Beteiligten als ›Umfallen‹, als Verrat erscheinen, sie verunsichern und ihre Kooperationsbereitschaft mit deutschen Organisationen in Frage stellen, was wohl auch zum Abbruch einiger Kontakte geführt hat.
2. Durch meine Aussagen (welchen Inhalts auch immer) gab ich den faschistischen Medien neues Material für ihre Hetzkampagne gegen die palästinensische und arabische Revolution. Diese Möglichkeit hatte ich damals naiverweise ausgeschlossen (siehe u.)

4. Welches waren Deine Gesprächspartner bei den von Dir vertraulich geführten Gesprächen?

Antwort: Peter Rühl (wahrscheinlich Deckname)
Agentenobmann des West-Berliner Verfassungsschutzes, verantwortlich für die Abwehr revolutionärer Organisationen in Bln + BRD. Tel. 87 05 91–42 18 Hausanschluß 60. Weitere Gespräche (weniger vertraulich):

1. Schmidt, Günter, Abt. I
2. Thiele 1. StA

5. Wie kamst Du zu der Annahme, daß manche Deiner Aussagen für Dich lebensgefährlich sein können?

Antwort: Dieser Annahme war ich *nie!* Die entsprechenden Passagen in meiner Aussage sollten eine Veröffentlichung verhindern, mein Umfallen durch Simulation von Angst vor Racheakten totaler erscheinen lassen und so meine Glaubwürdigkeit stärken.
Eine solche Annahme widerspräche meinem gesamten Verhalten nach meiner Entlassung (Kontaktaufnahme zu Genossen, Aufenthalt in Damaskus u. Beirut im Juli/August 1973).

6. Welche Möglichkeiten siehst Du für nationale und internationale revolutionäre Organisationen, sich nachhaltig vor Konterrevolutionären und Verrätern zu schützen?

Antwort:

1. Sorgfältigere und bessere Planung von Aktionen, also tendenzielles Ausschalten von Fehlern und Verlusten.
2. Intensive Vorbereitung der Genossen auf den Fall einer Gefangennahme (fehlte bei der Bew. 2. Juni völlig!). Jeder muß in der Lage sein, sich im Knast (psychisch) und in der Konfrontation mit der Klassenjustiz auch juristisch zurechtzufinden. Dazu gehört auch eine gute Betreuung durch Anwaltsgenossen (fehlte bei mir), die sich nicht nur auf ›Prominente‹ beschränkt, und eine Neuorientierung der Arbeit der RH's u. ä., z. B. bezüglich Angehöriger.
3. Ein besseres System der Abschottung innerhalb der Organisation (nicht durch Mißtrauen zu erreichen!), das jeden einzelnen nur soviel an konkreten Daten, Namen etc. wissen läßt, wie er unbedingt braucht, ihn aber nicht vom Gesamtzusammenhang isoliert. Z. B. eine Methode, auch taktische Fragen zu diskutieren + Inhalte zu vermitteln, die nicht an konkreten Daten festgemacht werden …
4. Gestalten einer menschlichen, bedürfnisgerechten (soweit möglich) Lebenssituation in den Kommandogruppen, dort Revolutionierung aller Lebensbereiche, keine Trennung politische Arbeit/ Privatleben, Kopf/Bauch etc., die so lange eben möglich *legal* leben und reproduzieren sollen (kein Zugzwang aus der Illegalität heraus ›Schwimmen im Wasser‹!). In solchen Lebenszusammenhängen können *Existenzängste beseitigt* und dadurch dem Verrat die ökonomischen und psychischen Grundlagen entzogen werden. D. h.: die Schaffung von Lebenszusammenhängen, die im Stadium des revolutionären Kampfes (Negation des Imperialismus) schon – soweit unter den gegenwärtigen Bedingungen möglich – die Entwicklung alternativer Lebensformen (also die dialektische Aufhebung der bloßen Negation) zulassen, macht Verrat tendenziell unmöglich.

   Wir müssen lernen, mit dem bewaffneten rev. Kampf zu *leben!*

Ich fühle mich weder als Konterrevolutionär, da ich, wenn mein Verhalten der Konterrev. diente, mich ihrer Verfügung entzogen habe – noch als Verräter, weil ich *niemanden* verraten habe, durch mein falsches Verhalten Verrat eindämmen wollte. Ich habe schwere Fehler gemacht, Fehler, die zurückgeführt werden können auf meine damalige psychische Konstitution (Resultat mangelnder Über-Ich-Bewältigung in meiner damaligen Lebenssituation als Student), aber auch auf Fehler meiner Gruppe in der Bew. 2. Juni. Diese Fehler haben mich schwer belastet und drängen – wo das noch nicht geschehen ist – nach Aufarbeitung, *Aufarbeitung, die nur im revolutionären Kontext möglich ist.*«

Die Anspannung beim Beantworten der Fragen muß für Schmükker kaum noch erträglich gewesen sein, nicht nur wegen der Atmosphäre in der »Tarantel«. Seine Schrift war kaum leserlich. Das Konglomerat aus politischem Credo und dem Bemühen, sich zu rechtfertigen, war der verzweifelte Versuch, seinen Kopf aus der Schlinge zu ziehen – im wahrsten Sinne des Wortes. Auch wenn er seinen »Freunden« – »Billy« und der »Roten Ilse« – nicht mißtraute, so muß ihm grundsätzlich seine lebensbedrohliche Lage klar gewesen sein, nämlich daß »Verräter hingerichtet werden«. Das hatte er selbst in seiner Aussage zu Protokoll gegeben, das hatte ihm der Richter mit auf den Weg gegeben, und er war von der Polizei gewarnt worden.

Gleichzeitig gab es für ihn überhaupt keine Alternative zum Kampf aus dem Untergrund. Die Anerkennung der Genossen brauchte er geradezu als Lebenselixier. Die Überlegung »Agent oder Revolutionär« war passé. Psychisch hätte er die Belastung als V-Mann im Untergrund auch kaum ausgehalten. Die aberwitzige Vorstellung, durch sein Gedächtnisprotokoll und die Beantwortung der Fragen sein Geständnis vor Gericht zumindest relativieren und sich damit rechtfertigen zu können, zeugt davon, wie sehr der labile Phantast am Ende war.

»Weint nicht um den verlorenen Sohn!«

Die Ostertage 1974 müssen für Ulrich Schmücker – neben seiner neunmonatigen Haft – die schwersten Tage in seinem jungen Leben gewesen sein: Die Wohngemeinschaft Zeughofstraße schmiß ihn endgültig raus. Mit einem »Verräter« wollte man nicht länger zusammenleben. Seine schwangere Freundin Usch wollte nicht einmal mehr mit ihm reden, und auch »Billy« ging zunehmend auf Distanz zu ihm. Keine »connections«, keine Freunde mehr. Zum Glück konnte er eine kleine Wohnung in Neukölln beziehen, die er eigentlich für einen Freund besorgt hatte. Nach der schriftlichen Befragung war seine große und einzige Hoffnung, eine Bewährungschance zu bekommen. Er wartete auf das Urteil der Genossen. In dieser Einsamkeit schrieb er einen Brief an seine Eltern, den er ihnen lange versprochen hatte. Auf dem Geschäftspapier des »apartments Hotel«, in dem er nach wie vor als Hilfsportier jobbte, schrieb er alle seine wirren, grundsätzlichen Gedanken nieder, die ihm in diesen Tagen durch den Kopf gingen:

Ostern '74

»Ihr Lieben!
Ich möchte zunächst auf die Gründe, die mich zum Verlassen meiner Gruppe zwangen, und meine Stellung dazu eingehen: Wie Euch bekannt ist, stand ich während meiner U-Haft in Verhandlungen mit einem Offizier oder Bundesbeamten für Verfassungsschutz (VS). Da der VS ein Geheimdienst ist, fanden unsere Gespräche unter vertraulichen Bedingungen statt und befinden sich die entsprechenden Unterlagen und Akten in einem Archiv des VS, sind also weder anderen Dienststellen (Polizei, Justiz etc.) noch der Öffentlichkeit (Presse, Rechtsanwälten usw.) zugänglich. In den Gesprächen ging es u. a. um eine mögliche Agententätigkeit für den VS, die mit meiner Flucht

aus dem Knast beginnen sollte; ein weiteres Resultat war meine – aus welchen Gründen auch immer gemachte – Aussage vom Juli 1972. Die Hintergründe dieser Aussage, also der gesamte Verhandlungsverlauf, sind daher für Außenstehende undurchsichtig, zwielichtig.

Nach meinem Prozeß und der Entlassung aus der Haft gab es für mich (theoretisch) viele Möglichkeiten:

1. Das dreckige Spiel, das mir die Justiz durch den ganzen Verhandlungsverlauf nach meinen Aussagen anbot, mitzuspielen, d. h. die wacklige Aussage des Hauptbelastungszeugen Sommerfeld in den weiteren Prozessen gegen Genossen abzustützen und als Belohnung Straferlaß und Studiumsmöglichkeit (= Aufbau einer bürgerlichen Existenz) zu kassieren. Dieser Weg (hier nur als theoretische Möglichkeit aufgeführt) war für mich ungangbar, weil er meinem Denken, meinem Engagement, meiner Identifizierung mit der gerechten Sache der internationalen revolutionären Bewegung widersprach, weil eine bürgerliche Existenz für mich *keine* Lebens- und Selbstverwirklichungsmöglichkeit darstellt. Ich hoffe, das ist auch Euch inzwischen klar!
2. Ich hätte meine Strafe absitzen und bei den Prozessen die in meinem Gedächtnisprotokoll aufgeführten Sachverhalte darlegen können. Ich zog diese Möglichkeit ernsthaft in Betracht unter der Voraussetzung, daß damit den Genossen geholfen werden könnte. Bei meinen Gesprächen mit den entsprechenden Anwälten, spätestens nach der Aussage Heinz Brockmanns, stellte sich aber ganz klar heraus, daß durch solch ein Selbstopfer niemandem geholfen wäre. Auch für mich selbst hätte ich dadurch nichts erreichen können, auch keine Aufarbeitung der ganzen Knastproblematik.
3. Ich hätte zum Studium (oder sonst was) ins Ausland gehen können. Damals und auch im nachhinein erschien mir ein Untertauchen im Ausland zu dieser Zeit (Febr. bis Mai 73) *als Flucht*, Flucht vor den Konsequenzen meiner Aussage, Flucht vor der Konfrontation mit den kritischen Fragen der Genossen, Flucht vor der selbstkritischen und konsequenten Aufarbeitung meiner Knastvergangenheit, ja auch als ›Im-Stich-Lassen‹ der inhaftierten Genossen. Schweden z. B. war *keine* Alternative für mich! Das war mir nur nicht immer klar, wie Ihr wißt, ist es aber jetzt. Ich wäre dort meine

›Gewissenslast‹ (mir fällt nichts Besseres ein) nicht losgeworden, hätte sie höchstens verdrängen können und wäre wohl als gebrochener, lebensunfähiger Mensch daraus hervorgegangen.

4. Ich konnte versuchen, wieder im revolutionären Kontext zu arbeiten, einen Platz in der Bewegung in *Deutschland* einzunehmen und im direkten Zusammenhang mit der politischen Praxis (eine andere Möglichkeit dazu gibt es nicht) meine Knastvergangenheit mit allen Implikationen aufzuarbeiten. Sobald ich eine – wenn auch nur geringe – Chance dazu sah (April 73), war Schweden für mich passé, und ich nahm diese wahr. Alles, was ich seitdem gemacht habe (anfängliches Durchhängen wegen der Isolation in Berlin, Nahost-Aufenthalt, Kommune, Verhältnis mit Usch etc.), steht damit in Zusammenhang.

Wie ich nun leider habe feststellen müssen, ist es mir nicht gelungen, Licht in das Dunkel der damaligen Knastgeschehnisse zu bringen, meine eigene Stellung in den Augen der Genossen zu klären und so das Mißtrauen, das mir verständlicherweise entgegengebracht wurde, abzubauen. Da in einer revolutionären Organisation, deren Mitglieder langjährige Inhaftierung und sogar ihr Leben riskieren, unter den gegenwärtigen Bedingungen niemand arbeiten kann, dem man nicht rückhaltlos vertraut, wurde ich konsequenterweise ausgeschlossen. Das betrifft nicht nur meine Gruppe (der Ausschluß wurde auch nicht nur in Berlin diskutiert und beschlossen), sondern die Bewegung in ganz Deutschland, ja in ganz Mitteleuropa, denn mein Fall ist auch den Genossen im europäischen Ausland bekannt. Die offizielle Argumentation ist in etwa folgende: Die Bewegung ist z. Z. so schwach und so leicht anzuschlagen (siehe Verhaftungen in Hamburg und Frankfurt; die Reaktion arbeitet mit immer perfektionierteren Mitteln und Methoden), daß man es sich auch nicht leisten kann, mit jemandem zusammenzuarbeiten, der sich durch seine Aussage disqualifiziert hat und nachher nicht restlos rehabilitieren konnte. Das heißt nicht, daß man mich für einen VS-Agenten hält; man kann aber die Möglichkeit – und sei die Wahrscheinlichkeit auch nur 5 % – nicht ausschließen. Deshalb ist es richtig und für die Sicherheit der Genossen unumgänglich, zu dem radikalen Mittel des Ausschlusses zu greifen.

Wenn auch der Ausschluß für mich hart, sehr hart ist, schließe ich mich dieser Argumentation an, hätte wahrscheinlich selbst nicht anders entschieden. Das Experiment, eine bewaffnete Kommandogruppe *mit mir*, Ulrich Schmücker, aufzubauen, ist also gescheitert, letztlich an meiner eigenen Unfähigkeit, die damaligen Ereignisse ins rechte Licht zu rücken. Man kann diese Sache nicht verobjektivieren, verallgemeinern, eine stalinistische Säuberungsaktion wittern, denn mein Fall ist verknüpft mit meiner rein individuellen Geschichte, die in Deutschland nicht ihresgleichen hat. Alles, was ich zu den Möglichkeiten und Perspektiven revolutionärer Gruppenentwicklung gesagt habe, ist und bleibt also gültig und realisierbar, nur eben nicht mit mir.

Ich bin also auch nicht sauer auf die Mitglieder meiner Gruppe, habe Verständnis für ihre Position und bin ihnen eher dankbar, dankbar nicht für den Rausschmiß, sondern für die Zeit, die ich mit ihnen zusammensein konnte und für all das, was wir gemeinsam machen konnten. Dieses Zusammensein hat bei mir Lernprozesse ausgelöst, die anders gar nicht denkbar gewesen wären. Ich habe mich im letzten halben Jahr sehr verändert; wie ich meine, sehr positiv entwickelt, habe Bezüge zu vielen Dingen (besonders praktischen Sachen und *menschlichen* Lebensformen) gewonnen, die mir bislang durch meine Erziehung verwehrt geblieben waren, und mich so auf der ökonomischen (Reproduktions-) wie auch auf der Bewußtseinsebene *proletarisiert*, also revolutioniert. Durch die bewußte Erfahrung militanter Veränderung in allen Lebensbereichen wurde mir mein Selbstbewußtsein, meine Persönlichkeit gestärkt und ich psychisch stabilisiert, so daß ich nun viel selbständiger, lebens- und überlebensfähiger daraus hervorgehe – ob in genügendem Maße, wird die Zukunft zeigen.

In diesem Zusammenhang – gerade nach meinem letzten Besuch bei Euch – ›gesunden Egoismus‹ und Mißtrauen zu fordern, ist völlig unangebracht, weil ein solches Verhalten (die Solidarität), die wir so dringend benötigen, hintertreibt, den einzelnen noch mehr isoliert und auf sich selbst zurückwirft und so, statt aus der Misere heraus, nur noch weiter in sie hineinführt. Das erinnert auch an die wohlgemeinten Ratschläge, die ich – vermutlich durch geschickte Manöver oder Klassenjustiz, denn andere Genossen hörten fast wörtlich dasselbe von ihren Verwandten – von Euch im Knast zu hören bekam (›Politik ist ein schmutziges Geschäft, nur die Großen profitieren‹, ›Denk doch endlich mal an dich selbst‹ etc.), Ratschläge, die mir nicht im geringsten weiterhalfen, die mir nur die Trennung zwischen der Aufarbeitung meines – zum Teil durch Eure Erziehung vermittelten – bürgerlichen Über-Ichs und meiner Zuneigung zu Euch erschwerten (was in nicht geringem Maße zu meinem damaligen Fehlverhalten beitrug).

Versteht mich nicht falsch, ich mache Euch *keine Vorwürfe*, ich bringe nur die Kritik mit derselben Offenheit und Unverblümtheit an, wie ich sie in unserer Beziehung – soll sie Zukunft haben – für notwendig erachte und in allen Beziehungen fordere. Auch weiß ich, daß diese Ratschläge wirklich wohlgemeint sind und waren und daß Euch ihre möglichen Auswirkungen nicht bewußt sind, da es Euch kaum möglich ist/war, meine heutige/damalige Situation und deren Hintergründe zu durchschauen. Nun seid nicht traurig, wenn ich diese Ratschläge nicht befolge, denn für meine Entscheidungen und mein Verhalten bin ich letztlich selbst verantwortlich. Das ändert nichts daran, daß ich Euch für die Unterstützung, die ihr mir oft versucht habt zu geben, dankbar bin.

Zum Abbruch meiner Beziehung mit Usch möchte ich sagen, daß Usch sich von mir getrennt hat, vorläufig nichts mehr mit mir zu tun haben will, was für mich wegen meines starken emotionalen Engagements wahnsinnig schwer ist und worunter ich sehr – zeitweise zu sehr – gelitten habe. Auch für sie war es nicht leicht, aber für ihre weitere Entwicklung wohl notwendig. Usch ist eine so starke Frau, daß ich mir keinerlei Sorgen um sie und das Kind, das sie gebären wird, mache und zuversichtlich an die Zukunft der beiden denke. Das Kind wird zusammen mit anderen Kindern in einer Gruppe guter Leute aufwachsen, Bezugspersonen und alles, was es braucht, haben, sich gut, sozial entwickeln und stark werden. Diese Kinder werden viel stärker sein als wir, weil sie in einer viel offeneren, menschlichen und bedürfnisgerechten Atmosphäre aufwachsen. Wir werden später von unseren Kindern lernen müssen!

Meine Anwesenheit ist also für die gesunde Entwicklung des Kindes unnötig. Diese Gewißheit macht es mir viel leichter, auf den Wunsch, mit Usch und dem Kind zusammenzuleben, für längere Zeit zu verzichten; ich sage bewußt ›für längere Zeit‹, denn wenn wir uns in dieselbe Richtung entwickeln, werden unsere Wege uns sicherlich wieder zusammenführen. Die harte Nuß, die ich zu knacken habe, mein emotionaler Bezug zu den beiden, ist für ihre Zukunft unwesentlich. Wenn Ihr sie mit Babywäsche o. ä. unterstützen wollt (wofür ich Euch dankbar wäre), dann schickt die Sachen *bitte noch im Mai* (nachher ungewiß) an das Studio für Gestaltung, 1–36, Zeughofstr. 20, Fabrikgebäude, und seid nicht enttäuscht oder verärgert, wenn keine Bestätigung oder sonstige Reaktion erfolgt, okay?

Nach meinem Ausschluß – ich habe aber nicht auf der Straße gesessen – zog ich in eine Neuköllner 1-Zimmer-Wohnung, die ich ursprünglich für meinen ägyptischen Freund besorgt hatte (von einem anderen gemietet, ohne Verpflichtungen). Die Wohnung gefiel mir anfangs überhaupt nicht; doch nachdem ich eine Woche rumgewerkelt und sie ganz nach meinem Geschmack eingerichtet hatte, fühlte ich mich ganz wohl in ihr und hatte dabei gelernt, daß ich fast jede Umgebung mit einfachen Mitteln meinen äußerlichen Bedürfnissen entsprechend gestalten kann (habe dafür nicht einmal 10 DM ausgegeben).

Ich mache ein paar Photos, die ich Euch dann zuschicke; habe leider keine Photos aus der Zeughofstr. Dort war es zigmal besser, doch ein bißchen von dem könnt Ihr auch hier wiederfinden.

Erst nachdem die Wohnung soweit fertig ist und ich mich ein wenig eingelebt habe, schreibe ich Euch den versprochenen Brief; ich wollte Ruhe (auch innerlich) und Zeit dazu haben, denn dieser Brief ist die einzige schriftliche Fixierung der Stunden meiner Aufarbeitung der gegenwärtigen Situation. Ich möchte Euch deshalb bitten, ihn an sicherem Ort aufzubewahren, so daß ich ihn später vielleicht noch einmal lesen kann.

Für meine Zukunft sehe ich z. Z. zwei Möglichkeiten:

1. Der Ausschluß ist nicht auf Lebenszeit; man hat es offengelassen, daß ich nach einem Ausbau und einer Konsolidierung der Bewe-

gung in Deutschland sowie nach einem Fortschreiten meiner persönlichen Entwicklung vielleicht doch wieder in Deutschland arbeiten kann, und mir geraten, für einige Jahre ins Ausland zu gehen, was ich ohnehin gemacht hätte. Ich habe schon die Unterlagen aus Karatschi angefordert und stehe in Verbindung mit der Botschaft. Auch heute ist Pakistan keine Alternative zu dem, was ich eigentlich machen will, bietet mir aber von allen verbleibenden Möglichkeiten die besten Perspektiven. Ich fühle mich jetzt stark, selbständig und fähig genug, um mich in Pakistan zurechtzufinden und mir dort eine Existenzgrundlage zu schaffen. Kommt es dazu (als einzige wahrscheinliche Einschränkung siehe 2. Möglichkeit), werde ich im Mai, Juni u. Juli hier arbeiten, genügend Geld sparen, um dort ein Jahr zu überleben – Zeit genug, um neue Reproduktionsmöglichkeiten (z. B. Deutschlehrer) zu finden –, und wahrscheinlich Mitte bis Ende August abreisen. Ich käme dann Anfang August – wenn eben möglich – noch einmal nach Bad Neuenahr.

2. Durch ihre Fürsprache und ihren starken persönlichen Einsatz für mich haben einige Genossen eine erneute Untersuchung der Geschehnisse während meiner Haftzeit erreicht. Die nationale und internationale revolutionäre Bewegung ist dann vor einigen Tagen noch einmal ganz offiziell an mich herangetreten, hat eine Stellungnahme zu meinem damaligen Verhalten gefordert und mir eine Möglichkeit in Aussicht gestellt, die ich Euch aus Geheimhaltungsgründen nicht darlegen kann. Ich kann Euch nur das dazu sagen, was *für Euch* wichtig ist.

Von der Überprüfung meiner Stellungnahme und einigen Verhandlungen wird es abhängen, ob mir die Chance geboten wird oder nicht. Die Entscheidung ist innerhalb der nächsten Wochen zu erwarten. Falls sie – wie ich hoffe und mir sehnlichst wünsche – positiv ausfällt, werde ich ganz schnell verschwinden und lange Zeit für Euch nicht mehr erreichbar sein. Arno wird sich dann um einige Sachen hier in der Wohnung kümmern, und ich lasse Euch wenn möglich noch eine kurze Nachricht zukommen. Seid dann bitte nicht traurig und weint nicht dem ›verlorenen Sohn‹ hinterher, denn eigentlich habt Ihr mich dadurch gewonnen und nicht verloren, weil ich mich selbst dadurch gewinne. Diese Chance entspricht genau dem, was ich die ganze Zeit wollte, all die Jahre hindurch im Kopf hatte, und was ich daraus mache, ob ich mich dabei bewähre oder nicht, ist dann allein meine Sache, denn niemand legt mir dann Steine in den Weg. Diese Chance ist für mich *einmalig*, wenn ich sie bekomme, dann jetzt und kein zweites Mal in meinem Leben; sie ist *die* Möglichkeit, mich zu verwirklichen!

Denkt doch daran, daß es besser ist, wenn ich woanders bin und es mir gut geht (dessen könnt Ihr dann sicher sein), als ob ich in Eurer Nähe bin und es mir dreckig geht. Habt auch keine Angst um mich, denn ich bin stark genug, um mit vielen Situationen fertig zu werden, und wo das noch nicht der Fall ist, werde ich es lernen müssen. Wenn mir dieser Weg offensteht, werde ich ihn gerne gehen, auf eigenen Wunsch, ohne Druck, ohne Beeinflussung irgendwelcher Genossen und mit aller meiner Kraft; macht deshalb niemanden dafür verantwortlich, niemanden außer Nixon, Brandt, Genscher, Springer und ihre Mörderbande, niemanden außer der Verwalterklasse des internationalen Monopolkapitals und ihren faschistischen Schergen.

Ich hoffe auf positiven Bescheid, denn er bedeutet für mich *Leben*! Bis zum Eintreffen des Bescheids werde ich in Richtung Pakistan weitermachen – also auch in dieser und der nächsten Woche am Druckerkursus teilnehmen – denn falls er negativ ausfällt, kann ich mir eine Verzögerung meines Arbeitsbeginns nicht leisten; ich stünde dann auch weiterhin mit Euch in Verbindung und ließe von mir hören.

Alles für den Sieg der Weltrevolution!«

Dieser »Brief« – eine Bilanzierung seines bisherigen Lebens mit dem Versuch, seine Träume und Illusionen in Einklang mit seiner Realität zu bringen – war der letzte an seine Eltern. Eine Kopie fand die Polizei nach Schmückers Tod in der Speisekammer seiner Wohnung in der Lahnstraße 82. Als er die Zeilen schrieb, hatte seine Ex-Freundin Usch schon – unter dem Druck der WG? – beschlossen, das Kind des »Verräters« abzutreiben. »Billy« sah er nur noch zweimal, es ging um

Geld: Schmücker sollte für die Abtreibung in London bezahlen, aber er weigerte sich. Die Wolfsburger Gruppe verließ gleich nach Ostern Berlin, ohne ihm einen Beschluß »der internationalen revolutionären Bewegung« mitzuteilen. Man ließ ihn einfach hängen.

Anfang Mai rief er verzweifelt seine Mutter an: »Komm nach Berlin, ich bin so allein!« Zwei Tage später, am 10. Mai 1974 konnte er seine Mutter am Bahnhof Zoo abholen. Sie verbrachten drei Tage zusammen. Sie gingen spazieren, kauften ein und kochten gemeinsam. Aber trotzdem machte er einen sehr bedrückten Eindruck auf die Mutter. Am Muttertag, bei Kaffee und Kuchen in seiner kleinen Wohnung, erzählte er ihr schließlich mit tränenerstickter Stimme von der Abtreibung des Kindes und einem erneuten Rausschmiß: Er hatte – um überhaupt wieder unter Leuten zu sein – in einer antiautoritären Kindergruppe mitgearbeitet. Dann holte ihn seine Vergangenheit wieder ein. »Ich wußte, daß alle in der Gruppe mich mögen«, erzählte er seiner Mutter, »aber dann muß ein Außenstehender mit den Leuten geredet haben. Wahrscheinlich hat er gesagt: Ihr habt einen Verräter unter euch. Raus mit ihm!«

Für die Mutter waren es »drei wundervolle Tage«, so nah waren sie sich lange nicht mehr gewesen. Als er sie am 14. Mai 1974 wieder zum Bahnhof brachte, sagte er: »Wahrscheinlich bin ich jetzt für längere Zeit weg.« Dabei hatte er Tränen in den Augen. Irmgard Schmücker sah ihren Sohn nie wieder.

Der »Edle«

Der 10. November 1972, ein Freitag, ist ein trister, kühler Herbsttag. Über Berlin hängt eine graue Dunstglocke, die den Tag nicht hell werden läßt. Eine Wetterstimmung, bei der die meisten Leute lieber nicht vor die Tür gehen. Um 11.20 Uhr ist im Kreuzberger Böckler-Park, unmittelbar neben dem U-Bahnhof Prinzenstraße, noch nicht viel los. Das Jugendfreizeitzentrum ist noch geschlossen, die Kinder und Jugendlichen vom Kiez, die sich hier regelmäßig treffen, sind in der Schule. Ein paar Menschen eilen durch den Park zur U-Bahn, einige führen ihren Hund aus. Niemand beachtet zwei unauffällig gekleidete Männer, die von der Prinzenstraße aus die Grünanlage betreten und aufmerksam jeden Passanten betrachten.

Die Kriminalobermeister Bloeks und Piechowski von der »Soko BM« (Sonderkommission Baader-Meinhof) beim polizeilichen Staatsschutz haben eine konspirative Verabredung mit »Unbekannt«. Zwei Stunden zuvor hatte sich ein anonymer Anrufer gemeldet und mitgeteilt, daß »er von linksgerichteten Personen angesprochen worden sei, um Waffen zu besorgen«. Das hatte die Beamten hellhörig gemacht. Mehr wissen sie nicht, nur daß der Informant, den sie jetzt treffen wollen, etwa dreißig ist, lange Haare hat, Bart trägt und mit einer schon etwas speckigen braunen Lederjacke gekleidet ist. Nach dem halten sie jetzt Ausschau.

Sie müssen nicht lange warten und suchen, sondern erkennen ihn sofort nach der knappen Beschreibung. Außerdem kommt er sofort auf sie zu, er scheint einen Riecher für Polizisten in Zivil zu haben. Die drei Männer reden nicht viel miteinander, denn »Unbekannt« läßt sich schnell überreden, sich »in Ruhe« im Polizeipräsidium zu unterhalten. Dort lüftet der Tipgeber auch gleich sein Inkognito – kein alltäglicher Name: Volker Weingraber, Edler von Grodek, am 3. 12. 1942 in Berlin geboren.

»Nach ersten Ermittlungen«, so schreiben die beiden Staatsschützer später in ihren Bericht Nr. 1536, »wurde der Eindruck gewonnen, daß es sich um eine glaubhafte Person handelt«. Dann plaudert der adlige Informant:

In der Kneipe »Bei Erni« in der Kreuzberger Eisenbahnstraße habe er ein gutes Dutzend »linker« Leute kennengelernt. Von einer Frau, die er nur als »Waltraud« kenne, sei er wegen Waffen, Handgranaten und Sprengstoff angesprochen worden. Er sei in dem Kreis als »Waffennarr« bekannt und habe – nachdem viel über Waffen gesprochen worden sei – dort einmal seinen umfangreichen Schriftverkehr mit verschiedenen Waffenfabriken und -händlern gezeigt. Bei den Diskussionen habe er – gegen seine Überzeugung – eine linksradikale Einstellung vertreten. Deswegen habe sich diese »Waltraud« vertrauensvoll an ihn gewandt: Sie sei Mitglied einer linksradikalen Gruppe, die demnächst ein paar »Geldkisten« (Banküberfälle) starten wolle. Dazu bräuchten sie Waffen, und zwar Pistolen und Maschinenpistolen, Handgranaten und Sprengstoff für ungefähr 7000 bis 8000 Mark. Mit seinen guten Beziehungen zu Waffenfirmen wäre das doch wohl kein Problem ...

Weingraber erzählt den Polizisten, er sei zum Schein auf den Deal eingegangen (»Das läßt sich vielleicht machen«) und hätte mit der Frau ein Treffen in seiner Wohnung am folgenden Montag vereinbart.

Mehr weiß er nicht. Als die Beamten ihm danach Fotos vorlegen aus dem »Baader-Meinhof-Lichtbildordner« und dem »Lichtbildordner für potentielle Brand- und Sprengstofftäter« erkennt er einige Frauen und Männer aus der Szenekneipe wieder – oder glaubt sie zu erkennen, auf Bild 49 zum Beispiel Inge Viett. Die aber war mit Schmücker verhaftet worden und saß im Augenblick noch im Gefängnis. (Erst im Juli 1973 gelang es ihr, mit einer Eisensäge die Gitterstäbe durchzusägen und sich im wahrsten Sinne des Wortes aus der Berliner Frauenhaftanstalt Lehrter Straße »abzuseilen«.) Aber die Kripo-Beamten scheinen die Ungereimtheiten in Weingrabers Gedächtnis nicht zu irritieren, zumindest taucht diese Tatsache nicht in ihrem Bericht auf. Kommentarlos fügen sie noch die kriminalpolizeilichen Erkenntnisse über ihren Hinweisgeber hinzu:

V-Mann Volker von Weingraber

»19. 9. 1966, Körperverletzung
199 PLs 2421/66
29. 7. 1968, Hinweisgeber auf illegalen Waffenhandel
B II 2
9. 1. 1969, unbefugter Waffenbesitz
66 Js 220/69
22. 7. 1969, unerlaubter Waffenbesitz
66 Js 2153/69
6. 1. 1970, Geldkreditbetrug
57 Js 3001/69
12. 3. 1970, HB zum unerlaubten Waffenbesitz
AG Tg 264 Ds 323/69
3. 11. 1972, Körperverletzung
RKB 108 2051/72
Fahndungsnotierungen bestehen nicht.«

Kein unbeschriebenes Blatt also, dieser Tipgeber: Mehrfach wurde gegen ihn ermittelt, für eine Verurteilung reichte es aber nicht. Man konnte ihm nichts nachweisen. Und was die beiden Staatsschutzbeamten mündlich von ihren Kripo-Kollegen hörten, schrieben sie nicht in den Bericht:

Als »der Edle« kannte ihn nicht nur die Polizei, es war sein Spitzname in seinen Kreisen. Volker Weingraber, Edler von Grodek war Zuhälter im Rotlicht-Milieu der berüchtigten »Potse«, der Potsdamer Straße. Motivforschung betrieb die Polizei merkwürdigerweise auch nicht: Was trieb den Loddel aus dem Schöneberger Puff-Viertel in eine linke Kreuzberger Szenekneipe? Warum gab er sich dort als Linker aus und protzte mit seinen Waffenkenntnissen? Wieso meldet sich so ein Mann plötzlich – eine Woche, nachdem mal wieder gegen ihn wegen Körperverletzung ermittelt wird – bei der Polizei als Informant? War sein Andienen doch nicht so freiwillig, wie es den beiden Polizisten erschien, weil ihn jemand – vielleicht der Verfassungsschutz – dazu gedrängt hatte mit dem Versprechen, dann würden die Ermittlungen gegen ihn eingestellt? Weingraber sagte später dazu: »Lachen Sie jetzt nicht, es war meine rechtsstaatliche Gesinnung.«

Darüber haben sich jedenfalls die Beamten der Soko nicht den Kopf zerbrochen. Ihnen reichte aus, was sie lapidar in der Akte »W 33« – »VS-Vertraulich« vermerkten: »In staatsabträglicher Hinsicht ist über den Herrn W. nichts bekannt.« Dies schien ausreichend zu sein, um den Zuhälter blauen Blutes für höhere Aufgaben weiterzuempfehlen: Mit Empfangsschein Nr. 113 wurde die Akte – und damit der Informant – am 30. 11. 1972 dem Landesamt für Verfassungsschutz übergeben. Unterschrift des Empfängers: »Grünhagen«.

Damit begann eine jahrelange Zusammenarbeit eines sehr gegensätzlichen Duos: Auf der einen Seite der ehrgeizige und penible, mitunter aber spleenige und aus Übereifer zu Alleingängen neigende Beamte Michael Grünhagen als Agentenführer, auf der anderen Seite der Professorensohn aus Braunschweig, der in Schule und Beruf gescheitert war und schließlich im kriminellen Milieu landete, wo er, »der Edle«, als nicht gerade zimperlich galt. Volker Weingraber, Edler von Grodek, wurde der Top-Agent des Verfassungsschutzes im Terrorismus-Bereich. Grünhagen gab seinem V-Mann den Tarnnamen »Wien«. Der aber kannte seinen Agentenführer nur unter dem Arbeitsnamen »Steinecker«.

Das Gespann schaffte es schnell, Zugang zur linken Szene zu bekommen. Der Einstieg war bereits durch die Kontakte des »Edlen« als Waffenspezialist in der Kneipe »Bei Erni« in der Eisenbahnstraße gelungen. Er ließ sich ausbauen. Im Kreuzberger Kiez ist das nicht schwer, wenn man erst mal »drin« ist, man hat dann eben die »connections«. So ergab sich bald, daß um die Ecke von »Erni« ein Job in einer anderen Szenekneipe zu vergeben war. Der Agent wechselte vom Rotlicht-Milieu in eine schummrige Pinte in der Köpenikker Straße. Er wurde erst Kellner und dann Geschäftsführer der »Tarantel«. Auch dort tranken vorwiegend Linke ihr Bier: Studenten, Uni-Assistenten, aber auch »2. Juni«-Leute und ihre Sympathisanten – das gleiche Publikum wie bei »Erni«. Mal kehrte man hier ein, mal dort. Oder man pendelte zwischen beiden Lokalen. Weingraber alias »Wien« wurde eine Institution hinter dem Tresen: Er kannte die Szene und sie kannte ihn – als »Hartmut«. Denn eines hatten Verfassungsschutz und linker Untergrund gemein: Man gab sich Tarnnamen. Aus dem Zuhälter war ein »Genosse« geworden.

Von zwei Dingen allerdings mochte er sich nicht trennen: Von seinem weißen Chevrolet und seiner deutschen Dogge »Otto«. Während er aber sein Protz-Auto vor den neuen Freunden verbarg – sie kannten ihn nur mit dem gelben VW-Bus der »Tarantel« oder auf dem Motorrad – verbrachte »Otto« die meisten Abende und Nächte in der Kneipe.

Der Verfassungsschutz stand mit seinem Agenten Weingraber buchstäblich an der Quelle hinter dem »Tarantel«-Tresen: Mehr noch als normale Kneipiers, die auch schon recht viel aus dem Privat- und Berufsleben ihrer Stammgäste erfahren, bekam jener »Hartmut« zu hören. Schließlich war er ja einer von ihnen, eben ein guter Genosse. Einer seiner Stammgäste: »Billy«. Götz Tilgeners Lieblingsplatz war am Tresen. Und durch ihn lernte er gleich bei deren ersten Berlin-Trip Ilse Bongartz und ihre Kommunegenossen kennen. Freimütig plauderten sie über ihre Pläne, eine neue Untergruppe der »Bewegung 2. Juni« zu gründen. Agent »Wien« alias »Hartmut« roch sofort Lunte und zeigte sich stets hilfsbereit und spendabel: Er verlieh den VW-Bus der »Tarantel« oder kutschierte sie damit bereitwillig in der Stadt herum, gewährte Unterschlupf in seiner Wohnung, nur ein paar Häuser von der »Tarantel« entfernt. Und da die Wolfsburger unter chronischem Geldmangel litten – nur Ilse arbeitete zeitweise als Putzfrau im VW-Werk –, konnte er sich auch hier von seiner großzügigen Seite zeigen: Telegramm genügte, und »Hartmut« schickte Geld nach Wolfsburg. Eine Schreibmaschine besorgen? – Auch kein Problem für den guten Genossen. Auch als Wirt zeigte er sich äußerst spendabel: Für die Freunde aus Westdeutschland gab es meistens Freibier. Seine Hilfsbereitschaft zahlte sich für ihn aus.

Auf dem Grat

Berlin-Dahlem ist eine gute Adresse: Hochherrschaftliche Villen in vielen kleinen Straßen, zwischendrin zahlreiche Parks, der Grunewald und seine Seenkette sind in unmittelbarer Nähe – das ist das eine Gesicht. Nazi-Größen und die SS fanden daran Gefallen und nisteten sich in den dreißiger Jahren hier ein. Nach dem Krieg hat sich das Gesicht Dahlems gewandelt, zwei große Institutionen beherrschen den Stadtteil: die Freie Universität, die auch viele Villen anmietete, und die amerikanische Besatzungsmacht. Sie bezog ihr Hauptquartier dort, wo zuvor Hitlers »Luftgaukommando« residierte. Man baute eine ganze US-Stadt: Wohnungen, Einkaufszentrum, Kino, Schulen und einen eigenen Rundfunk- und Fernsehsender – »Klein-Amerika« vom Berliner Volksmund getauft. Straßennamen wie »Marshallstraße« oder »Truman Plaza« dokumentieren dies. Und die wichtigste Nord-Süd-Verkehrsverbindung ist die »Clay-allee«.

Wesentlich unscheinbarer, direkt im Schatten des US-Headquarter, hat sich die Zentrale einer deutschen Behörde eingerichtet, die ungern ihre Adresse preisgibt und sich noch weniger gern in die Karten schauen läßt: das Berliner Landesamt für Verfassungsschutz, bis 1990 offiziell nur die Abteilung IV des Innensenats. Inoffizielle Anschrift: »Auf dem Grat 2«, Ecke Clayallee. Die graue Fassade der zweigeschossigen Gebäude ist so, wie sich das Amt am liebsten gibt: unauffällig. Tausende von Autofahrern rasen täglich achtlos an der Behörde vorbei. Nur wer genau hinschaut, sieht hinter den hohen Hecken zwei Wachmänner in ebenfalls unauffälligem Grau patrouillieren. Einen Hinweis auf die »Bewohner« sucht man vergebens an der Pforte. Und nur wenige wissen, wieviel Platz die rund 300 Berliner Verfassungsschützer haben, um ihre vielfältigen »Erkenntnisse« zu archivieren: Gebäude und Gelände sind großzügigst unterkellert.

Die Luftwaffe hatte hier einst unterirdische Versuchslabore – streng geheim.

Top Secret blieb auch lange, was der Geheimdienst so trieb: Es gab keine parlamentarische Kontrolle und auch keine Jahresberichte – im Bund und in den anderen Bundesländern sonst gesetzliche Pflicht und Gepflogenheit. In West-Berlin war aber bis zur Wiedervereinigung alles ganz anders: Bundesgesetze wurden nicht automatisch übernommen, die Siegermächte mußten ihre Zustimmung geben. Durch den Besatzungsstatus gab es so einige Besonderheiten: Polizeigewalt und Gerichtsbarkeit durften die Deutschen nur im Auftrag der westlichen Alliierten ausüben, wenn nicht Belange der Amerikaner, Briten oder Franzosen tangiert waren. Waren höhere Polizeiposten zu besetzen, mußten die Stadtkommandanten gefragt werden.

Das galt auch für den Verfassungsschutz, auf den sie ein besonderes Auge hatten: Telefone abhören und Post kontrollieren durfte das Amt nicht, das war Privileg der Westmächte – natürlich ohne parlamentarische oder richterliche Kontrolle. Aber die Alliierten wurden – wenn sie es selbst für richtig hielten – für die Deutschen tätig. Vermutlich wurde so in der westlichen Halbstadt mehr abgehört und kontrolliert als im gesamten Bundesgebiet. Der Willkür waren Tür und Tor geöffnet: Das Landesamt für Verfassungsschutz konnte schalten und walten, ohne zu befürchten, daß ein Richter oder Parlamentsausschuß dafür eine Begründung oder Rechtfertigung haben wollte – solange die Besatzungsmächte mitspielten. Das taten sie auch in der Regel nach dem Motto: Lieber zuviel Informationen beschaffen als zuwenig. Polizei und Verfassungsschutz hatten für solche Fälle Kontaktmänner, die schnell und unbürokratisch den Draht zu den jeweiligen Offizieren herstellen konnten. Es gab auch regelmäßige Informationstreffen, bei denen sich die Alliierten über die wichtigsten Fälle berichten ließen.

Das wird auch im Fall Schmücker so gewesen sein, und zwar schon deshalb, weil die »Bewegung 2. Juni« Anschläge gegen britische und amerikanische Einrichtungen verübt hatte. Denn zumindest bei einem – allerdings mißglückten – Versuch war der junge Mann beteiligt. Offen allerdings ist, was die Kontaktleute den alliierten Stellen berichteten. Denn V-Mann-Führer Grünhagen alias Rühl neigte zu Alleingängen und gab einiges – das kann man den Berichten und Vermerken entnehmen – gelinde gesagt »geschönt« weiter. Wer gesteht schon gerne Pleiten bei Anwerbungsversuchen oder Eskapaden von V-Männern ein?

Der 11. April 1974, Gründonnerstag, war ein schlechter Tag für Agentenführer Grünhagen: Von seinem V-Mann »Wien« alias »Hartmut« bekam er ein Exemplar von Schmückers »Gedächtnisprotokoll«, die Aufzeichnungen über die Anwerbungsversuche und Fluchtpläne, die er mit dem Häftling ausgeheckt hatte. Bis dahin hatte der Verfassungsschutz nur gerüchteweise davon gehört und befürchtet, daß es linken Anwälten in die Hände fallen könnte. Und nun kursierten etliche Exemplare in der linken Szene. Das Amt an der Clayallee war in heller Aufregung. Michael Grünhagen alias Peter Rühl mußte sich rechtfertigen: Über Ostern – zur gleichen Zeit, da Schmücker schwitzend über dem »Fragebogen« der Genossen brütete – verfaßte sein damaliger Dauerbesucher im Knast eine zwanzigseitige Stellungnahme, in der er der Darstellung Schmückers in wesentlichen Einzelpunkten widersprach. So heißt es unter anderem:

»Ich habe gegenüber Schmücker nie einen irgendwie gearteten Fluchtplan ausgearbeitet bzw. ihm eine solche Flucht schmackhaft gemacht. Er selbst war während der gesamten Befragungszeit krampfhaft bemüht, mir klarzumachen, daß er als V-Mann für mich von großer Wichtigkeit sein könnte. Er hat dann selbst immer wieder Pläne entwickelt, wie er am ›glaubhaftesten‹ wieder in … auftauchen könnte. Ich bin dann teilweise auf seine Argumente eingegangen und habe die ganze Angelegenheit zum Schluß damit beendet, daß ich erklärte, dazu würde man keine Genehmigung erhalten. Der Hintergrund dieses Verhaltens ist darin zu sehen, daß die Befragung des Schmücker noch nicht abgeschlossen war. Er war aber auf der anderen Seite nur bereit, mit mir weiter zu sprechen, wenn es seiner Meinung nach einen Sinn hätte. Weil er aber erklärt hatte, daß er als Zeuge nicht vor Gericht auftreten würde, sondern weiter als ›Linker‹ arbeiten wolle, war für ihn dann die einzige Alternative, für einen Nachrichtendienst tätig zu sein. Diese Einstellung von Schmücker zieht sich wie ein roter Faden durch die gesamten Gespräche mit ihm.«

Zum Schluß äußerte er die Befürchtung, daß das Protokoll bei bevorstehenden Prozessen gegen politisch-motivierte Täter auftauchen und den Verteidigern Gelegenheit geben werde, »mit großem Aufwand Arbeitsweise und Arbeitsmethode des Verfassungsschutzes anzuprangern«. Sicherlich war das nicht die einzige Befürchtung Grünhagens, stand doch seine »Rechtfertigungsschrift« der von Schmücker gegenüber – Aussage gegen Aussage. Und was tatsächlich zwischen den beiden unter vier Augen in den Besucherzellen der Haftanstalten Koblenz und Diez ausbaldowert wurde, wußten sie allein. Sowohl Grünhagen wie Schmücker haben eine Mischung aus Dichtung und Wahrheit produziert.

Sicher ist jedenfalls, daß »Rühl« mit dem Häftling Fluchtpläne geschmiedet hat, aber vom Amt »zurückgepfiffen« wurde. Wieweit danach noch weiter über Flucht geredet wurde, ist unklar. Warum aber sollte Schmücker die Fluchtpläne allein weiter ausgesponnen haben, wenn er zugab, letzten Endes nicht den Mut für die Umsetzung gehabt zu haben? Sicher ist ebenfalls, daß Schmücker als möglicher V-Mann »angesprochen« wurde, und zwar – entgegen der Darstellung Grünhagens und des Amtes – auch noch nach seinen Aussagen vor dem Staatsanwalt. Warum hätte Grünhagen sonst so hartnäckig Schmücker mit seinen Telefonaten verfolgt, bis dieser schließlich abtauchte? Warum wurde danach noch die Informantenakte »Kette« angelegt?

Für Grünhagens Vorgesetzten, den Leiter des Bereichs »Linksextremismus«, Schröder, stand trotz der Stellungnahme Grünhagens »außer Frage, daß der Gesamtkomplex sich mit großer Wahrscheinlichkeit so zugetragen hat, wie Schmücker ihn schildert«. Und weiter steht in einem amtsinternen Vermerk des Vorgesetzten vom 9. Mai 1974 zu lesen, daß beim Umgang mit »Terroristen dieser Art« der Befrager sich das Vertrauen des Gesprächspartners durch das Vorwerfen von »Bonbons« erhalten müsse. Auf jeden Fall müsse vermieden werden, den Befrager in den anstehenden Prozessen als Zeugen freizugeben. Das Amt segnete sozusagen im nachhinein das Vorgehen von Michael Grünhagen ab und hielt seinen Mann auch gegenüber der Justiz unter Verschluß, damit keine peinlichen Fragen gestellt werden könnten. Als das Berliner Landgericht zwecks Zeugenvernehmung um eine ladungsfähige Anschrift und um Erteilung einer Aussagegenehmigung des »Herrn Rühl« bat, wurde dem Richter nicht einmal der richtige Name mitgeteilt. Und: »Die Aussage würde dem Wohle des Landes Berlin Nachteile in sicherheitsmäßiger Hinsicht bereiten und die Erfüllung öffentlicher Aufgaben ernstlich gefährden.«

An jenem 11. April 1974 gab es weitere Pleiten – für beide Seiten: Bei ihrer »Observation« Schmückers in der »Tarantel« konnten die Mitglieder der Wolfsburger Kommune und Götz Tilgener nicht den Beweis für ihre Spitzel-Theorie – nämlich eine Observation des vermeintlichen Verräters durch den Geheimdienst – feststellen. Tatsächlich saßen aber doch zwei als Pärchen auftretende Verfassungsschützer hinter der Säule in der Kneipe, wo Schmücker und die »Rote Ilse« Platz genommen hatten. Sie hätten das Gespräch belauschen können, taten es aber offenkundig nicht.

Die beiden Beamten von der Observationsgruppe IV(2)2 mit den Kürzeln »Po.« und »La.« jedenfalls vermerkten in ihrem Bericht, Auftrags-Nr. 070, nichts über das Gespräch. Statt dessen beschreiben sie das Ambiente der »renovierungsbedürftigen« Kneipe und stellen fest, daß zu Beginn der Observation um 20.30 Uhr drei männliche und zwei weibliche Gäste anwesend gewesen seien. Und:

»Hinter der Theke stand eine männliche Person, die die Getränke einschenkte, während WIEN die Bedienung der Gäste innehatte …

Im weiteren Verlauf des Abends füllte sich das Lokal zu etwa zwei Dritteln mit weiteren jüngeren Personen beiderlei Geschlechts, bei denen es sich durchweg um APO-Typen handelte, die sich untereinander kannten und von WIEN geduzt wurden.

Um

20.50 Uhr verließ der Barkeeper für ca. 15 Minuten die Gaststätte. Er kehrte allein zurück.

21.17 betrat SCHMÜCKER (nach dem Foto gut erkennbar) allein den

Gastraum. Er hielt sich einige Minuten allein am Tresen auf und setzte sich später zu 2 männlichen Personen an einen Tisch in der Nähe des Eingangs.

21.23 erschien TILGENER allein im Lokal. Er führte eine größere grau-schwarze Plastiktüte mit sich, die bis zur Hälfte mit einem Gegenstand gefüllt war, der ca. Din A3-groß und etwa 10 cm stark war. Er begab sich zum Tresen und stellte die Tüte in den Tresendurchgang. Danach unterhielt er sich angeregt mit drei weiteren männlichen Personen, dem Barkeeper und zeitweilig mit ›WIEN‹. Während der Unterhaltung fielen die Worte, ›es ist doch alles Scheiße, wenn man rüber fährt‹, ›alles Kapitalisten‹. Außerdem wurde eine Abteilung 5 in Heckeshorn erwähnt.

Zwischendurch hatte SCHMÜCKER zweimal die Toilette aufgesucht. Beim zweiten Mal war ›WIEN‹ ihm nachgegangen. SCHMÜCKER sah beim Verlassen der Toilette stets in Richtung Theke und setzte sich an seinen Tisch in der Nähe des Eingangs.

21.45 nahm TILGENER seine Plastiktüte an sich und ging zu einem der Fenstertische. Hier unterhielt er sich noch kurz mit einigen Gästen. Am Nebentisch saß SCHMÜCKER, zu dem er aber nicht hinsah.

21.50 verließ TILGENER das Lokal und winkte beim Hinausgehen mit dem Plastikbeutel in die Richtung des Tisches, an dem SCHMÜCKER saß.

Beim Hinausgehen des TILGENER fiel auf, daß der Inhalt der Plastiktüte nicht mehr so glatt und geordnet war.«

Mehr wußten die Verfassungsschützer nicht zu berichten. Die Observanten hatten sich mehr um Tilgeners Plastiktüte gekümmert als um Schmücker. Seine Wolfsburger Gesprächspartnerin hatten sie entweder nicht bemerkt oder hielten sie für nicht erwähnenswert. Und die »Gegenobservation« der Gruppe war ihnen ebenfalls entgangen. Daß ihr V-Mann »Wien« alias »Hartmut« alias Volker Weingraber, Edler von Grodek, an diesem Abend bediente und nicht wie üblich hinter dem Tresen stand, war mit V-Mann-Führer Grünhagen so abgesprochen. Denn von »Wien« hatte das Amt erfahren, daß die Wolfsburger an diesem Abend Schmücker treffen und »observieren« wollten.

Agentenführer Michael Grünhagen vermerkte dazu:

»1. Am Mittag des 11. 4. 74 wurde mit WIEN ein Treff durchgeführt. Hierbei erklärte WIEN, daß es z. Z. keine neuen Einzelheiten gäbe, und zwar im Zusammenhang mit Tilgener. Daneben erklärte WIEN, daß ihm Ilse BONGARTZ erzählt habe, daß ein gewisser Ulrich Schmücker zu ihr Kontakt hätte. Tilgener erklärt in diesem Zusammenhang, daß man inzwischen von dem Rechtsanwalt ... einen Aktenauszug erhalten habe über die Aussagen des Schmücker. Man wolle diese Aussagen mit einer von Schmücker selbst verfaßten ›Rechtfertigung‹ vergleichen, da man annehme, daß Schmücker nach wie vor ›Agent des Verfassungsschutzes‹ sei. Im weiteren Verlauf des Gesprächs stellte sich jedoch heraus, daß Tilgener eher geneigt war, unter bestimmten Voraussetzungen Schmücker noch Glauben zu schenken als beispielsweise Ilse Bongartz.

2. Um festzustellen, ob Schmücker tatsächlich das Lokal ›Tarantel‹ aufsucht, wurde am Abend des 11. 4. 74 in der Zeit von 20.00 bis 23.00 Uhr seine Observation von zwei Beamten durchgeführt, die sich in diesem Zeitraum in dem Lokal aufhielten.«

Agent »Wien« hatte seinem Kontaktmann beim Verfassungsschutz etwas ausführlicher berichtet. Dabei ging es vor allem eben um ihn: Rühl alias Grünhagen alias »Steinecker« (wie er sich gegenüber »Wien« nannte):

»Ilse BONGARTZ und Götz TILGENER erzählten, daß sie z. Z. Kontakt mit einem gewissen Ulrich SCHMÜCKER hätten. Dieser Mann hätte früher der ›Bewegung 2. Juni‹ angehört und habe seine Genossen ›verpfiffen‹. Er habe vor einiger Zeit einen ›Rechtfertigungsbericht‹ über das Zustandekommen seines Geständnisses in ›Umlauf‹ gesetzt. Man habe dieses Schriftstück in Händen und wolle nun anhand der Prozeßakten vergleichen, ob es sich bei diesem Schriftstück nicht um eine ›Provokation‹ handelt. Ilse BONGARTZ vertrat in diesem Zusammenhang die Ansicht, daß SCHMÜCKER vom Verfassungsschutz veranlaßt worden sei, ein solches Schriftstück aufzusetzen, um wieder Kontakt zu linken Kreisen zu gewinnen. Es sei nämlich auffallend, daß SCHMÜCKER versuche, sich überall ›anzubiedern‹. SCHMÜCKER behaupte, zu einem Beamten des Verfassungsschutzes Kontakt unterhalten zu haben, den er jederzeit wieder ›aufnehmen könne‹. Man könne sich ja nach Meinung der Ilse BONGARTZ und des Götz TILGENER überlegen, ob nicht mal SCHMÜCKER im Auftrage einen solchen Treff durchführen sollte. SCHMÜCKER hat dem TILGENER und der BONGARTZ erzählt, daß er einmal versucht habe, diesen ›Typen vom Verfassungsschutz‹ zu fotografieren, was ihm jedoch nicht gelungen sei. Außerdem erklärte die BONGARTZ, wenn es diesen ›Typen‹ wirklich gäbe, könne man sich ja mal überlegen, ›was man mit ihm anfangen könne‹. Die BONGARTZ ließ aber immer wieder erkennen, daß sie den Äußerungen des SCHMÜCKER sehr skeptisch gegenüberstehe.

SCHMÜCKER hatte Ilse BONGARTZ und TILGENER erzählt, daß er z. Z. in einem renommierten Hotel in Berlin arbeiten würde. Er habe sich angeboten, zur Fußballweltmeisterschaft die ›Prominentenliste‹ an die Ilse BONGARTZ weiterzuleiten. Ilse BONGARTZ erklärte dazu, dasß sei der typische Fall des ›Anbiederns‹. Das erkläre er vermutlich nur, um gewünschte Kontakte zu erhalten. TILGENER vertrat dagegen die Ansicht, es könne durchaus möglich sein, daß es SCHMÜCKER ehrlich meine. Man könne auf seine Angebote zurückkommen, ohne ihn dann in irgendwelche Aktionen näher einzuweihen. Ilse BONGARTZ erklärte daraufhin, vielleicht könne man den SCHMÜCKER dadurch testen, daß man mal ganz konkret eine ›Bank auscheckt‹ und ihn dann auffordert, an dem Überfall teilzunehmen. Man würde dann alle Details absprechen und SCHMÜCKER zu einem bestimmten Punkt bestellen. Man müsse dann die Bank beobachten. Würde dort die Polizei auftauchen, sei ganz klar, daß die Sache verpfiffen worden sei, und das könne dann nur von SCHMÜCKER geschehen sein. Sie glaube nicht, daß der Verfassungsschutz so weit gehe, eine Bank überfallen zu lassen, um damit SCHMÜCKER als ›Agenten‹ glaubwürdiger zu machen.

Am Nachmittag des 11. 4. 74 waren in der Wohnung Berlin 36,

Cuvrystr. 49, dem Aufenthaltsort des TILGENER und der BONGARTZ, Prozeßunterlagen des RA H. über die Aussage des SCHMÜCKER vorhanden. Außerdem lag das von SCHMÜCKER verfaßte Schriftstück vor. Nähere Einzelheiten dazu sind nicht bekannt.«

Das stimmt so nicht: Offensichtlich wollte der Verfassungsschützer Grünhagen die Tatsache, daß er von seinem Agenten »Wien« diese Unterlagen bekam, nicht in den Akten vermerken. War es ihm vor den Vorgesetzten peinlich, daß Schmücker schon während seiner Haft aus dem Ruder gelaufen war? Spätestens zu diesem Zeitpunkt wußte das Amt außerdem, daß Schmücker in einem Hotel arbeitete. Und allein aufgrund der Gedankenspielereien der Wolfsburger Gruppe mußte es Grünhagen schon aus eigenem Interesse daran gelegen sein, Schmücker nicht aus den Augen zu verlieren.

Bei dem gleichen Treffen am 11. 4. 74 mit seinem Kneipen-Agenten »Hartmut«, der augenscheinlich sofort sehr engen Kontakt zu Ilse Bongartz bekommen hatte, erfuhr der Verfassungsschützer von der geplanten »Observation« Schmückers. »Wien« hatte berichtet:

»Ilse BONGARTZ erzählte, daß man mit SCHMÜCKER am 11. 4. 74 in der ›Tarantel‹ einen ›Treff‹ durchführen würde. Dieser Treff würde von Mitgliedern der ›Gruppe‹ observiert werden.«

Grünhagen schreibt dazu weiter: »SCHMÜCKER hat dann tatsächl. am 11. 4. 74 die ›Tarantel‹ aufgesucht. SCHMÜCKER wurde dann nach Angaben der BONGARTZ von insges. fünf Personen observiert.«

Dies war den Observations-Profis vom Amt entgangen.

In jenen Wochen trafen sich Agent und Verfassungsschützer fast jeden zweiten Tag zur Berichterstattung. Der »Spitzel aus der Tarantel« erzählte, und Grünhagen machte sich Notizen. Das war der Stoff, aus dem der Agentenführer durchnumerierte »Wien«-Meldungen verfaßte und in der Arbeitsakte »Wien« abheftete.

So etwa der Vermerk »Wien – 40«:

»... erklärte TILGENER, daß er und seine Genossen sich nicht davon abbringen ließen, SCHMÜCKER als Verräter endgültig zu entlarven. Es sei beabsichtigt, eine Stellungnahme zu dem von SCHMÜCKER verfaßten Schriftstück anzufertigen und dazu ein Flugblatt herzustellen mit dem Bild von SCHMÜCKER, um zu zeigen, wie der Verfassungsschutz seine Agenten wieder in die Linke bringen will.«

Das Thema »Schmücker und der Verfassungsschutz« beschäftigte im Frühjahr 1974 die Berliner Untergrund-Linke – und damit auch den Verfassungsschutz. Der Name des »Verräters« tauchte in fast jedem Bericht von »Wien« auf. Die Quelle »Tilgener« sprudelte nur so, und der bierzapfende Agent sperrte die Ohren auf. So heißt es in »Wien – 41«:

»Im weiteren Verlauf des Gesprächs erklärte TILGENER, daß beabsichtigt sei, mit SCHMÜCKER einmal ein ›ernstes Wort zu reden‹, um sich endgültig Klarheit über SCHMÜCKER zu verschaffen. TILGENER erzählte weiter, daß beabsichtigt sei, sollte sich der ›Spitzelverdacht‹ von SCHMÜCKER weiterhin bestätigen, ihn vielleicht im Grunewald an einen Baum zu fesseln und ein Schild umzuhängen ›Ein Spitzel‹. Man wolle dann die Polizei und die Presse anrufen, damit SCHMÜCKER gefunden wird ...

... TILGENER fragte einen Lokalbesucher, den er sehr gut kennt, ob ihm dieser nicht für zwei Tage eine ›Jungfrau‹ besorgen könne (bei dem Begriff ›Jungfrau‹ handelt es sich um die Umschreibung einer ›nagelneuen Waffe‹, die also noch nie beschossen wurde). Es konnte nicht in Erfahrung gebracht werden, ob dieser Gast dem TILGENER tatsächlich die Waffe beschaffen wollte ...«

Waffen spielten zunehmend eine Rolle bei den belauschten Kneipengesprächen in jenen Wochen. Zunächst aber erfuhr der Geheimdienst – so er wirklich Schmücker aus den Augen verloren haben sollte – wo dieser untergetaucht war.

Meldung »Wien – 43« vom 9. Mai 1974:

»Götz TILGENER hat erzählt, daß Ulrich SCHMÜCKER unter dem Namen Bernd LAURISCH in Neukölln, Ladenstr. 80 (oder 81, 82) eine Einzimmerwohnung bewohnt. An dem Türschild zu der

Wohnung stehen die Namen Bernd LAURISCH und von der LEFT (auf jeden Fall ›von‹ ...) ...

Nach den Erzählungen von TILGENER hatte sich SCHMÜCKER, bevor er nach Neukölln zog, in einer Wohngemeinschaft in der Zeughofstraße unter falschem Namen aufgehalten. Nachdem ihn ein Bewohner erkannt hatte, wurde er dort sofort ›rausgeschmissen‹.«

Tatsächlich gab Götz Tilgener dem Genossen »Hartmut« an jenem Tag ein verschlossenes Kuvert mit der Bitte, es bis zum nächsten Tag aufzubewahren. Darin sei eine »Vernehmung« Schmückers. Als »Hartmut« alias »Wien« und sein Agentenführer Grünhagen den Umschlag vorsichtig öffneten, kam der von Schmücker ausgefüllte »Fragebogen der nationalen und internationalen revolutionären Bewegung« zum Vorschein. Man kopierte das Papier sofort. Spätestens seit diesem Zeitpunkt wußte also der Verfassungsschutz, daß ein sogenanntes »Volkstribunal« über den »Verräter« Schmücker richten wollte. Grünhagen vermerkte dazu auf Blatt 142 der V-Mann-Akte »Kette«, die Schmücker betraf:

»Nach Aussage des Götz TILGENER ist dieser Fragebogen an SCHMÜCKER von ihm – TILGENER – auf der Schreibmaschine des ›Wien‹ geschrieben worden, die dieser Ilse BONGARTZ geliehen hatte.«

Die Berichte von Weingraber alias »Wien«, die sich aus der Tresen-Lauscharbeit ergaben, waren sehr ergiebig für den Verfassungsschutz. Denn selbst Gruppeninterna wurden an der Theke der »Tarantel« freimütig ausgeplaudert. Die Wolfsburger »Wölli« und »Farim« (der Agent hatte dessen Namen nicht richtig verstanden und meldete: »Strüwe«) hatten sich beispielsweise bei Götz »Billy« Tilgener polizeilich gemeldet, um der Bundeswehr zu entgehen. Und so lernten sie über Tilgener auch »Hartmut« in der »Tarantel« als guten Genossen kennen. Der meldete, ebenfalls am 9. Mai, in »Wien – 44«:

» ›Wölli‹ und ›Strüwe‹ erzählten, daß es in der Gruppe z. Z. Streit um ›Billy‹ (Götz TILGENER) gäbe, da er immer einen Führungsanspruch anmelde, der nicht gerechtfertigt sei. Man sei sich auch nie sicher, ob ›Billy‹ nicht irgendwann einmal einen ›Alleingang‹ planen könne. Hierauf erklärte ›Wölli‹, daß er das nicht glaube, da ›Billy‹

immer wenn es ›konkret‹ werden würde, die ›Hosen gestrichen voll hat‹.«

Richtig brisant aber waren Informationen über gesuchte Terroristen wie Inge Viett und Ralf Reinders, die damals ganz oben auf der Fahndungsliste standen. Sie galten als Führungsköpfe der »Bewegung 2. Juni«.

Am 10. Mai 1974, dem Tag, an dem Schmücker seine Mutter vom Bahnhof abholte, meldete der »Tarantel«-Wirt, abgeheftet unter »Wien – 45«:

»In einem Gespräch erzählte TILGENER am 8. Mai 1974, daß ›Maria und John‹ am Nachmittag des 9. 5. 1974 eine Wohngemeinschaft in Wolfsburg aufsuchen wollen, in der auch Ilse BONGARTZ wohnt. Die beiden Personen sollen aus Hamburg anreisen. Im weiteren Verlauf des Gespräches erklärte TILGENER, daß es sich bei ›Maria‹ um Inge VIETT handelt. Über die wahre Identität des John wurde nicht gesprochen. Am Nachmittag des 9. Mai 1974 erzählte TILGENER, daß sich Ilse BONGARTZ in einer Wohngemeinschaft in Wolfsburg, Bäckergasse 2, aufhält und es sich hierbei um die Wohngemeinschaft handelt, in die ›Maria und John‹ kommen wollten.

TILGENER erzählte weiter, daß er mit Ilse BONGARTZ Streit habe. Er sei der Meinung, daß die BONGARTZ zu unvorsichtig sei und sich ›einbilde‹, daß sie und die Wohngemeinschaft in Wolfsburg nicht ›beobachtet werden würden‹. Aus einem Brief, den TILGENER von der BONGARTZ erhalten hat, geht nach den Erzählungen des TILGENER hervor, daß sie ihn als ›unter Verfolgungswahn leidend‹ bezeichnet. Er würde an jeder Ecke ›einen Bullen oder den CIA sehen‹.«

Die Beziehung zwischen Agent »Wien« alias Genosse »Hartmut« und den Wolfsburgern wurde immer enger: Er schickte der »Roten Ilse« Geld für eine Reise nach Berlin, holte sie vom Bahnhof ab und brachte sie und ihren neuen Lover »Harry«, den ehemaligen Brieffreund, sogar in seiner Wohnung in der Köpenicker Straße unter.

An dem Tag, an dem Irmgard Schmücker ihren Sohn zum letzten Mal sah, dem 14. Mai 1974, wurde von Grünhagen unter »Wien – 46« notiert:

»Am 11. 5. 74 ist Ilse BONGARTZ nach eigenen Angaben nach

Frankfurt gereist und hat sich dort mit verschiedenen, namentlich nicht bekannten ›Genossen‹ getroffen. Am Montag früh (13. 5.) ist sie gemeinsam mit einer männl. Person namens ›Harry‹ (es konnte nicht geklärt werden, ob es sich um einen Tarnnamen oder echten Vornamen handelt) nach Berlin gereist. Sie hält sich mit ›Harry‹ seit dem 13. 5. 74 in einer Wohnung Berlin 36, Köpenicker Str. 170, auf.

Die BONGARTZ hat in einem vertraulichen Gespräch erklärt, daß sie am 9. 5. 74 in Wolfsburg von ›Maria und John‹ besucht wurde, die mit einem PKW eintrafen. Nähere Einzelheiten dazu konnten noch nicht in Erfahrung gebracht werden …

… Eine namentl. nicht bekannte Person hat im Beisein der BONGARTZ und ›Harry‹ eine Schußwaffe für 1400,– DM zum Kauf angeboten. Es handelt sich hierbei um eine »Sammlerwaffe«, die im Handel ca. 2000,– DM kostet. Die Waffe: Para 9 mm Pistole C 96, 1000 m Schiebevisier, Baujahr 1910, die Seriennummer beginnt mit 15. Der Verkäufer erklärte, daß die ›Genossen‹ die Waffe nicht gebrauchen könnten, daß man sie aber, da man Geld brauche, verkaufe. Nähere Einzelheiten dazu sind nicht bekannt …«

Zu Ilse Bongartz und ihrem Begleiter »Harry« hatte der V-Mann nicht nur deshalb einen so guten Draht, weil sie bei ihm wohnten, er war auch stets bereit, sie in seinem gelben »Tarantel«-VW-Bus zu kutschieren. So wußte er auch viel über ihre Treffen mit anderen Leuten und wann sie die Stadt wieder verließen. Denn natürlich fuhr er sie auch zum Bahnhof. Meldung »Wien – 47« vom 17. Mai 1974:

»Am 16. Mai hat Ilse BONGARTZ gemeinsam mit ›Harry‹ Berlin wieder verlassen. Sie sind mit der Bahn nach Wolfsburg zurückgekehrt (vermutliche Abfahrt des Zuges in Berlin: 14.33 Uhr) …

… Ilse BONGARTZ war am Abend des 15. Mai 1974 im Besitz einer Pistole 08 Parabellum. Die Waffe befindet sich in sehr schlechtem Zustand, die Seriennummer ist im Bereich der Ziffer 300 000. Ob die BONGARTZ auch Eigentümerin dieser Waffe ist, konnte nicht festgestellt werden, da die Tasche, in der die Waffe gesehen wurde, teils von der BONGARTZ, teils von ›Harry‹ mitgenommen wurde …

… Über Götz TILGENER erzählte die BONGARTZ, daß er aus der Gruppe ›rausgeflogen sei‹. Das hätte hauptsächlich drei Gründe gehabt:

a) Er hätte sich geweigert, in der ›Heide‹ Schießübungen mitzumachen, indem er erklärte, die Schüsse könnten von Leuten gehört werden, und außerdem könne er gut schießen, da er bei der Bundeswehr gewesen sei.

b) Er hätte sich geweigert, größere Geldscheine in Kleingeld und Münzen umzutauschen. Dazu habe er erklärt, solche ›Drecksarbeit‹ könnten doch andere machen.

c) Er wurde aufgefordert, für die Gruppe ein Auto zu stehlen. Er hätte sich mit der Begründung geweigert, in der Gegend seien ›Rokker‹, die diesen Autodiebstahl merken könnten.

Aus diesen und anderen Gründen hatte man sich von TILGENER getrennt, außerdem hätte er einen ›Fahndungstick›, da er hinter jeder Ecke einen ›Bullen‹ vermute …

… Zur Konzeption der Tätigkeit der ›neuen Gruppe‹ erklärten die BONGARTZ und ›Harry‹, daß eine strenge ›Arbeitsteilung‹ eingehalten werden solle. So sollten ›einige Genossen‹ für die Beschaffung von Kraftfahrzeugen, andere für die Beschaffung von Geld, wieder andere für die Herstellung von falschen Papieren zuständig sein. Jeder sollte von den anderen nur soviel wissen, wie es unbedingt nötig ist.«

Der Streit mit Götz Tilgener hatte natürlich nicht nur einen politischen und gruppendynamischen Hintergrund, sondern auch ganz persönliche Ursachen: »Billy« und »Harry« buhlten um die Gunst der Gruppenchefin Ilse. Als Tilgener aus der Haft entlassen war, hoffte er – nach der kurzen Ehe Ilses mit dem Hamburger Genossen Wolfgang Jandt – auf ein Wiederaufleben der alten Liebesbeziehung. Aber dann kam ihm »Harry«, der kurz vor Ostern wie aus dem Nichts aufgetaucht war, in die Quere. Die beiden Rivalen mochten sich nicht sonderlich. Als lachender Dritter profitierte davon V-Mann »Wien«: Ilse B. wohnte nicht weiter bei Tilgener, wenn sie in Berlin war, sondern kampierte mit »Harry« bei ihm, dem vertrauenswürdigen, hilfsbereiten Genossen »Hartmut«. Und »Billy« ließ sich fast jeden Abend bei ihm am »Tarantel«-Tresen vollaufen und quatschte – zur Freude des Verfassungsschutzes.

V-Mann »Kette« im Visier

Das Landesamt für Verfassungsschutz konnte zufrieden sein mit seinem V-Mann »Wien«, der sich vom Zuhälter zum Top-Agenten entwickelt hatte. Und »IV(2) Eb 1« – so das amtsinterne Stellenkürzel von V-Mann-Führer Michael Grünhagen – hatte endlich »seinen« Mann in der linken Untergrund-Szene, nachdem ihm sein Wunsch-V-Mann »Kette« alias Schmücker abhanden gekommen war. So ganz glücklich kann er aber auch nicht gewesen sein, als Ulrich Schmücker in der »Tarantel« wieder auftauchte: Das »Gedächtnisprotokoll« konnte nur unangenehm für ihn sein. Andererseits konnte ein Mann, der partout wieder Anschluß an den »2. Juni« suchte, wertvoll sein, wenn man ihn im Auge behielt.

So blieb Grünhagen nicht untätig, als er von »Wien« die neue Anschrift von Schmücker und dessen Alias-Namen erfuhr: Am 10. Mai – Ulrich Schmücker holt an diesem Tag seine Mutter am Bahnhof Zoo ab – erteilt der Agentenführer den Auftrag an einen Observationstrupp, die Anschrift zu überprüfen und herauszufinden, ob der Gesuchte tatsächlich dort wohnt. Drei Tage später bekommt er das Ergebnis der Recherchen:

»Nach Auskunft des Mieters G. wohnt dort ein ›Holländer‹. Ob dort noch jemand wohnt, konnte er nicht sagen, ›da die ja mit ihren langen Haaren alle gleich aussehen‹. Die Hauswartsleute sind Türken. Unter den Mietern besteht kein Kontakt. Auf dem Pol. Rev. 211 sind über LAURISCH bzw. SCHMÜCKER keine Meldeunterlagen vorhanden.«

Aber Grünhagen gibt sich mit dieser Antwort nicht zufrieden. Eine Woche später geht ein neuer Auftrag an die Observationsgruppe »IV(2) 2«:

»Betr.: Fotoobservation zur Identifizierung des Ulrich SCHMÜCKER, geb. 4. 8. 1951

1. Der Obengenannte soll sich unter dem Namen Bernd LAURISCH in einer Wohnung des Hauses Berlin 44, Lahnstr. 82 (2. Etage links), aufhalten (polizeilich dort nicht gemeldet) ... Es werden dringend Bilder des LAURISCH (SCHMÜCKER) zur Identifizierung benötigt. Es wird um Durchführung entsprechender Maßnahmen gebeten.
2. Sollte Personengleichheit zwischen LAURISCH und SCHMÜKKER festgestellt werden, wird gebeten ..., durch Observation des SCHMÜCKER dessen derzeitigen Arbeitsplatz zu ermitteln. SCHMÜCKER soll z. Z. im Hotelgewerbe tätig sein.«

Am 29. Mai bekam der Terroristenjäger schließlich das Ergebnis – Auftrags-Nr. 098 – auf den Tisch. Am 27. und 28. Mai hatten die zwei Observanten »Fö.« und »Pl.« das Haus, in dem Schmücker vermutet wurde, observiert und Bewohner fotografiert – offenbar ohne Erfolg:

»Die Häuser Lahnstr. 80 und 82 haben einen gemeinsamen Hof, von dem aus beide Treppenhäuser betreten werden können. Während der gesamten Observationszeit konnte keine Person, die die Häuser Nr. 80 bzw. 82 betreten hat oder verlassen hat, anhand des Bildes als U. SCHMÜCKER identifiziert werden.

Anlage: 1 Film«

Wieder eine Panne: Hatten die beiden Observanten vom Gründonnerstag Schmücker in der »Tarantel« noch leicht identifiziert – »nach dem Foto gut erkennbar« – so konnten die beiden Kollegen ihn Ende Mai nicht wiedererkennen, obwohl der Beobachtete sein Äußeres nicht verändert hatte. Denn Schmücker war ihnen sehr wohl unter die Augen gekommen, wie ein nachträglicher Zusatz der Verfassungsschützerin Herzog, einer Mitarbeiterin Grünhagens, auf dem Bericht beweist:

»Nach Auswertung der Abzüge konnte festgestellt werden, daß SCHMÜCKER mit einer unbekannten männlichen Person am 28. 5. das Haus Lahnstr. 80 verließ.«

Es ist das letzte Foto, das Schmücker lebend zeigt – eine Woche vor seinem Tod, vom Verfassungsschutz »geschossen«. Der Begleiter, dunkelhaarig und bärtig, etwas größer als der Gesuchte, ist bis heute nicht identifiziert worden. Das jedenfalls behauptet der Geheimdienst. Dann haben sich die Observanten »abhängen« lassen von dem Unbekannten.

Das Foto des Mannes wurde nach dem Mord an Ulrich Schmücker nicht zu Fahndungszwecken veröffentlicht, obwohl doch durch Identifizierung möglicherweise wichtige Hinweise aus der Bevölkerung hätten kommen können. Hatte das Amt kein Interesse daran? Und war dies vielleicht einer der »dunklen Punkte« im »Lebenskalender« des Ulrich Schmücker, von denen ein Beamter der Sonderkommission später sprach?

Es ist die Frage, ob Schmückers Hoteljob auch dazu zählte. Denn die Observationsgruppe hatte den Auftrag, auch den »derzeitigen Arbeitsplatz zu ermitteln. SCHMÜCKER soll z. Z. im Hotelgewerbe tätig sein«. Wurde der Auftrag etwa nicht ausgeführt oder wurde das Ergebnis – Hilfsportier im »apartments Hotel«, nur drei Häuser neben dem Verfassungsschutz – aus bestimmten Gründen nicht in die Akten genommen? War es so uninteressant? Vom Geheimdienst wird noch heute behauptet, man habe nichts davon gewußt.

Am 31. Mai 1974, drei Tage nach dieser mißglückten (?) Observation, meldet sich der gesuchte V-Mann »Kette« selbst beim Amt: Wie mit Rühl/Grünhagen vereinbart, ruft Schmücker als »Peter Mink« beim Verfassungsschutz an und verlangt dringend, seinen Kontaktmann zu sprechen. Man sagt ihm, er solle um 14 Uhr noch einmal anrufen. Das tut er auch.

Das Telefonat zwischen »Rühl« und Schmücker wird im Amt mitgeschnitten. Einige Auszüge:

»RÜHL: ... Sie sagen, Sie können also nicht in die Innenstadt kommen?

SCHMÜCKER: Doch, das geht schon, aber, eh, da sind wahrscheinlich Leute hinter mir her. Na, ich kann versuchen, die abzuschütteln, det geht schon, wa? Aber, eh, ich möchte auf keinen Fall, daß wir zusammen gesehen werden, denn das wäre ganz schlimm für mich, ne?

...

RÜHL: Na, wenn Leute hinter Ihnen her sind, dann stellen die ohnehin fest, daß Sie jetzt schon das zweite oder dritte Mal telefoniert haben.

SCHMÜCKER: Ja.

RÜHL: Und, eh eh, sagen Se mal jetzt erst mal, sagen Se mal ein Stichwort, vielleicht fällt bei mir auch 'nen Groschen.

SCHMÜCKER: Eh, IRA.

RÜHL: Aha.

...

RÜHL: Nich, wir haben beide schon einiges miteinander erlebt ...

SCHMÜCKER: Ja, ja, ist klar.

RÜHL: Also, paß auf, ich, ich würde, ich würde vorschlagen, meine, ich sehe, wenn Sie sagen, Leute sind hinter Ihnen her ...

SCHMÜCKER: hmm

RÜHL: Wir müssen uns ja irgendwo treffen, da gibt's also immer 'ne Ansatzmöglichkeit.

SCHMÜCKER: hmm ...

RÜHL: Eh, eh, daß man beobachtet wird, und Sie wissen ja, ich meine, ich laß mir sicherlich schon was einfallen.

SCHMÜCKER: Ja.

RÜHL: ... eine Frage, welcher Personenkreis, das könn' Sie mir ja sagen ... wer, meinen Sie, wer hinter Ihnen her ist?

SCHMÜCKER: Ach, das sind ja so so Anarchotypen und das kann auch die RAF sein, ne? ...

RÜHL: Eh, aus welcher Richtung Anarchotypen?

SCHMÜCKER: Ach, so, eh, etwa Knastarbeit, so ehemalige Schwarze Hilfe und solche Leute, wa.

...

RÜHL: Eh, in welchem Bezirk sind Sie jetzt?

SCHMÜCKER: In Neukölln.

RÜHL: Eh, gehen Se doch freundlicherweise in ein Postamt ...

... Und dann suchen Se sich da 'ne Zelle, sind ja im Postamt ... sind ja immer mehrere Zellen ... vielleicht jehn Se, fahr'n Se schnell zum Hauptpostamt ma runter, ick weß nich, eh eh, wo det da is, nich wahr, daß wir wenigstens noch 'n paar Minuten ma ungestörter telefonieren können, damit wir vielleicht uns dies noch mal abchecken ...«

Die beiden verabreden ein weiteres Telefonat, nachdem Schmücker die Telefonzelle gewechselt hat. Rühl alias Grünhagen ist hellhörig geworden bei den Stichworten »IRA« und »Anarchotypen«. Auch er hat Interesse an einem Treffen. Kurz darauf meldet sich Schmücker wieder:

»RÜHL: ... in welcher Gegend von Neukölln sind Sie jetzt in etwa?

SCHMÜCKER: Karl-Marx-Straße

RÜHL: Karl-Marx-Straße ... eeeh, kennen Sie ... ich würde jetzt mal folgendes machen, aber würde Sie bitten, vorher noch mal anzurufen ... weil ich nicht genau weiß, ob das so klappt, wobei ich also sagen will, Sie jehn da nich hoch, nich, dies müssen Se da also globen, sonst würde ich Ihnen gleich sagen ...

SCHMÜCKER: Ja, o.k., also nee, die Bullen haben nu nischt mit zu tun, det is mir klar, wa?

RÜHL: Na, ja, aber Sie werden ja nu wieder gesucht, nich?

SCHMÜCKER: Ja, ja, das weiß ich auch.

RÜHL: Der Haftbefehl ist ausgestellt ...

SCHMÜCKER: Aber, det is ja mein Bier, ne ...
... Ich geh' also so, ich verlaß mich drauf, daß Sie die nicht einschalten, ne?

RÜHL: hmm, ja, ja, is richtig. Passen Sie auf, Karl-Marx-Straße ... Kennen Sie die Kienitzer Straße? ...«

Es wird verabredet, daß Schmücker vor einem Trödler in der Kienitzer Straße warten soll, dort von einer Taxe aufgenommen wird und zum endgültigen Treffpunkt fährt. Es sind die üblichen Sicherheitsvorkehrungen des Verfassungsschutzes. Der V-Mann-Führer Grünhagen schien es eilig zu haben, seinen einstigen Schützling zu treffen, obwohl er von »Wien« gehört hatte, daß die Wolfsburger Überlegungen anstellten, ihn – »Rühl« – durch eine Verabredung mit Schmücker in eine Falle zu locken (»... könne man sich ja mal überlegen, was man mit ihm anfangen könne ...«). Binnen einer Stunde wird alles arrangiert. Drei Observanten werden zur Absicherung eingesetzt und schreiben hinterher ihren Bericht:

»Observation am 31. 5. 74 (Freitag)
Beginn: 15.10 Uhr *Ende:* 17.30 Uhr
Um
15.25 Uhr erschien der VM am vereinbarten Ort, ging dort vorbei und bog in die nächste Straße ein. In einem großen Bogen kehrte er wieder zum Ausgangspunkt zurück, wo er um
15.30 in die bereits wartende Taxe einstieg, die sofort danach abfuhr.
16.00 traf die Taxe am zweiten vereinbarten Anlaufpunkt ein. Der VM stieg aus und verzehrte an der dortigen Imbißhalle eine Wurst.
16.05 erschien hier der VM-Führer. Beide gingen in das nahe gelegene Einkaufszentrum und suchten um
16.10 das Trefflokal auf.
17.20 verließen beide Personen das Lokal und verabschiedeten sich im Einkaufszentrum.

Anschließend konnte noch beobachtet werden, daß der VM noch einige Zeit ziellos durch ein großes Warenhaus und das Einkaufszentrum lief.

Während der gesamten Observationszeit konnte keine Gegenobservation festgestellt werden.«

Ulrich Schmücker wird in dem Bericht als V-Mann (»VM«) bezeichnet. Über das etwa einstündige Gespräch vermerkt Grünhagen in der V-Mann-Akte »Kette«:

»... Ich habe SCHMÜCKER dann gegenüber erklärt, daß die Verfassung dieses Schriftstückes« – gemeint ist das Gedächtnisprotokoll – »seine ›größte Dummheit‹ gewesen sei, weil er doch wohl nicht ernstlich glaube, daß ihm die Genossen seine Schutzbehauptungen abnehmen würden. Die genaue Prüfung seines Schreibens und der Vergleich mit den Prozeßakten würden seine ›Anbiederungsversuche‹ klarlegen. SCHMÜCKER erklärte mir, daß er das inzwischen selbst festgestellt habe und daß ihm dieses Schriftstück mehr geschadet als genützt hätte. Auf eine entsprechende Frage erklärte SCHMÜCKER mir, daß die Rechtsanwälte im Besitz dieses Schriftstücks seien ...

... Als sich SCHMÜCKER in dem Trefflokal mehrmals umsah, erklärte ich ihm, daß er keine Angst zu haben brauche, festgenommen zu werden. SCHMÜCKER erwiderte daraufhin, daß er auch nicht daran glaube, da ich ja von ihm ›Informationen‹ erhalten wolle. Ich erwiderte, daß er mir überhaupt keine interessanten Informationen liefern könne, da er keine Zugangsmöglichkeiten hätte. Außerdem könne er davon ausgehen, daß ich in keiner Weise ›rachsüchtig‹ sei und nun vielleicht aufgrund seines bisherigen Fehlverhaltens mir gegenüber eine Festnahme veranlassen könnte.

SCHMÜCKER erzählte mir, daß er sich von ›Linken‹ observiert fühle und von diesem Personenkreis auch bedroht würde. Hierbei nannte er insbes. den Namen Waltraud S.. Er erzählte weiter, daß er entgegen meiner Annahme doch einige interessante Informationen hätte, die er mir ›unter bestimmten Umständen‹ erzählen könnte. Ich erklärte ihm, daß es für mich überhaupt keine Voraussetzungen gäbe und daß er mir gegenüber in keiner Weise Bedingungen stellen könnte. Ich fragte ihn dann rundheraus, was er denn von mir nun eigentlich wollte. Darauf erwiderte SCHMÜCKER, daß er vielleicht die eine oder andere Information an mich ›verkaufen‹ könnte und daß er hoffe, daß ich ihm vielleicht zu seinem Schutz eine Schußwaffe beschaffen könnte. Ich erwiderte daraufhin, daß er sich ja wohl denken könne, daß wir über das Thema Schußwaffe erst gar nicht reden müßten, jedes darüber gesprochene Wort sei reine Zeitverschwendung. Zur Frage des Geldes erklärte ich ihm, daß man darüber durchaus sprechen könne, aber ich müßte erst einmal die Informationen kennen und müßte mich vom Wahrheitsgehalt überzeugen können. SCHMÜCKER sagte dann ›Na gut, dann werde ich erst einmal erzählen‹.

SCHMÜCKER erzählte nun, daß er im Herbst 1973 in Kreuzberg eine Wohngemeinschaft ›gegründet‹ hätte, um zu versuchen, eine ›neue Gruppe‹ aufzubauen. Dieser Personenkreis hätte gewußt, wer er war und welche Rolle er in der ›Bewegung 2. Juni‹ gespielt hätte. Da dieser Personenkreis keine anderen Informationsmöglichkeiten hatte, hätte man ihm seine Version geglaubt (wie in seinem Bericht geschildert). Über diese Wohngemeinschaft hätte er dann um die Jahreswende 1973/74 Ilse BONGARTZ aus Wolfsburg kennengelernt, die ihn seiner Meinung nach sogar mochte. In dieser Zeit bis etwa Ende Febr. 1974 hätte er dann durch die Ilse BONGARTZ ›einiges mitbekommen‹. Das Verhältnis zur BONGARTZ hätte sich schlagartig geändert, als sie über Waltraud S. ein Gespräch mit Inge VIETT und Ralf REINDERS führte. Die Folge dieses Gesprächs sei gewesen, daß ihn die Wohngemeinschaft ›ausgeschlossen‹ hätte. Das sei so weit gegangen, daß seine damalige Freundin, die ein Kind erwartete, das beide haben wollten, in England abtreiben ließ. Er hätte sich dann ›von heute auf morgen‹ eine andere Wohnung suchen müssen. Er habe jedoch den Eindruck gehabt, daß sich die BONGARTZ nach wie vor für ihn interessiere, und es habe auch in der Folgezeit eine Reihe von Gesprächen stattgefunden. Vor einigen Wochen hätte ihm die BONGARTZ einen ›Fragebogen‹ vorgelegt, und er hätte die darauf aufgeführten Fragen schriftlich beantwortet. Die BONGARTZ habe ihm erklärt, daß es für ihn doch noch die Möglichkeit einer politischen Arbeit gäbe, und zwar habe man Kontakte zur ›IRA‹ aufgenommen, und dort könnte er sich vielleicht in einer Arbeit, bei der er auf keinen Fall jemanden gefährden würde, in der nächsten Zeit ›rehabilitieren‹. Er erwarte nun täglich die Antwort der BONGARTZ, und das sei auch der Grund gewesen, warum er sich mit mir so schnell treffen wollte, damit er mir noch vorher die von ihm gewonnenen Erkenntnisse mitteilen könnte. Ich habe versucht, SCHMÜCKER klar zu machen, daß er doch im Ernst nicht annehmen könne, daß bei seiner Vergangenheit irgendeine polit. Organisation seiner Mitarbeit bedürfe. Er solle aufpassen, daß es sich hier nicht um eine Falle handeln könne, um ihn aus Berlin wegzulocken. Er verneinte dies und erklärte, daß er die BONGARTZ zu gut kenne, als daß er ihr so was zutrauen würde.

...

Ich habe SCHMÜCKER gegenüber erklärt, daß ich die Informationen erst überprüfen müsse und daß er am 4. oder 5. 6. 74 mich im Amt anrufen solle. Möglicherweise würde ich mit ihm ein erneutes Treffen durchführen. Auf seine Unzuverlässigkeit angesprochen, erklärte SCHMÜCKER mir, daß ich eben immer damit rechnen müsse, daß er mich ›linken‹ wolle.

Beurteilung:

Die von SCHMÜCKER geschilderten Sachverhalte stimmen im wesentlichen mit den durch WIEN gewonnenen Erkenntnissen überein. Ich halte es auch durchaus für möglich, daß es SCHMÜCKER gelungen sein könnte, über eine gewisse Zeit Personen, die keine Informationsmöglichkeiten über ihn hatten, zu täuschen. Ich beabsichtige daher, noch einen Treff mit SCHMÜCKER durchzuführen, um ihn noch genauer zu befragen. Ich habe mit ihm auch die Frage eines Stellens bei der Polizei angesprochen. Er erklärte mir, daß er dies auf keinen Fall tun würde. Sollte er von der Polizei einmal festgenommen werden, so würde er nichts aussagen, und er würde mich auch bitten, ihn dann nicht zu besuchen.

Bei den nächsten Treffs würde ich SCHMÜCKER zwischen 50,– bis 100,– DM aushändigen und ihm dabei gleichzeitig sagen, daß ich weitere Treffen für wenig sinnvoll halte. Bei jedem Zusammentreffen mit SCHMÜCKER müssen umfangreiche Sicherheitsvorkehrungen getroffen werden. Dieser Aufwand steht in keinem Verhältnis zu dem Ergebnis etwaiger Gespräche. SCHMÜCKER hatte mir noch erzählt, daß er im vorigen Sommer im Nahen Osten gewesen sei und dort auch mit Vertretern verschiedener palästinensischer Organisationen gesprochen habe. Die Tatsache, daß ihm nichts passiert sei, zeige doch, daß man ihn nicht als Verräter ansehe. Ob er diese Reise tatsächl. durchgeführt hat, kann z. Z. nicht überprüft werden; SCHMÜCKER hatte jedenfalls zur damaligen Zeit noch seinen Reisepaß und war noch nicht zur Fahndung ausgeschrieben.

Das Gespräch mit SCHMÜCKER hat insgesamt gezeigt, daß er es nach wie vor nicht aufgegeben hat, in linken Kreisen wieder Fuß zu fassen und daß er vermutl. alles versuchen wird, um in diesen Kreisen wieder glaubwürdig zu werden. Nach dem bisherigen Erkenntnisstand wird es ihm aber nicht gelingen, daß ihn relevante Gruppierungen akzeptieren.

Die Einleitung exekutiver Maßnahmen gegen SCHMÜCKER halte ich z. Z. für nicht notwendig, da einige Personen der Ansicht sind, daß SCHMÜCKER nach wie vor als ›Spitzel‹ tätig ist, würde eine Festnahme dies widerlegen. Effektive Maßnahmen sollten allerdings dann eingeleitet werden, wenn ernsthaft zu befürchten ist, daß ihn linke Gruppierungen als ›Verräter‹ umbringen wollen, oder wenn Tatsachen vorliegen, daß er erhebliche Straftaten begeht, um gegenüber den Linken wieder glaubwürdiger zu werden.«

Terroristenjäger Michael Grünhagen hat diese Beurteilung des Gesprächs mit Schmücker am 4. Juni 1974 niedergeschrieben – wenige Stunden vor dessen Ermordung. Zu diesem Zeitpunkt hält er eine Festnahme Schmückers aufgrund des vorliegenden Haftbefehls für nicht opportun, um den »Spitzel«- Verdacht bei den Genossen nicht zu entkräften. Er will ihn offenbar im Auge behalten, um an gesuchte Terroristen heranzukommen. Anders ist der im Amtsdeutsch verfaßte Vermerk »würde eine Festnahme dies widerlegen« nicht zu deuten. Zumal er am gleichen Tag in einer »V-Mann-Kette«- Meldung erwähnt, daß Ilse Bongartz sich mit den gesuchten Inge Viett und Ralf Reinders getroffen hat und sie als eine Person gilt, »die gute Kontakte zur ›alten RAF‹ und anderen im Untergrund tätigen Personen unterhält. Sie soll das ›vollste Vertrauen der Genossen‹ genießen und in der Lage sein, Zusammenkünfte mit gesuchten Personen durchzuführen.«

Der Verfassungsschützer verzichtet, im Einvernehmen mit seinen Vorgesetzten, auf eine Verhaftung Schmückers zu dessen Schutz, um an »Maria« (alias Inge Viett) und »John« (alias Ralf Reinders) heranzukommen. Denn »Wien« war in der Zwischenzeit auch nicht untätig gewesen und hatte gemeldet, daß einerseits ein Treffen mit den beiden unmittelbar bevorstehe, andererseits aber Schmücker ernsthaft bedroht sei:

Der Ernst der Lage muß dem Agenten klar gewesen sein, denn am Pfingstmontag, dem 3. Juni 1974, rief er nachts gegen 3.30 Uhr im Amt an und wollte von seinem Agentenführer auf dem Polizeirevier 107 am Kottbusser Tor sofort zurückgerufen werden. Das hatten sie für dringende Fälle so ausgemacht – Alarmstimmung. Grünhagen traf sich sofort mit seinem Agenten »Wien« und faßte die neuen Informationen in der Meldung »Wien – 50« zusammen:

»Ilse BONGARTZ und ›Harry‹ sind in der Nacht vom 2./3. 6. 74, aus Wolfsburg kommend, in Berlin eingetroffen. Sie halten sich wieder in der Köpenicker Str. 170 auf. ›Harry‹ ist im Besitz einer Pistole FN-HP. Während er schläft, versteckt er diese Waffe unter seinem Kopfkissen …

…

Ilse BONGARTZ erzählte, daß ›Maria‹ und ›John‹ zusammen

wohnen würden und daß sie und ›Harry‹ beabsichtigten, sie ›morgens‹ am 3. 6. 74 zu besuchen. Außerdem würde am Abend des 3. 6. 74 ›Wölli‹ mit seiner Freundin aus Wolfsburg nach Berlin kommen, und auch ›Wölli‹ wird sich dann in den nächsten Tagen mit ›Maria‹ treffen …

… TILGENER erzählte, daß die BONGARTZ vor einigen Wochen von ihm verlangt hätte, den ›Verräter‹ Ulrich SCHMÜCKER ›umzulegen‹. Er hätte sich aber geweigert, weil er dies für eine ›Wahnsinnstat‹ gehalten hätte (TILGENER hat in der Vergangenheit schon des öfteren von einer geplanten ›Wahnsinnstat‹ gesprochen; es handelt sich hier offensichtlich um den o. a. geschilderten Sachverhalt) …«

»Hartmut« alias »Wien« erzählt bei dem nächtlichen Treffen außerdem, daß Ilse B. um 1.00 Uhr in der »Tarantel« aufgetaucht sei und um einen zweiten Schlüssel für die Wohnung »Hartmuts« gebeten habe, den sie auch bekam. Der Kneipenwirt ging dann gegen 3.00 Uhr kurz in seine Wohnung. Ilse und »Harry« schliefen schon. Dabei entdeckte Waffenkenner »Wien« die Pistole vom Typ »FN-High Power« unter dem Kopfkissen. Daraufhin eilte er schnellstens zum Polizeirevier 107, um seinen Agentenführer zu alarmieren.

Die »Nachricht der Nacht« war aber Tilgeners Bemerkung, er sei aufgefordert worden, »Schmücker umzulegen«. Dazu vermerkt Grünhagen am 4. Juni 1974, einen halben Tag vor der Ermordung Schmückers:

»›Wien‹ hat dieses Thema gegenüber der Bongartz angesprochen, indem er den von Tilgener erzählten Sachverhalt wiedergab. ›Wien‹ erklärte der Bongartz u. a., daß er nicht glaube, daß er ›so ohne weiteres‹ jemanden erschießen könne, den er überhaupt nicht kenne. Die Bongartz hat sich dazu nicht weiter geäußert, sondern erklärt, ›Verräter‹ müßten bestraft werden. Ich habe ›Wien‹, wie schon bei vorangegangenen Treffs, zu diesem Thema noch einmal eingehend erklärt, daß er sich auf keinen Fall an einer Aktion gegen Schmücker beteiligen solle, daß er außerdem versuchen solle, politisch zu begründen, warum eine solche Tat gegenüber Schmücker sinnlos sei.«

Das Thema »Aktion gegen Schmücker« war also – das kann man diesem Vermerk entnehmen – nicht neu für den Verfassungsschützer, die Bedrohung muß schon länger bekannt gewesen sein. Michael Grünhagen aber veranlaßt daraufhin nicht etwa die Verhaftung Schmückers oder seine Observation. Statt dessen beauftragt er im Einvernehmen mit seinen Vorgesetzten sofort die Observationsgruppe, Ilse B. und »Harry« zu beschatten, weil sie sich mit »Maria« und »John« treffen wollen.

Es ist Pfingstmontag, der 3. 6. 1974, ein Tag vor der Ermordung Schmückers, als sich nicht einmal vier Stunden nach dem »Alarmanruf« des Agenten zehn Observanten des Verfassungsschutzes an die Fersen von Ilse B. und »Harry« heften, um an den harten Kern des »2. Juni« heranzukommen. Ihr Bericht zum Auftrag mit der Nr. 0105:

»Um 7.20 Uhr wurde die Observation vor dem Wohnhaus des ›Wien‹ aufgenommen. Zwischen 10.30 Uhr bis 11.45 Uhr wurde mehrmals eine unbekannte männliche Person am Fenster der Wohnung des W. beobachtet. Sie wurde später als ›Harry‹ erkannt. Von 11.35 Uhr bis 11.40 Uhr zeigte sich zweimal eine unbekannte weibliche Person am Fenster der Wohnung; es handelte sich *nicht* um Ilse BONGARTZ.

Personenbeschreibung: mittel- bis dunkelblondes
lockiges Haar, helle Bluse oder Jacke.

Um 14.40 Uhr verließen die beiden im Auftrag genannten Personen das Haus und schlenderten umschlungen zur U-Bahn (Endstation). Von hier aus fuhren sie mit der U-Bahn bis Wittenbergplatz, stiegen um und fuhren bis Krumme Lanke. Ca. 15.35 Uhr verließen sie die U-Bahn und gingen durch die Fischerhüttenstraße–Hermannstraße zur Krummen Lanke. Von hier aus umwanderten sie den See in Uhrzeigerrichtung. Im Jagen 44 in Höhe der hier befindlichen Schonung ... verließen sie den Uferweg und ließen sich hangaufwärts ca. 20 bis 30 m weiter im Wald nieder. Hier tauschten sie Zärtlichkeiten aus und rauchten Zigaretten. Ferner konnte beobachtet werden, daß ›Harry‹ sich mit der geöffneten Handtasche der B. beschäftigte. Ob er dieser etwas entnahm, konnte nicht gesehen werden. Der Rastplatz der beiden konnte vom Uferweg aus eingesehen werden.

Nach ca. 15 Minuten verließen sie den Ort und liefen weiter hangaufwärts bis zur Schonung. Auf dem dortigen Waldweg wanderten sie weiter parallel zum Ufer. Ab Jagen 43 benutzten sie den Wanderweg oberhalb des Ufers. In Höhe des Wasserwerkes am Ende des Sees überquerten sie die fort befindliche Brücke und liefen … auf dem oberen Wanderweg bis zur Einmündung in den Uferweg. Sie benutzten diesen Weg über den Ausgangspunkt hinaus weiter bis zum beschriebenen Rastplatz, den sie um 16.40 Uhr erneut aufsuchten. Beide Personen zogen Mantel bzw. Jacke aus und setzten sich auf den Waldboden. Es kam wiederum zum Austausch von Zärtlichkeiten. ›Harry‹ rauchte zwischenzeitlich eine Zigarette. Danach erhob er sich und faßte in die Handtasche der B., die vor seinen Füßen stand. Näheres konnte nicht beobachtet werden. Kurz danach zog ›Harry‹ seine Jacke an, dann erhob sich die B. und zog ebenfalls ihren Mantel an.

Ca. 16.55 Uhr lief ›Harry‹ vom Rastplatz aus in Richtung Schonung, kehrte aber gleich wieder zu der B. zurück. Ein Motiv hierfür war nicht erkennbar. Beide Personen liefen anschließend auf dem Uferweg in Richtung Ausgangspunkt (Hermannstraße) zurück. Kurz vor dem Erreichen des Fußweges zur Hermannstraße bogen sie rechts in einen Weg in Richtung Fischerhüttenstraße ab. Über Fischerhüttenstraße – Quermatenweg – Hermannstraße – wiederum Fischerhüttenstraße erreichten sie den U- Bahnhof Krumme Lanke.

Ca. 17.10 Uhr lösten sie an der Sperre eine Sammelkarte. Mit der U-Bahn fuhren sie bis Wittenbergplatz.

Um 17.33 Uhr stiegen sie um in einen Zug in Richtung Ruhleben. Am Bahnhof Zoo verließen sie die U-Bahn und begaben sich in die Vorhalle des Fernbahnhofs. Am Fahrkartenschalter für Reisen in die BRD sahen sie sich die Abfahrzeiten der Züge an.

Um 17.50 löste die B. an diesem Schalter eine einfache Fahrkarte nach Braunschweig und erfragte, ob die Karte zwei Monate Gültigkeit habe.

Um 17.55 Uhr verließen beide Personen die Bahnhofsvorhalle und liefen außerhalb der Halle am Bahngelände entlang, kehrten um und überquerten den Hardenbergplatz in Richtung Lokal ›Speisewagen‹. Dort überquerten sie die Hardenbergstraße, blieben an der ausgehängten Speisekarte des Lokals ›Pschorr‹ (Hardenberg–Ecke Joachimsthaler Straße) stehen und studierten dieselbe. Anschließend gingen sie durch die Hardenbergstraße zu den ›Rheinischen Winzerstuben‹ und zum ›Hofbräuhaus‹. Dort sahen sie sich ebenfalls die

Speisekarten an. Im Anschluß daran betraten sie den U-Bahnhof Zoo (Eingang Zoo-Palast), wechselten den Bahnsteig und fuhren mit einem Zug in Richtung Ausgangspunkt von 14.40 Uhr zurück.

Um 18.25 Uhr verließen sie an diesem Punkt die U-Bahn und liefen auf direktem Weg zum Wohnhaus des W., das sie um 18.38 Uhr betraten.

Um 18.50 Uhr wurde die Observation weisungsgemäß beendet.«

Zehn Verfassungsschützer hatten am Pfingstmontag ein Liebespaar an der Krummen Lanke beobachtet – so stellt es sich nach diesem Bericht dar. Offenbar hatten die Observanten nicht einmal ein Fahndungsfoto der gesuchten Inge Viett mit, nach der sie doch Ausschau halten sollten. Sie war möglicherweise die »unbekannte weibliche Person« am Fenster. Das jedenfalls vermutete Michael Grünhagen:

»... Obwohl die B. und ›Harry‹ für den 3. 6. 1974 morgens mit ›Maria‹ (VIETT) und ›John‹ (eventuell REINDERS) einen Treff vereinbart hatten, verließen sie erst um 14.40 Uhr das Haus. Aus den o. a. Gründen wäre es denkbar, daß ein Schlüssel der Wohnung des ›Wien‹ bereits vorher an ›Maria‹ und ›John‹ ausgehändigt worden war und das geplante Treffen daher am 3. Juni 1974 tatsächlich in der Wohnung des ›Wien‹ durchgeführt wurde. Die Beobachtung einer unbekannten weiblichen Person am Fenster der Wohnung durch die O-Gruppe könnte diese Annahme bestätigen. ›Wien‹ selbst hat am 3. Juni 1974 nach eigenen Angaben seine Wohnung nicht aufgesucht.«

Der zuständige Referatsleiter Willi Rumprecht hat an den Rand dieses Vermerks von seinem »Beschaffer« Grünhagen geschrieben: »m. E. gut + richtig kombiniert!«

Also wieder eine Panne der Observanten: Wenn es Inge Viett am Fenster gewesen war, dann konnte sie in aller Seelenruhe mit »John« die Wohnung »Wiens« verlassen, während zehn Observanten einem Liebespaar zur Krummen Lanke folgten. Oder aber die Observation wurde aus unerklärlichen Gründen zu früh abgebrochen.

Volker Weingraber, Edler von Grodek, der Top-Agent »Wien«, den der Verfassungsschutz im Zentrum der Untergrundszene plazieren konnte, sagte im Mai 1990 vor einem Untersuchungsausschuß des

Berliner Abgeordnetenhauses zum Ablauf des 3. Juni 1974 aus. Auf die Frage nach seiner Einschätzung der Gefährdung Schmückers:

»Natürlich! Ich habe das berühmte Telefonat um 3.30 Uhr, das habe ich mit Absicht von der Polizei aus geführt, dieweil ich davon überzeugt war, daß eventuell etwas gegen Schmücker laufen könnte, aber nicht von seiten der Wolfsburger Gruppe, sondern wir glaubten, der ›2. Juni‹ in Person John und Maria. Und davon gehe ich aus: Wenn die Gruppe dahintersteht, wird das wirklich laufen. Das ist schon richtig. Jedenfalls haben wir gesprochen, weil ich, wie gesagt, durch die Diskussion von Tilgener, da konnte eine Tat ausgeführt werden gegen Herrn Schmücker. Das sollte man nicht laufen lassen, das Ding.«

Der Verfassungsschutz ließ das Ding laufen.

Der letzte Tag

Der 4. Juni 1974, der Dienstag nach Pfingsten, ist »für die Jahreszeit zu kühl«, wie der Wetterdienst meldet. Die Sonne kann nicht durch den Grauschleier dringen, der über der Stadt hängt. Seit Tagen war das schon so. Das ist kein »Beschaffer-Wetter«, pflegen Berlins Verfassungsschützer an solchen Tagen zu sagen. Sie machen dann lieber Innendienst, schreiben Vermerke und werten aus. Ganz anders bei Sonnenschein: Dann findet fast jeder einen Grund für »Beschaffungen« außerhalb des tristen Gebäudes an der Clayallee.

Auch »IV(2) Eb 1« – Michael Grünhagen – ist an diesem Tag fleißig am Schreibtisch, tippt »Wien«-Meldungen und eine Zusammenfassung der Erkenntnisse der letzten Tage. Allerdings erscheint er etwas später als üblich zum Dienst. Denn als sein Agent »Wien« um 10.20 Uhr anruft, ist er noch nicht im Amt. An seiner Stelle nimmt seine Mitarbeiterin »IV(2) Ea 401«, Frau Herzog, auf, was der V-Mann zu berichten hat, und tippt es gleich in die Maschine:

»Betr.: Bongartz, Ilse, und Harry

VM Wien rief um 10.20 Uhr an und teilte folgendes mit:

Die Obengenannten haben sich seinen VW-Bus geliehen, den sie ihm heute (4. 6.) um 13.30 Uhr zurückgeben wollen. Ein Treff ist für 13.30 Uhr am Bahnhof Zoo verabredet.

Beide Personen benötigen den Wagen heute abend noch einmal (das sei sehr wichtig! – sagt Wien). Anschließend wollen sie Wien nur kurz die Wagenschlüssel übergeben und dann sofort Berlin verlassen.

Wien ist ein Paket zur Aufbewahrung übergeben worden, das sie bei ihrem erneuten Besuch Anfang Juni zurückhaben möchten.

Treff Wien – Eb 1 ist für heute 12.00 Uhr am Zoo-Eingang vereinbart. Eb 1 ist um 10.45 Uhr unterrichtet.«

Nicht nur Grünhagen wird über den Anruf informiert, sondern auch sein Referatsleiter Willi Rumprecht. Der zeichnet den Vermerk ab und fügt handschriftlich hinzu: »IV(2) A z. Kts. M. E. sollte eine vorsichtige Obs. versucht werden!«

Das Stellenkürzel IV(2) A führt der Chef der »Zentralen Auswertung« und vertretungsweise amtierende Amtsleiter Franz Natusch. Der ordnet ebenfalls am gleichen Tag an: »Obs. durchführen«, notiert er am Rand.

Die beiden hohen Verfassungsschützer halten es also für richtig und wichtig, daß die Wolfsburger bei ihren Fahrten mit dem »Tarantel«-Bus observiert werden. Ob dann tatsächlich die zuständige Observationsgruppe »IV(2) 2«, die am Vortag an der Krummen Lanke im Einsatz war, auch am 4. 6. 1974 aktiv wurde, ist unklar. In den Akten findet sich kein Observationsbericht, aber auch kein Vermerk darüber, daß die angeordnete Observation abgeblasen wurde. Eigenartigerweise existiert auch die Kladde der Observationsgruppe nicht mehr, dagegen ist das Dienstbuch der anderen Gruppe »IV(4) 3« von der Spionageabwehr noch vorhanden.

Der Verfassungsschutz behauptete später, von der Beobachtung der Wolfsburger am 4. Juni 1974 sei – nach Intervention Grünhagens – abgesehen worden, um den V-Mann »Wien« nicht zu gefährden. Denn nur der hätte von der geplanten Fahrt mit dem VW-Bus etwas gewußt. Er hätte auffliegen können, wenn die Observation bemerkt worden wäre – so die Argumentation im nachhinein. Diese Bedenken hatte es tags zuvor offenbar nicht gegeben, denn die Observation des »Liebespärchens« begann vor der Wohnung von »Wien«. Dort in der Köpenicker Straße hatte V-Mann-Führer Michael Grünhagen die zehn Observanten höchstpersönlich »eingewiesen«. Sollte das weniger gefährlich für den Tipgeber gewesen sein als die Beobachtung eines Wagens im Straßenverkehr? Oder hat die angeordnete Observation doch stattgefunden und man hat etwas beobachtet, was man besser für sich behielt?

Zu dem am gleichen Tag telefonisch vereinbarten Treffen zwischen Grünhagen und »Wien« um 12.00 Uhr am Zoo kommt es nicht: Sie verpassen sich, obwohl sie beide zur vereinbarten Zeit da sind. Um 14.30 Uhr ruft der Agent an und teilt mit, daß »die B. und ›Harry‹ den VW-Bus um 12.30 Uhr zurückgebracht haben«. Gegen 14.20 Uhr habe er die beiden dann zum Bahnhof Zoo gefahren, weil sie angeblich nach Wolfsburg wollten. »Harry« soll vom Bahnhof aus ein Telegramm nach Wolfsburg geschickt haben. Ob seine »Gäste« tatsächlich mit dem Zug abgefahren sind, kann er nicht sagen. Grünhagen schreibt über den Inhalt des Telefonats außerdem auf: »Weiter erzählte Wien, daß er dem ›Wölli‹ gegen 20.00 Uhr den VW-Bus leihen sollte. ›Wölli‹ hatte erklärt, daß Wien den Bus gegen 23.00 Uhr zurückbekommen könnte und daß ihm dann ein ›Paket‹ übergeben werde, das er aufbewahren solle ... Es wurde mit Wien vereinbart, daß er sich sofort meldet, wenn er seinen Wagen von ›Wölli‹ zurückerhält.«

Der Anruf von »Wien« um 10.20 Uhr an diesem ereignisreichen 4. Juni 1974 war nicht der erste für Grünhagen alias »Rühl« gewesen: Bereits um 9.00 Uhr meldet sich Schmücker als »Peter Mink«, um wie verabredet ein neues Treffen mit dem Verfassungsschützer zu vereinbaren und ihm dabei weitere Informationen zu »verkaufen«. Frau Herzog, die auch »Wiens« Anruf entgegennahm, bittet ihn, zwischen 11 und 11.30 Uhr noch einmal anzurufen. Gegen 10.45 Uhr telefoniert sie mit Grünhagen, teilt ihm die Verabredung mit »Wien« mit und erzählt von Schmückers Anruf. Als dieser sich dann eine halbe Stunde später wieder meldet, wimmelt sie ihn auftragsgemäß ab: Er solle am Freitag, den 7. 6. 1974, um 11.00 Uhr wieder anrufen, »dann würde ein Treff mit Herrn Rühl vereinbart werden«.

Als Ulrich Schmücker zum zweiten Mal anrief, war er nicht weit von der gewählten Telefonnummer entfernt, ohne daß er es wußte: Er arbeitete auch an diesem Tag im »apartments Hotel«. Kurz vor Dienstschluß gegen 16 Uhr telefonierte er noch einmal. Die Geschäftsführerin des Hotels bekam mit, wie Schmücker den Gesprächspartner duzte und mit den Worten »Na, wir sehen uns ja gleich!« den Hörer auflegte. Auf zwei Zetteln notierte er eine Verabredung und eine Rufnummer. Frau Peters sagte vor der Polizei aus, was sie gehört hat, und übergab die beiden Zettel, die sie in der Rezeption gefunden hatte. Seitdem sind sie verschwunden. Die Kripo kann sich nicht erklären, wo sie geblieben sind. Auch die Zeugin verschwand: Wenige Wochen nach ihrer Aussage zog sie in einer Nacht-und-Nebel-Aktion mit Sack und Pack in die DDR.

Bis heute weiß man nicht, wen Schmücker kurz nach dem Telefonat getroffen hat. Waren es die beiden Männer, mit denen er an diesem 4. Juni 1974 um 20 Uhr in der Kneipe »Anapam«, nicht weit vom Hotel, von einem Zeugen gesehen wurde? Die gleichen Männer, mit denen er in einen blauen VW-Käfer stieg und – von demselben Zeugen – gegen 22.15 Uhr beim leerstehenden Hotel »Rheingold« beobachtet wurde? Die Angaben, die die Polizei als »Hinweis Nr. 14« im zurückbehaltenen Hinweisordner ohne Überprüfung ablegte? Waren es ganz andere Leute, etwa vom »2. Juni«? Waren es Verfassungsschützer? Oder waren es Personen, die überhaupt nichts mit Schmückers Doppelspiel zu tun hatten?

Rund zwei Stunden nach den Beobachtungen des Zeugen wird – knapp einen Kilometer entfernt – der 21jährige Ulrich Sepp Schmükker sterbend von US-Soldaten an der Krummen Lanke gefunden.

Schweigen und Lügen

In der Nacht vom 4. auf den 5. Juni 1974 ist Verfassungsschützer Michael Grünhagen kaum zum Schlafen gekommen. Um 0.20 Uhr traf er »Wien« nach dessen Anruf am Kudamm, nachdem dieser die Pistole 08 Parabellum in der Plastiktüte entdeckt hatte. Das schien ihn aber nicht sonderlich beunruhigt zu haben, denn Agent und Verfassungsschützer gehen nach einem kurzen Gespräch wieder auseinander. Trotzdem war schon 1.00 Uhr durch, als Grünhagen wieder zu Hause ist. Es muß so gegen 3.00 Uhr morgens gewesen sein, als bei ihm wieder das Telefon klingelte. Der Bereitschaftsdienst des Landesamtes für Verfassungsschutz schreckte ihn hoch mit der Nachricht: Ulrich Schmücker ist erschossen worden.

Der Informationsfluß zwischen den verschiedensten Behörden und Abteilungen ist in dieser Nacht geradezu vorbildlich: US-Soldaten finden den sterbenden Schmücker im Grunewald und rufen daraufhin von der Telefonzelle aus die deutsche Polizei. Es rücken mehrere Streifenwagen an, die einfachen Beamten wissen, was sie zu tun haben – der Kriminalkommissar vom Dienst muß ran. Der Herbeigerufene nimmt den Druckverband von Schmückers Kopf, den die GIs angelegt haben, und sieht das Einschußloch: Ein Fall für die Mordkommission, kombiniert er richtig. Soweit sind es einfache, klare Entscheidungen, die nachvollziehbar sind. Dann aber wird es komplizierter: Die Männer von M 13, der Dritten Mordkommission, können anhand des Personalausweises die Identität des Toten feststellen und schließen daraus: Ein Fall für die Abteilung I, den Polizeilichen Staatsschutz. Vermutlich haben sie herausgefunden, daß das Mordopfer als Terrorist per Haftbefehl gesucht wurde. Der Staatsschutz wiederum schaltet schnell und unterrichtet das Landesamt für Verfassungsschutz.

So gelangt die Nachricht vom Mord an V-Mann »Kette« alias

Ulrich Schmücker zu Agentenführer Michael Grünhagen. Der wiederum kombiniert ebenfalls und rotiert dann am Telefon. Auch seine Vorgesetzten werden aus dem Schlaf gerissen. Die Erkenntnisse der letzten Tage – die »Wien«-Meldungen und die Kontakte mit Schmücker – werden rekapituliert. Und bei dem Tatort »Krumme Lanke« fällt ihnen die Observation des »Liebespärchens« am Pfingstmontag ein.

Etwa um 5.00 Uhr wird auch der stellvertretende Chef der Observationsgruppe IV(2) 2, der den Einsatz geleitet hatte, aus dem Bett geholt. Grünhagen gibt die Order, sofort mit den anderen neun Observanten im Amt zu erscheinen und den Bericht zu schreiben. So brüten bei Tagesanbruch des 5. Juni die zehn Verfassungsschützer in dem grauen Amt an der Clayallee über dem Bericht einer Observation, die sie für nutzlos hielten. Jetzt, nach der Mordnachricht, fällt er besonders detailliert aus. Sogar eine Skizze über Spazierweg und Rastplatz des Pärchens wird angefertigt. Danach wird festgestellt: Rastplatz und Tatort sind identisch. »Ein Glück«, so ist reihum die Meinung, »daß wir an diesem Tag doch nicht mehr observiert haben!« Denn bei der Einweisung hatte ihnen Terroristenjäger Grünhagen in Aussicht gestellt, daß die Observation durchaus mehrere Tage dauern könnte. Dann wären sie möglicherweise Augen- oder zumindest Ohrenzeugen des Mordes geworden. Aber sie haben ja, wie sie zu ihrer Erleichterung im Bericht vermerken können, die Observation am Vortag »weisungsgemäß abgebrochen«. Wer warum diese Weisung gegeben hat, ist nicht mehr nachvollziehbar.

Auch Agentenführer Michael Grünhagen und seine Vorgesetzten sind an diesem 5. Juni früh in der Verfassungsschutz-Zentrale. Weil Amtsleiter Eberhard Zachmann in Urlaub ist, vertritt ihn »IV(2) A«, Franz Natusch, der Leiter der »Zentralen Auswertung«. Die Stimmung ist nicht gut. Es bedrückt sie aber weniger der Tod des Ulrich Schmücker als die Befürchtung, daß die Kontakte des Mordopfers zum Geheimdienst publik werden könnten. Und Grünhagen muß seinen Chefs eingestehen, daß er möglicherweise die Tatwaffe kurz nach dem Mord in der Hand hatte, jetzt seine Fingerabdrücke darauf sind und V-Mann »Wien« die Pistole in Verwahrung genommen hat.

Der »Edle«, ihr vermeintlicher Topagent »Wien«, macht ihnen besondere Sorgen. Angesichts seines Vorlebens, seines manchmal eigenwilligen und uneinsichtigen Verhaltens gegenüber dem Amt und seiner engen Beziehungen zu mutmaßlichen Terroristen sind sie sich nicht sicher, inwieweit sie ihm trauen können. Und dann seine Reaktion am Telefon auf die Nachricht, daß Schmücker erschossen worden ist – »Ich versetz doch nicht meine Eltern, bloß weil so ein Idiot umgelegt worden ist, außerdem hab' ich ja schon immer gesagt, daß da was im Busch ist!« –, trägt keineswegs zur Beruhigung der Verfassungsschützer bei.

Ihr adliger V-Mann ist plötzlich ein unsicherer Kantonist für sie: Hatte er vielleicht mehr über die Mordabsichten gewußt? War er womöglich direkt an der Tat beteiligt? Hatte er etwa im Alleingang zum »großen Schlag« ausgeholt, von dem er schon immer geträumt hatte, um dann voll vom harten Kern des »2. Juni« akzeptiert zu werden? Für die wahrscheinliche Tatzeit hatte er kein Alibi, denn er war angeblich allein im Kino gewesen. Für die Übergabe der Tatwaffe am Bahnhof Zoo gab es auch keinen Zeugen. Und möglicherweise hatte jemand seinen »Tarantel«-Bus in der Nähe des Tatortes beobachtet. Bedenken und Zweifel plagen die Verfassungsschützer.

Auch eine andere Möglichkeit ist nicht auszuschließen: Hatte die Gruppe vielleicht »Hartmut« als Agenten erkannt und versuchte nun ihm, und damit dem Verfassungsschutz, die Tat in die Schuhe zu schieben? Ein Motiv dafür hätten die Täter leicht der Öffentlichkeit servieren können. Ulrich Schmücker hatte zu erkennen gegeben, daß er seine Aussagen gegen die Genossen widerrufen wollte. Zudem kursierte sein Gedächtnisprotokoll über »Rühls« Befragungen und Fluchtpläne. Der Tod kam insofern nicht ungelegen …

Im Berliner Landesamt für Verfassungsschutz hielt man sich an diesem Tage nicht lange mit den Zweifeln und Bedenken auf, die Zeit drängte. Die Angaben ihres Agenten »Wien« – etwa den Kinobesuch am Tatabend und danach das Treffen mit einem Bekannten namens »Steffen« im Lokal »Speisewagen« – überprüften sie nicht. Statt sich Gewißheit über eine mögliche Tatbeteiligung oder ein glaubhaftes Alibi zu verschaffen, dachten die führenden Geheimdienstler nur an ihr eigenes Image, das keinen Schaden nehmen sollte.

Es mußte schnell entschieden werden, ob man der Polizei und der Staatsanwaltschaft den wahren Sachverhalt offenbaren sollte. Dann hätte man die peinlichen Verstrickungen des Amtes in den Fall nicht lange unter der Decke halten können. Der Geheimdienst entschied sich dagegen. Und die mögliche Tatwaffe mit den verräterischen Fingerabdrücken von Agent und Agentenführer sollte auf keinen Fall rausgerückt werden – weder an die Wolfsburger noch an die Polizei. Beweismittelunterdrückung nennen Juristen das. Außerdem sollte V-Mann »Wien« auf keinen Fall »geopfert« werden.

Aufgrund der »Wien«-Berichte der letzten Wochen glaubte man, die Täter zu kennen – wenn dem Agenten vertraut werden konnte. Und davon ging man einfach aus. Aus vagen Vermutungen und Möglichkeiten bastelten die Verfassungsschützer sich ein Bild zusammen, bei dem ihr zweifelhafter Agent »Wien« gut wegkam. Ohne auch nur den Hauch eines Beweises in den Händen zu haben, wurde von Amts wegen beschlossen: Nur die Wolfsburger Kommune kommt für die Tat in Frage.

Mit dieser Marschroute ging an diesem 5. Juni 1974 Franz Natusch, der amtierende Chef des Verfassungsschutzes, in die allwöchentliche Mittwochsrunde bei seinem Vorgesetzten, dem Bürgermeister und Innensenator Kurt Neubauer. Der Zufall wollte es so, daß diese Gesprächsrunde, in der die politische Führung über wichtige Angelegenheiten im Geheimdienstbereich unterrichtet wurde, gerade an dem Tag stattfand, an dem von seiten des Verfassungsschutzes die entscheidenden Weichen für das weitere Vorgehen im Fall Schmücker gestellt wurden. Wie die weitere Entwicklung zeigen sollte, bekam das Amt dabei offensichtlich die Rückendeckung für seine Taktik. Schriftlich wurde dies allerdings nicht fixiert, zumindest fehlt ein entsprechender Vermerk dazu in den Akten. Aber während Ex-Senator Neubauer sich heute nicht mehr daran erinnern kann, ist sich Verfassungsschützer Natusch sicher: »Wir landeten sofort beim Senator mit der Geschichte!«

Und der hat seine Mannen von der Clayallee zumindest nicht »zurückgepfiffen«, denn die Verfassungsschützer begannen sofort, ihre Taktik in die Tat umzusetzen. Zunächst war es das wichtigste, Kontakt zum Polizeilichen Staatsschutz herzustellen, um einerseits rechtzeitig zu erfahren, welche Ermittlungen dort angestellt werden, und andererseits so mit gezielten Informationen die Spuren in Richtung Wolfsburger Kommune zu legen. Denn von der konnte die Sonderkommission »Schmücker« noch nichts wissen. Der einzige Hinweis war bislang eine Telefonnummer unter den vielen, die man bei dem Mordopfer gefunden hatte – die von der Mutter der »Roten Ilse«.

So entschied man sich beim Verfassungsschutz, Terroristenjäger und Agentenführer Michael Grünhagen als »Berater« in die Soko zu entsenden. Das war so mit dem Innensenator abgesprochen worden. Versehen mit einem Brief, den er selbst entworfen hatte und der vom Chef Natusch unterzeichnet worden war, eilte der Kontaktmann des »Wien« gegen 16 Uhr zum Polizeipräsidium. Es ist das erste einer Reihe von Schreiben, die in der Folgezeit vom Verfassungsschutz an die Soko »Schmücker« geschickt werden, stets überbracht von Grünhagen. Die Zielrichtung ist immer die gleiche: Die Polizei soll nach und nach davon überzeugt werden, daß die Täter ausschließlich im Kreis der Wolfsburger zu finden sind. Von anderen Spuren und Hinweisen werden die ermittelnden Beamten abgelenkt.

Schon dieses erste Schreiben vom 5. Juni 1974 macht deutlich, daß der Verfassungsschutz die Linie verfolgt, den Ermittlern den wahren Sachverhalt zu verschweigen. Aber das Amt begnügt sich nicht nur mit dem Verschweigen von Tatsachen, sondern verfälscht auch bewußt die Wahrheit:

Es wird zwar wahrheitsgemäß berichtet, daß Schmücker am 31. Mai, wenige Tage vor seinem Tod, um »eine Zusammenkunft« bat, die auch stattgefunden habe, aber es wird verschwiegen, daß Grünhagen, der Überbringer des Schreibens, der Gesprächspartner war. Ferner wird referiert, daß Schmücker in einer Wohngemeinschaft gelebt habe, aus der er wieder rausgeflogen sei als angeblicher »Verräter«, und daß er Ilse Bongartz kennengelernt habe. Dann werden ihm Informationen in den Mund gelegt, die nicht von ihm, sondern von »Wien« stammen:

»Ilse BONGARTZ habe ihm dann Ende Februar 1974 erzählt, daß sie sich ... mit Inge VIETT und Ralf REINDERS treffen wolle. Nach Angaben der BONGARTZ habe diese Zusammenkunft stattgefunden.«

Schmücker kann das nicht Ende Februar von Ilse erfahren haben, denn zu der Zeit war er bei seinen Eltern in Bad Neuenahr. In dem Schreiben ist dann noch von der angeblichen »Bewährungsprobe« bei der »IRA« die Rede, die ihm von der Wolfsburgerin in Aussicht gestellt worden sei. Außerdem wird auf die »Tarantel« und Götz Tilgener hingewiesen – »hier einschlägig bekannt«. Die letzten Zeilen des Briefes lauten:

»Im weiteren Verlauf der Befragung erklärte SCHMÜCKER, daß er sich ›von linken Genossen‹ beobachtet fühle und fragte, ob ihm nicht eine Schußwaffe zur Verfügung gestellt werden könnte. Zur Frage, von wem er sich konkret bedroht fühlte, nannte er noch die Namen Manfred A. und Waltraud S. Außerdem bezweifelte er die Ernsthaftigkeit der Angebote der BONGARTZ.«

Allein dieser letzte Satz ist eine Erfindung des Verfassungsschutzes, um den Verdacht auf die Wolfsburgerin zu lenken. Noch am Tag zuvor hatte Grünhagen in seinem Bericht über das Treffen mit Schmücker das Gegenteil geschrieben: »Er solle aufpassen, daß es sich hier nicht um eine Falle handeln könne, um ihn aus Berlin wegzulocken. Er verneinte dies und erklärte, daß er die BONGARTZ zu gut kenne, als daß er ihr so was zutrauen würde.«

Mit diesen falschen Angaben gab Michael Grünhagen seinen Einstand in der Sonderkommission, bei der er nun fast täglich auftauchte, um in die Ermittlungen einzugreifen. Ihm und seinen Vorgesetzten ging es nicht darum, die Verfassung vor extremistischen Feinden zu schützen, sondern den Verfassungsschutz vor unangenehmen und damit ungewünschten Ermittlungen der Polizei, Abteilung Staatsschutz, zu schützen. Und die spielte mit: Zumindest einigen Mitgliedern der Soko war Volker Weingraber, Edler von Grodek, der ehemalige Zuhälter und jetzige Agent »Wien«, kein Unbekannter: Es war ja der Staatsschutz, der den Informanten im November 1972 an eben jenen »Verfassungsschützer« Michael Grünhagen gegen Quittung übergeben hatte.

Ob oder wieweit gegen den mutmaßlichen Tatbeteiligten Weingraber von seiten der Polizei ermittelt wurde, ist nicht in den Akten zu finden, und die Beamten der Sonderkommission können sich nicht mehr daran erinnern. Vermutlich war der Wirt von der »Tarantel« tabu für die Kripo, genoß sozusagen Immunität, weil der »Kollege« Grünhagen schützend seine Hand über ihn hielt. Und weil ihnen der Verfassungsschutz nicht reinen Wein eingeschenkt hatte über die tatsächlichen Erkenntnisse und Begebenheiten – soweit sie Grünhagen & Co. überhaupt bekannt waren –, mußten sie sich wohl oder übel den »Hinweisen« des Verfassungsschützers fügen. Im Gegenzug bekamen sie Tips für ihre Ermittlungen gegen die Mitglieder der Wolfsburger Kommune. Das ersparte ihnen viel Arbeit bezüglich anderer Hinweise: Die konnten sie beruhigt im sogenannten »Retent« unbearbeitet ablegen. Der Verfassungsschutz hatte jedenfalls von dieser Seite nichts zu befürchten.

Die Rechnung des Geheimdienstes war einfach und bar aller rechtsstaatlichen Skrupel: Um den zum möglichen Täterkreis zählenden V-Mann »Wien« und sich selbst aus der Schußlinie zu halten, müßten möglichst schnell die Täter rechtskräftig verurteilt werden. Und dafür wollte man selbst sorgen. Zwar gab es seitens des Geheimdienstes nur Vermutungen über den Täterkreis und nicht die Spur eines Beweises, aber man konnte ja daran drehen – etwas außerhalb der Legalität. Einer der Verteidiger im sogenannten »Schmücker-Prozeß« zog 17 Jahre später das Fazit: »Der Verfassungsschutz hat die Drecksarbeit gemacht, all das, was die Strafverfolgungsbehörden rechtlich nicht haben machen können.«

Waffen und andere Geräte

Die »Mitarbeit« des Verfassungsschützers Michael Grünhagen in der Soko »Schmücker« wirkte schon von der ersten Stunde an: Die Beamten hatten – zur gleichen Zeit, da die Leiche obduziert wurde – die Wohngemeinschaft in der Zeughofstraße, wo Schmücker eine Zeitlang gewohnt hatte, durchsucht und die anwesenden Bewohner festgenommen. Der Kripo war bekannt, daß sie dem »Verräter« mit offener Feindschaft gegenübergetreten waren, die im Rausschmiß aus der WG gipfelte. Bei der Vernehmung machten die möglichen Tatverdächtigen Angaben über ihr Alibi und verweigerten ansonsten die Aussage. Das Alibi wurde von den Beamten nicht mehr überprüft, denn Soko-Chef Norbert Ribbeck strich die Wohngemeinschaftsmitglieder kurzerhand von der Liste der Verdächtigen. Sein Vermerk darüber kam allerdings nicht in die offiziellen Ermittlungsakten, sondern nur in den polizeilichen »Retent Sch 762«:

»Vermerk (nur für Retent)

1. Zwischenzeitlich wurden Nachfragen gehalten, inwieweit der um Schmücker bekanntgewordene Personenkreis als Tatverdächtige in Frage kommen konnten. Dienstlich wurde bekannt, daß ein Tatverdacht gegen die Personen aus der Zeughofstraße nicht gegeben sei, jedoch die Vermutung bestünde, daß hierüber der Kontakt zu Schmücker von anderen noch nicht bekannten Personen, gegebenenfalls auch der Ilse B., hergestellt worden sein kann.
2. Nach der Durchsuchung der Wohnung Zeughofstraße waren die dort angetroffenen Mitglieder der Wohngemeinschaft sowie der im Bericht des LfV genannte Götz Tilgener, der zum Durchsuchungszeitpunkt dort erschien, vorläufig festgenommen und hiesiger Dienststelle zugeführt worden. Der Tatverdacht basierte zunächst auf den Angaben des Berichts des LfV sowie den Äußerungen des angetroffenen Peter B., daß Schmücker dort ge-

wohnt und man ihn aus der Wohngemeinschaft ausgeschlossen habe.

3. Aufgrund der zusätzlich erlangten Angaben war der Tatverdacht in keiner Weise zu erhärten, so daß im Einverständnis mit der StA die bereits der Dienststelle zugeführten Personen nunmehr zeugenschaftlich zum Sachverhalt gehört werden.«

Schon diese ersten – gestoppten – Ermittlungen der Sonderkommission sind symptomatisch für die »Zusammenarbeit« von Polizei und Geheimdienst: Der erwähnte »Bericht des LfV«, des Landesamtes für Verfassungsschutz, ist der Brief, den Grünhagen überbrachte, und die »zusätzlich erlangten Angaben« waren seine mündlichen »Erläuterungen« dazu. Die Kripo vertraute einfach darauf, daß diese Hinweise schon ihre Richtigkeit haben würden. Der nicht an das Legalitätsprinzip gebundene Verfassungsschutz hatte sich – ohne jeden Beweis – auf die Wolfsburger Kommune als Täter eingeschossen und bremste jede Ermittlung nach möglichen anderen Tätern. Das alles geschah hinter den Kulissen und sollte auf keinen Fall in die Gerichtsakten kommen. Es galt, den Verfassungsschutz und seinen in die Tat verwickelten Agenten »Wien« um jeden Preis aus den Ermittlungen rauszuhalten.

Kurz nach dieser »Vollbremsung« der Soko-Arbeit am Nachmittag des 5. Juni 1974 traf der sehr aktive Grünhagen seinen V-Mann zum ersten Mal nach der nächtlichen Verabredung am Kudamm. Das Treffen mit dem »Edlen« dauerte nicht lange, der V-Mann hatte es eilig und war schlecht gelaunt. Deswegen reagierte er unwirsch auf die Frage seines V-Mann-Führers, ob er denn als Zeuge aussagen würde – eine rein rhetorische Frage, denn das Landesamt hatte längst beschlossen, »Wien« auf keinen Fall der Justiz und damit der Öffentlichkeit preiszugeben. Grünhagen schrieb dazu über das Gespräch der beiden:

»... Außerdem hätte ich ihm doch am Beginn der Zusammenarbeit erklärt, daß er gegen seinen Willen nicht als Zeuge auszusagen braucht. Wien erklärte weiter – und den nachfolgenden Sachverhalt sagte er lachend –, daß ich ja nun wüßte, wie gefährlich seine ›Arbeit‹ sei, und er wisse genau um sein Risiko. Er erwarte aber nun von mir, daß ich alles tue, daß diese Tätigkeit geheim bleibt. Im übrigen erklärte Wien, daß es ›nun endlich losgeht‹, denn er glaube, daß er nach diesem Vorfall noch ›Maria und John‹ irgendwann treffen wird. Wien zeigte sich jedenfalls von dem Mord an Schmücker – zumindest in meiner Gegenwart – zu diesem Zeitpunkt in keiner Weise beeindruckt.«

Grünhagen muß in diesem Moment erleichtert gewesen sein, denn die erste Hürde war genommen: Agent »Wien« würde auf gar keinen Fall auspacken – wie gewünscht. Der Agentenführer klärte dann noch das weitere Verhalten – »nach vorheriger Absprache mit IV (2) A«, also seinem Vorgesetzten Franz Natusch – mit »Wien« ab: Am besten keine Aussagen machen, falls die Polizei gegen ihn ermitteln sollte, auch wenn er unter Umständen verhaftet werden würde. Damit war der »Edle« einverstanden, in diesem Punkt konnte sich der Verfassungsschutz auf ihn verlassen.

Soweit zufriedengestellt ging Grünhagen jetzt noch einen Schritt weiter: Mit dem Hinweis, daß »Wien« ja »tief mit drin hängt«, beauftragt der Verfassungsschützer seinen Agenten, von dem er nicht weiß, *wie tief* der drin hängt, auf eigene Faust den Tathergang mit seinen Mitteln zu recherchieren. Der Geheimdienst ließ somit einen möglichen Tatbeteiligten, einen Mann aus kriminellem Milieu, in einem Mordfall ermitteln, während er gleichzeitig die Arbeit der Polizei bremste. Der Bock wurde zum Gärtner gemacht. Und mit den so gewonnenen »Erkenntnissen« wollte Grünhagen dann in die Soko gehen, um »Hinweise« und »Erläuterungen« zu geben.

Das war dann der Stoff, aus dem die Ermittlungsakten für die Justiz aufgebaut wurden, um eine Verurteilung der Leute zu erreichen, die der Verfassungsschutz aufgrund der Meldungen von »Wien« für die Täter hielt. Der Agent hatte natürlich ebenso wie seine Auftraggeber Interesse daran, die eigene Rolle in dem Mordfall zu verheimlichen oder zumindest zu beschönigen. So führte Michael Grünhagen – mit Hilfe seines wenig vertrauenswürdigen Agenten – von Anfang an Regie auch im Vorfeld der Gerichtsverfahren.

Volker Weingraber, Edler von Grodek alias »Hartmut« alias »Wien«, wußte, was er dem Amt wert war. Zumindest hat er gespürt, wie sehr sein Agentenführer auf seine »Arbeit« angewiesen war. Das verschaffte ihm Freiräume – etwas außerhalb der Legalität –, die er nun auch ausnutzte. Seine erste Ermittlungshandlung war ein illegal mitgeschnittenes Telefonat mit Ilse B. aus Wolfsburg, abgesprochen mit Grünhagen. Ein Versuch, dieses Gespräch im Rahmen des Besatzungsrechts sozusagen »offiziell« abhören zu lassen, wurde nicht unternommen. Der Verfassungsschutz befürchtete wohl, daß die befreundeten alliierten Dienste da nicht mitspielen würden.

Agentenführer Grünhagen brauchte die Amtshilfe nicht, er hatte ja seinen V-Mann. Lapidar notierte er in den Akten zum Abend des 6. Juni 1974:

»Aus der Wohnung seiner Freundin rief WIEN um 20.00 Uhr die Ilse Bongartz in Wolfsburg an. Das Gespräch wurde von WIEN auf einem Tonband mitgeschnitten (s. Anlage). Bei einem Treff gegen 23.30 Uhr übergab mir WIEN dieses Tonband, auf dem dieses Telefongespräch aufgezeichnet worden war. WIEN hatte in dem Gespräch mit der Bongartz u. a. vereinbart, daß er sie am 7. 6., 20.00 Uhr wieder anrufen würde.«

Für den Verfassungsschutz hatte dieses Telefongespräch nur einen Sinn: Man wollte dadurch Klarheit darüber gewinnen, in welcher Weise der Agent in den Mordfall verstrickt war. Daß »Wien«, dem das Amt nicht ganz traute, sich sozusagen selbst damit entlasten sollte, war ein kleiner Schönheitsfehler, den man in Kauf nahm. Ganz abgesehen davon, daß dieser Mitschnitt des Telefonats nicht legal war, hatte er keinerlei Beweiskraft – kein deutsches Gericht hätte sich die Aufzeichnung auch nur angehört. Dem Verfassungsschutz reichte das Tonband als Beweis für die »Unschuld« des V-Manns. Es wurde nicht einmal geprüft, ob es manipuliert war. Jeder Laie kann sich aus einem Mitschnitt durch Überspielung das zurechtbasteln, was er braucht.

Hier Auszüge aus dem »Beweisstück«, dem Telefonat zwischen der Wolfsburgerin und V-Mann »Wien« alias »Hartmut«:

»*Hartmut:* Du paß mal auf, das Gerät, das macht mir natürlich Kopfschmerzen.

Ilse B.: Ja, äh …

Hartmut: Das ist es hoffentlich nicht, sonst dreh ich morgen da den Lauf raus und schmeiß den sonst wohin.

Ilse B.: Ja, isset aber, ne.

Hartmut: Ah, du Scheiße …

Ilse B.: Ja, kannst …

Hartmut: Na, dann werd ich das also ganz, ganz tief einzementieren.

Ilse B.: Ja, genau.

Hartmut: Daß da also vorläufig echt keiner rankommt.

Ilse B.: Ja, genau, so war das auch gedacht.

…

Hartmut: Kommt da wenigstens irgendwie noch ne Stellungnahme?

Ilse B.: Ist doch längst da.

Hartmut: Ja, das hab ich doch nicht.

Ilse B.: Hörst du denn keine Nachrichten?

Hartmut: Was?

Ilse B.: Ich habe heute …

Hartmut: Ich hab noch keine Nachrichten gehört.

Ilse B.: Ja, du mußt also den Deutschlandfunk mal hören.

Hartmut: Ja.

Ilse B.: Die haben also gesagt, daß da die ›Bewegung 2. Juni‹ die Verantwortung übernommen hat.

Hartmut: Ja.

Ilse B.: Und vom Konterrevolutionär, also Verräter und Konterrevolutionär war die Rede, also sehr gut, nö, ganz objektiv, sehr schön.«

Im Landesamt für Verfassungsschutz war man erleichtert: Der Agentenführer Grünhagen hörte aus diesem Telefon-Dialog nur Entlastendes für seinen V-Mann »Wien« heraus und zog daraus zwei folgenschwere Schlüsse – »Hartmut« hatte nichts gewußt, und die Wolfsburger steckten hinter dem Mord. Selbst wenn der Telefon-Mitschnitt nicht manipuliert war – es war sehr gewagt, nur auf dieser Basis derartige Schlüsse zu ziehen. Der Geheimdienst jedenfalls unternahm nichts, um auf andere Weise die »Unschuld« seines Agenten für sich zu klären. Und auch das am folgenden Abend wieder illegal vom Agenten mitgeschnittene Telefonat nahm man als zusätzlichen »Beweis«.

Ein Auszug des Mitschnitts:

»*Hartmut:* Du paß mal auf, was ich noch sagen wollte, hältst du es nicht für besser, wenn ich das ganze Gerät irgendwie vernichte?

Ilse B.: Das was?

Hartmut: Daß ich das Gerät vernichte.

Ilse B.: Du, das ist nicht notwendig.

Hartmut: Du meinst, daß das nicht notwendig ist?

Ilse B.: Ja, du, das Kaffeesieb ist in Ordnung.

Hartmut: Ja das verstehe ich also nicht ganz, ich meine, da ist mir persönlich sowieso etwas unklar, ja – hast du die Berliner Zeitung auch drüben gelesen?

Ilse B.: Ja, ja.

Hartmut: Also der Schuß fiel um 23.40 Uhr nach Berliner Zeitung.

Ilse B.: Ja, ja.

Hartmut: Ja und, ich meine, ich weiß nicht, was es soll?

Ilse B.: eh eh, geschenkt Hartmut«

Mit diesem Telefonat handelte Agent »Wien« gegen die ausdrückliche Anweisung seines Agentenführers Grünhagen, am Telefon nicht mehr über die Waffe – das »Gerät«, wie es im Telefongespräch genannt wurde – mit der Wolfsburgerin zu sprechen. Aber es gab noch ein anderes Gerät, das dem Verfassungsschutz Kopfzerbrechen bereitete – eine verräterische Schreibmaschine.

Am 6. Juni 1974 kam die Meldung »Wien-51« in die Arbeitsakte:

»Es wurde bekannt, daß sich die BONGARTZ Ende Mai 1974 von einer namentlich nicht bekannten Person eine elektrische Schreibmaschine lieh, um darauf angeblich ›Flugblätter‹ zu schreiben. Diese Schreibmaschine hat die BONGARTZ mit in die Bundesrepublik genommen und später erzählt, daß man sie dort ›in der Nordsee versenkt hätte, da auf ihr heiße Sachen‹ geschrieben worden seien. Würde man nach den auftauchenden Schriftstücken die Schreibmaschine finden, ›würden mindestens 10 Leute hochgehen‹. Nähere Einzelheiten dazu konnten nicht in Erfahrung gebracht werden.«

Diese Meldung, die Grünhagen angeblich auf der Grundlage von Informationen seines V-Manns schrieb, ist die pure Unwahrheit. Der Verfassungsschützer wußte sehr wohl, daß es sich um die Schreibmaschine, Typ »brother Electric 3000«, handelte, die »Wien«

alias »Hartmut« den Wolfsburgern besorgt hatte. »Billy« – Götz Tilgener – hatte darauf den Fragebogen an Schmücker getippt. Es stimmt also weder der Zeitpunkt – die Fragebogenaktion war schon Mitte April –, noch war der Beschaffer der Maschine »namentlich nicht bekannt«, sondern Grünhagens Musteragent »Wien«. Tilgener gab später in Vernehmungen an, diese besagte Schreibmaschine bereits Ende April nach Wolfsburg transportiert zu haben, also nicht Ilse Bongartz. Dort seien dann Teile des »Bekennerbriefes« damit geschrieben worden. Waren das die »heißen Sachen«, deretwegen »mindestens 10 Leute hochgehen« könnten? Dann hätte auch die Gefahr bestanden, daß V-Mann »Wien« »hochgehen« könnte. Tilgener erzählte weiter, daß er die Maschine Ende Mai Weingraber alias »Hartmut« zurückgegeben habe. Nach der Tat habe der Wirt aus der »Tarantel« ihm erzählt, die »brother« sei wieder nach Wolfsburg gekommen, »über den Weg konnte und wollte er nichts sagen«. Dort sei sie »vernichtet« worden.

Diese Schreibmaschine, ein mögliches Beweisstück für Justiz und Ermittlungsbehörden, wird immer mal wieder in den Akten des Verfassungsschutzes erwähnt. Der Übergabezeitpunkt variiert in den Vermerken zwischen Ende April und Ende Mai, nie wird der wahrscheinlichste Tag, der 12. April, genannt. Am 21. Juni 1974, gut zwei Wochen nach dem Mord an Schmücker, behauptet Weingraber alias »Wien« schließlich gegenüber Grünhagen, er müsse eine Ersatzmaschine besorgen, weil ihm die von ihm verliehene »brother« gar nicht gehört habe, sondern einem Nachbarn in seinem Wohnhaus in der Köpenicker Straße. Der echte Eigentümer habe jetzt anhand eines Abdrucks des »Bekennerbriefs« das Schriftbild seiner Schreibmaschine wiedererkannt. Jetzt verlange er das Gerät zurück. Obwohl Grünhagens Vorgesetzte die Angaben des Agenten bezweifeln, erlaubt der Agentenführer seinem V-Mann »Wien« den Kauf einer Ersatzmaschine gleichen Typs. Gegen Quittung werde ihm der Kaufpreis vom Verfassungsschutz erstattet. Ob es dazu kam, ist den Akten dann nicht mehr zu entnehmen. Der wirkliche Eigentümer hat jedenfalls nach seinen Angaben nie einen Ersatz bekommen. Ein gutes halbes Jahr nach dem Mord tauchte die »brother Electric 3000« – oder eine Maschine dieses Typs – auf seltsame Weise auf.

Die Art und Weise, wie Verfassungsschützer Michael Grünhagen mit dem Komplex »Schreibmaschine« in den Arbeitsakten zum Fall Schmücker umging, ist kein Einzelfall seiner ganz persönlichen Aktenführung: Hin und wieder wird sie erwähnt, aber mit falschen Angaben, wie sie in die Hände der Wolfsburger Kommune gelangt sein soll und wo sie geblieben ist, wird nicht erklärt. Die Vermutung liegt nahe, daß das Gespann Weingraber/Grünhagen des öfteren eigene Wege ging und Vereinbarungen traf, von denen die Vorgesetzten des Agentenführers nichts oder nur Halbwahrheiten erfahren sollten. Daß zumindest Teile »seiner« Akten 16 Jahre später an die Öffentlichkeit gelangen könnten, mußte er damals auf keinen Fall befürchten.

Der ehrgeizige Terroristenjäger Michael Grünhagen brauchte für seinen eigenen Erfolg seinen Agenten »Wien« – auf Gedeih und Verderb war er auf ihn angewiesen. In einem Punkt stimmte das ansonsten so ungleiche Duo überein – nur der Erfolg zählte. In der Methode gab es offensichtlich Unterschiede: »Wien«, dem ehemaligen Zuhälter, waren menschliche und rechtsstaatliche Skrupel fremd. Das nahm sein Agentenführer billigend in Kauf, denn er wußte, daß er seinem Mann in der Untergrundszene nicht trauen konnte. Die Erfahrung mußte er mehrfach machen.

So erzählte ihm der V-Mann bei einem Treffen am 25. Juni, drei Wochen nach der Ermordung Schmückers, Ilse und »Harry« hätten ihm bei einem Besuch ein abgesägtes Kleinkalibergewehr, Marke Landmann-Preetz, gestohlen. Erst auf hartnäckiges Nachfragen von Grünhagen räumt »Wien« ein, daß er der Gruppe die Waffe von sich aus gegeben habe. Und er gesteht, daß er ihnen zudem versprochen habe, die dazugehörige Munition, Kaliber 22, zu besorgen. Das alles war bereits am 15. Mai, vor dem Mord, passiert. Weingraber alias »Hartmut« versprach sich davon noch mehr Vertrauen und Glaubwürdigkeit als »guter Genosse«. Erst spät gestand er Grünhagen diesen Alleingang – oder Grünhagen behielt es so lange für sich, ohne es seinen Vorgesetzten zu melden. In diesem Fall hat er mal wieder nicht die Wahrheit in die Akten geschrieben.

Bei dem »Geständnis« am 25. Juni 1974 gab der Agentenführer seinem eigenwilligen V-Mann auch nicht etwa die Weisung, die Waffe auf dem schnellsten Weg von den mutmaßlichen Terroristen wiederzubeschaffen, sondern ließ sich auf das Spiel ein. »Wien« bat ihn bei der Gelegenheit nämlich, ihm bei der Munitionsbeschaffung zu helfen, da er bei der Gruppe im Wort stehe. Grünhagen hat dieses Ansinnen – auch für einen Geheimdienst rechtswidrig – keineswegs empört zurückgewiesen, sondern ihn auf den nächsten Tag vertröstet. Immerhin hatte »Wien« ihm erzählt, daß die Wolfsburger die Waffe mal ausprobieren wollten, weil sie eine »Geldkiste« in Hamburg planten.

Am 1. Juli 1974, sechs Wochen nach dem Alleingang von »Wien«, schreibt Grünhagen dazu in einem Vermerk:

»Am 26. Juni '74 wurde mit Wien ein Treff durchgeführt, bei dem ich ihm u. a. erklärte, daß er sich die in Frage kommende Munition aus Sicherheitsgründen selbst besorgen müßte. Ich hatte die Frage der Beschaffung der Munition bei unserem vorangegangenen Treff offengelassen …
Im weiteren Verlauf des Gesprächs stellte sich heraus, daß Wien dem ›Harry‹ die Munition fest zugesagt hatte, da er annahm, daß er sie beschaffen könne, und wenn das nicht gelingen sollte, daß ich ihm helfen könne …
Ich habe ihm weiter erklärt, daß die jetzige Situation überhaupt nicht eingetreten wäre, wenn er sich an meine Weisung gehalten hätte und beispielsweise die Landmann-Preetz nicht herausgegeben hätte …

Wien erklärte mir wieder, daß er um seiner Glaubwürdigkeit willen die Waffe herausgab, und ich einsehen müsse, daß seine Eigenmächtigkeit Erfolg gehabt hätte.«

Der »Erfolg« des »Edlen« bestand darin, daß er als »Hartmut« inzwischen soweit von der Wolfsburger Gruppe akzeptiert wurde, daß die ihn quasi als Mitglied betrachtete und ihm vollstes Vertrauen entgegenbrachte. Dadurch war der Agent des Verfassungsschutzes aber auch tiefer in die Aktivitäten der Untergrundszene verstrickt. Das machte es schwieriger, sich bei bestimmten Vorhaben rauszuhalten, ohne sich verdächtig zu machen oder zumindest das neu gewonnene Image eines verläßlichen »Genossen« wieder aufs Spiel zu setzen. Und auch Grünhagen geriet dadurch mehr und mehr in die verzwickte Lage, seinen Agenten bei rechtlich nicht mehr gedeckten

Aktionen unterstützen zu müssen, wenn er diese Quelle nicht gefährden wollte. Der »Spitzel aus der Tarantel« hatte längst seine passive Rolle als »Mann mit großen Ohren« hinter dem Tresen aufgegeben, er war Aktivist bei der Vorbereitung von kriminellen Handlungen geworden. Der Übergang vom V-Mann in der Szene zum »agent provocateur«, dem Anstifter von Straftaten, war fließend geworden.

So war auch die Situation, als es um die fehlende Munition für die »Landmann-Preetz« ging. Volker Weingraber alias »Hartmut« hatte wohl den Mund etwas zu voll genommen, als er den Wolfsburgern die Munition versprach. Außerdem stand sein Ansehen als Waffenspezialist – das war ja sein Entree für die Szene gewesen – auf dem Spiel. Aber selbst für einen Mann mit guten Drähten zum kriminellen Milieu war es schwer, die nicht sehr gebräuchliche Kleinkaliber-Munition zu beschaffen. Der Verfassungsschutz half ihm mit einem Tip weiter, wie Grünhagen vermerkte:

»Als es um die Beschaffung der 22er Munition ging, sollte Wien versuchen, diese bei dem Büchsenmacher Färber zu bekommen.«

Aber Agent »Wien« wollte – aus welchen Gründen auch immer, rechtsstaatliche Bedenken werden es kaum gewesen sein – nicht selbst zu jenem Büchsenmacher gehen. Statt dessen gab er den Tip weiter und überließ Götz Tilgener ein Zielfernrohr, um die Wohnung des Mannes auszuspionieren. Notfalls sollte die begehrte Munition mit Gewalt beschafft werden. Zu dieser Aktion kam es aber nicht mehr.

Dankbar für jeden Tip

Unterdessen »ermittelte« die Sonderkommission »Schmücker«. Die erste Aktion hatte sich gegen die Wohngemeinschaft Zeughofstraße gerichtet, aus der Schmücker rausgeflogen war. Nach der Durchsuchung und den anschließenden Vernehmungen verfolgte man – nach einem Wink Grünhagens – diese Spur nicht mehr. »Billy« – Götz Tilgener –, der zufällig in der Wohngemeinschaft aufgetaucht war, als die Polizei noch durchsuchte, wurde etwas eingehender vernommen. Aus dem Schreiben des Verfassungsschutzes, das Grünhagen als reitender Bote überbracht hatte, wußte die Soko, daß Tilgener die Wolfsburger Ilse B. sehr gut kannte. »Billy« leugnete die Bekanntschaft. Dafür gab es am gleichen Abend – Schmücker war noch keine 24 Stunden tot – Schelte von den Genossen in der »Tarantel«, wie Kneipenwirt »Wien« zu berichten wußte:

Meldung »Wien-55«:

»Am Abend des 5. 6. 74 hielten sich … auch die Personen in dem Lokal ›Tarantel‹, Köpenicker Str. 174, auf, die am Nachmittag in der Mordsache SCHMÜCKER von der Polizei vernommen worden waren. Diesem Personenkreis und anderen unbekannten Personen erklärte Rechtsanwalt L. ›die Rechtslage‹ und sagte, daß alles ›verschleiert‹ werden müsse und daß die Polizei auf keinen Fall relevante Informationen erhalten könne. Man solle ausweichend antworten oder sich damit herausreden, daß man nichts wisse oder nichts genau wisse oder man sich nicht erinnern könne. Gegenüber TILGENER äußerte L., daß seine Aussage ›ungeschickt‹ sei, da er in verschiedenen Fällen falsche Angaben gemacht hätte, die in nächster Zeit nachgeprüft werden könnten. In bezug auf die Bekanntschaft und das Treffen mit der BONGARTZ hätte er zugeben können, daß er sie in der ›Tarantel‹ in der letzten Zeit gesehen hätte. Insoweit müsse seine Vernehmung irgendwann einmal ›revidiert‹ werden.

Unter den Anwesenden in der ›Tarantel‹ herrschte eine ›Hochstimmung‹, und man trank ›auf die mutigen Genossen‹, die endlich einmal ›einen Verräter erledigt‹ hätten.«

Die Verdächtigen, die dank Grünhagen nicht mehr vom Polizeilichen Staatsschutz verdächtigt wurden, konnten seelenruhig auf die Aktion anstoßen, »Hartmut« alias »Wien« gab auch noch einen aus. Statt naheliegende Ermittlungen in der Berliner Anarcho-Szene anzustellen, verfolgte die Soko nur noch eine Spur – und die hatte ihnen Verfassungsschützer Grünhagen nach Wolfsburg gelegt. Außer dem Schreiben des »Kollegen« und der Telefonnummer der Mutter von Ilse Bongartz hatten sie allerdings nichts in der Hand.

Am 8. Juni 1974 klingelte die Polizei zum ersten Mal an der Tür des Hauses Bäckergasse 2, dem Domizil der Wolfsburger Kommune. Die »Rote Ilse«, die ihnen öffnete, fragte erstaunt, wieso man gerade auf sie käme. Sie erhielt als Antwort, daß man ihre Telefonnummer bei dem ermordeten Ulrich Schmücker gefunden habe und ihr ein paar Fragen stellen wolle. Freiwillig fährt sie mit den Beamten zur Vernehmung ins Amtsgericht. Und ebenso bereitwillig gibt sie Auskunft auf diverse Fragen zu ihrer Person. Dann fährt man sie zurück in die Bäckergasse.

Das Vernehmungsprotokoll, das die Berliner Ermittler – und damit auch das Berliner Landesamt für Verfassungsschutz – aus Wolfsburg bekamen, muß sehr unbefriedigend gewesen sein für die Soko, den Geheimdienst und den ermittelnden Staatsanwalt Hans-Jürgen Przytarski. Der junge Anklagevertreter von der sogenannten P-Abteilung der Staatsanwaltschaft beim Landgericht, zuständig für Straftaten mit politischem Hintergrund, stand eigentlich mit leeren Händen da. Es war sein erster großer Fall, ein spektakulärer Fememord zudem, mit dem man – bei erfolgreichem Abschluß – den Grundstein für die weitere Karriere legen konnte. Da war er, wie er später sagte, »dankbar für jeden Tip«.

Und Staatsanwalt Przytarski bekam viele Tips in diesem Fall – vom Verfassungsschutz. Bei soviel Unterstützung zeigt man sich möglichst dankbar und läßt sich schon mal auf Arrangements mit dem Geheimdienst ein, die nicht ganz mit den Bestimmungen der Strafprozeßordnung in Einklang zu bringen sind. Wie bei der Sonderkommission der Polizei wollte das Landesamt für Verfassungsschutz auch bei der Staatsanwaltschaft »nichts anbrennen lassen«. Ein eigensinniger Anklagevertreter – immerhin der federführende Ermittler, die Polizisten sind seine »Hilfsbeamten« – hätte die Marschroute des Geheimdienstes durchkreuzen können. Und beim Verfahren gegen Ulrich Schmücker nur eineinhalb Jahre zuvor hatte Staatsanwalt Thiele zunächst nicht den Vorstellungen des Verfassungsschutzes folgen wollen, als es um ein mildes Urteil zur Belohnung für die Aussagefreudigkeit ging.

Bei den Ermittlungen um den Mord an Schmücker lief es reibungsloser – ganz im Sinne des Verfassungsschutzes. Der erste Schritt war damit getan, daß die Aufmerksamkeit der Ermittlungsbehörden ganz auf die Wolfsburger Gruppe gerichtet worden war. Jetzt ging es darum, die mutmaßlichen Täter zu überführen bzw. herauszufinden, welche Kommunemitglieder möglicherweise in den Mord an Schmükker verwickelt waren. Bislang gab es nicht einmal die Andeutung eines Beweises. Selbst die verrostete Parabellum 08 im Panzerschrank des Verfassungsschutzes hätte kaum weitergeholfen, wenn sie tatsächlich die Mordwaffe gewesen sein sollte. Trotz intensivster Suche war nämlich keine Patronenhülse gefunden worden, und das Geschoß hatte sich völlig zerlegt. Die einzige Möglichkeit, von den vagen Vermutungen des Geheimdienstes zu einer hieb- und stichfesten Anklage und daraus folgenden Verurteilung zu kommen, war der Zeugenbeweis. Tatzeugen aber gab es offensichtlich nicht. Und selbst die – aber gar nicht in Erwägung gezogene – Präsentierung des V-Mannes »Wien« und der Observanten des Spazierganges an der Krummen Lanke hätte vielleicht für einen Haftbefehl, auf keinen Fall aber für eine Überführung der Täter gereicht.

So war die letzte Chance: Ein Zeuge mußte her, und zwar ein Geständiger aus dem vermuteten Täterkreis. Deshalb wurde von Verfassungsschutz und Staatsanwaltschaft gemeinsam eine Taktik ausbaldowert. Trotz dringenden Tatverdachts sollten die Mitglieder der Wolfsburger Kommune nicht als Beschuldigte, sondern nur als Zeugen vernommen werden. Damit nahm man ihnen ein wichtiges Recht, das ihnen laut Strafprozeßordnung zustand – das Aussageverweigerungsrecht nach § 55 StPO. Danach muß sich niemand durch die wahrheitsgemäße Beantwortung einer Frage der Gefahr einer

Strafverfolgung aussetzen. Verweigert aber ein Zeuge die Aussage, stellt er sich entweder selbst als Straftäter hin oder er riskiert eine Beugehaft. Das minimale Ziel dieser Taktik war, daß sich die »Zeugen« selbst bei belanglosen Fragen in Widersprüche verwickelten und man ihnen damit wenigstens »uneidliche Falschaussagen« nachweisen konnte. Damit sollte die Wolfsburger Gruppe verunsichert werden. Wenn schon keiner gesteht und als Zeuge gegen die Genossen auftritt, dann könnte sich vielleicht jemand »verplappern« oder andere Fehler machen.

Nicht nur der ehrgeizige Staatsanwalt Hans-Jürgen Przytarski war dankbar (für die »Tips«), auch der Verfassungsschutz war umgekehrt »der Staatsanwaltschaft sehr, sehr dankbar«, daß sie sich davon hat überzeugen lassen, »daß die Offenbarung des wahren Sachverhalts bzw. die Opferung des VM und der Observanten nicht zum Erfolg führen würde, sondern möglicherweise sogar noch größeren Schaden anrichten würde«, erklärte Verfassungsschutzchef Eberhard Zachmann ein halbes Jahr später vor seinen Amtskollegen und war voll des Lobes für Polizei und Staatsanwaltschaft, »da wir ihnen gegenüber stets nur mit abstrakten Andeutungen und vagen Hinweisen arbeiten konnten. Sie haben sehr viel Vertrauen aufgebracht«. Dieses blinde Vertrauen der Berliner Staatsanwaltschaft in die Arbeit – und sicher auch in die Redlichkeit – des Landesamtes für Verfassungsschutz schien sich bald auszuzahlen.

Am 14. Juni 1974 reiste Staatsanwalt Przytarski zum ersten Mal dienstlich nach Wolfsburg. Sein Vernehmungsopfer nach der gemeinsam ausgetüftelten Taktik sollte Ilse Bongartz sein, die als die »Mutter der Kommune« galt. Nach der unbefriedigenden Vernehmung ein paar Tage zuvor wollte und mußte er das selbst in die Hand nehmen, denn die Wolfsburger Kollegen waren ja nicht in die »Berliner Methode« eingeweiht worden. Und natürlich auch nicht der Amtsrichter, vor dem der angereiste Staatsanwalt nun die Befragung begann. Ausführlich vernahm er die »Zeugin« zur Person: Name, Alter, Anschrift, Familienstand, Beruf, Herkunft und Kindheit. Die Frau beantwortete wieder bereitwillig alle Fragen. Dann kommt plötzlich die »Fangfrage«: »Kennen Sie die Krumme Lanke?«

Das war eine Falle für die »Zeugin«, die in den Augen des Staatsanwalts eigentlich schon Angeschuldigte war, ohne es zu ahnen: Mit dieser Frage sollte ein Zusammenhang zwischen Ortskenntnis und Tatort hergestellt werden. Der damalige Rechtsanwalt von Ilse Bongartz rät seiner Mandantin, die Aussage zu verweigern. Eine folgenschwere Entscheidung.

Amtsrichter Siebke sieht diese Aussageverweigerung der vermeintlichen Zeugin als unberechtigt an. Vermutlich wußte er mit dem Stichwort »Krumme Lanke« nichts anzufangen. Auf Antrag des Berliner Staatsanwaltes verurteilt er die »Rote Ilse« zu zwei Monaten Beugehaft. Damit wurde gleich ein schweres Geschütz gegen die Frau aufgefahren für die Nichtbeantwortung einer vergleichsweise belanglosen Frage. So »großzügig« wird in der bundesdeutschen Justiz in der Regel nicht die Verhängung von Beugehaft – schon gar nicht von dieser Dauer – gehandhabt. Am 21. Juni 1974 trat Ilse Bongartz die zweimonatige Beugehaft in der Haftanstalt Hildesheim an. In Berlin frohlockte Verfassungsschutz-Chef Zachmann, weil »der eigentliche Kopf der Gruppe erst einmal mehr oder weniger ausgeschaltet war«.

Fälschungen und Legenden

Dieser »Erfolg« hatte einen Schönheitsfehler: Er brachte die Ermittlungen keinen Deut weiter. Und ob mit Ilse B. tatsächlich der »Kopf« der Gruppe hinter Schloß und Riegel saß, war zwar möglich, weil sie die Älteste war, aber keineswegs sicher. Denn sowohl Polizei als auch Verfassungsschutz wußten eigentlich herzlich wenig über die Kommune und ihre Struktur. Selbst Agent »Wien« kannte nicht einmal alle Bewohner der Wolfsburger Bäckergasse. Die Vorstellung, jetzt ist der »Kopf« verhaftet, dann ist die Gruppe handlungsunfähig und verrät sich selbst durch irgendwelche Fehler, bewahrheitete sich keineswegs. Es gab keine straff organisierte Kommandostruktur, wie es sich die Terroristenfahnder vorstellten. Die Gruppe war einfach eine Wohngemeinschaft jugendlicher Aussteiger, abgesehen von der damals 37jährigen »Kommune-Mutter« Ilse. Nach deren Verhaftung liefen die jungen Leute keineswegs »kopflos« durch die Gegend.

Wenn es so etwas wie einen Wortführer gab, dann war es jener Unbekannte, der sich »Harry« nannte. Anfang April war er plötzlich aufgetaucht, gab sich als »Profi« aus in Sachen Fälschung von Papieren und Autoknacken. Und er löste »Billy« – Tilgener – als Ilses Liebhaber ab. Weder die Gruppe noch der Verfassungsschutz kannten seine wahre Identität. Dabei war er observiert worden, hatte bei V-Mann »Wien« alias »Hartmut« mehrfach übernachtet und man wußte, daß er mit einer Pistole, Marke »FN High Power«, unter dem Kopfkissen schlief. Angeblich – so hatte »Wien« gemeldet – stammte er aus Hamburg. Seit Mitte Mai wohnte er die meiste Zeit in der Wolfsburger Kommune.

Am 25. Juni 1974 klingelt das Telefon bei »Wiens« Freundin in Berlin. Die Wolfsburger wußten, daß man den »Genossen Hartmut« dort am besten erreichen konnte, wenn er nicht gerade hinter dem Tresen der »Tarantel« stand. »Harry« meldete sich aus Wolfsburg: Er erinnerte den Genossen daran, daß er die Munition für die »Landmann-Preetz« besorgen wollte. Außerdem würde die Freundin von »Wölli« ihn noch am selben Tag besuchen, um mit ihm »einige wichtige Dinge« zu besprechen. Und »Hartmut« solle so schnell wie möglich nach Wolfsburg kommen. Das war keineswegs ungewöhnlich: Agent »Wien« hatte im Auftrag von Grünhagen die Beziehungen zur Gruppe intensiviert. Schließlich sollte der V-Mann ja »ermitteln«, damit der Verfassungsschutz der Polizei und der Staatsanwaltschaft weitere »Tips« geben konnte.

Tatsächlich tauchte am gleichen Abend eine junge Frau bei Weingraber alias »Hartmut« in dessen Kreuzberger Wohnung auf, wo der Agent die mutmaßlichen Terroristen zu empfangen und beherbergen pflegte. Er selbst wohnte meistens bei seiner Freundin in der Charlottenburger Mierendorfstraße. »Wien« erkannte die Frau wieder: Annette von W. war schon bei der mißglückten »Observation« der Wolfsburger am Gründonnerstag in der »Tarantel« gewesen.

Agentenführer Michael Grünhagen schreibt in seinem Bericht über dieses Treffen:

»Im Verlauf ihres Gesprächs kam sie dann auch auf den Mord an Schmücker zu sprechen. WIEN hatte ihr vorher von den Zeitungsberichten erzählt, die Spekulationen über den Tatablauf enthielten (Tatzeit, Kaliber). Die W. hatte daraufhin erklärt, daß das, was die Zeitungen schrieben, sei alles ›Scheiße‹. WIEN hat dann von sich aus an der Aktion gegen Schmücker Kritik in der Form gegenüber der W. geübt, indem er u. a. erklärte, daß er es für sehr schlecht erachte, daß ein Typ wie Tilgener an der Sache beteiligt gewesen sei, zumindest in der Vorbereitung, und der auch dann noch ›herumtönt‹, eigentlich hätte er den Schmücker erschießen sollen ... Außerdem hätte er – WIEN – es für falsch erachtet, ihn nicht einzuweihen, sondern ihm vielmehr die Tatwaffe in die Hand zu drücken und ihn damit herumfahren zu lassen, und das idiotischste sei gewesen, daß man mit dem ›Tarantel-Bus‹ in der Gegend herumkutschiert sei, wo gerade dieser VW-Bus so auffällig sei.

Daraufhin erklärte die W., daß sich WIEN über den VW-Bus keine Sorgen zu machen brauche, der sei bestimmt nicht gesehen worden. HARRY hätte ihr erzählt, daß man ›danach‹ noch 20 Minuten bis zum Bus laufen mußte. Zur Tatwaffe erklärte die W., daß sie von HARRY gehört habe, und zwar unmittelbar nach der Tat, daß die Waffe bei einem ›zuverlässigen Berliner Genossen‹ versteckt sei …

Wien gewann bei dem Gespräch den Eindruck, daß die W. zwar aus Erzählungen einiges weiß, aber offensichtlich nicht über alle Details informiert ist.«

War jener ominöse »Harry« der Mörder von Schmücker? Die Vermutung lag nach dieser Erzählung der jungen Wolfsburgerin nahe. Sie wurde daraufhin während ihres dreitägigen Berlin-Aufenthaltes vom Verfassungsschutz observiert. Man hoffte, daß auch »Harry« auftauchen würde. Aber der wartete in der VW-Stadt auf »Hartmut«.

Hinsichtlich der Identität jenes »Harry« tappte der Geheimdienst nach wie vor völlig im dunkeln. Dabei hatte unmittelbar nach dem Mord an Schmücker ein umfangreicher Fernschreibverkehr zwischen dem Bundesamt für Verfassungsschutz und den Landesämtern für Verfassungsschutz eingesetzt. So wurden bereits am 6. Juni 1974 gewisse »Hintergrunderkenntnisse« über Ilse Bongartz und ihren ständigen Begleiter »Harry« übermittelt. Ziel der Kontakte war es vor allem, die wahre Identität von »Harry« zu klären. Am nächsten Tag bekam das Berliner Landesamt ein Telex von den Kollegen des Bundesamtes, in dem es unter anderem heißt:

»Über ›Harry‹ liegen hier folgende Hintergrunderkenntnisse vor: Es handelt sich um Harry E., geb. 24. 4. 1943 in Frankfurt am Main.«

Das Ausweisbild jenes Mannes aus Frankfurt, das ebenfalls nach Berlin gefunkt wurde, zeigte Verfassungsschützer Grünhagen sofort seinem Agenten »Wien«, der den Unbekannten oft beherbergt und bewirtet hatte. Aber Fehlanzeige: Es war nicht der »Harry«.

Daraufhin ging der Verfassungsschutz an die Öffentlichkeit – ohne allerdings selbst in Erscheinung zu treten. Schließlich hatte man ja ausgezeichnete Verbindungen zur Staatsanwaltschaft. Denn der vielbeschäftigte Agentenführer Michael Grünhagen tauchte nicht nur fast täglich bei der Sonderkommission »Schmücker« im Polizeipräsidium auf, sondern auch bei der Staatsanwaltschaft. »Grünhagen wich mir nicht von den Hacken«, erinnert sich Staatsanwalt Przytarski, »und wollte immer alle Schritte wissen.« Der Verfassungsschützer war ihm aber auch bei der Arbeit behilflich: Gelegentlich machte er Vorschläge für Presseerklärungen.

So mag es auch am 26. 6. 74 gewesen sein, als die Berliner Justizpressestelle eine Meldung herausgab, in der die Presse um Mithilfe bei der Aufklärung des Mordes an Schmücker gebeten wurde. Beigefügt war ein Foto, das die Wolfsburgerin Ilse Bongartz zusammen mit ihrem bis dahin unbekannten Begleiter »Harry« zeigte. Am nächsten Tag veröffentlichten einige Berliner Zeitungen die Bitte um Mithilfe samt Foto. Was nicht publik wurde: Es war ein Observationsfoto, das der niedersächsische Verfassungsschutz am 11. Juni, also eine Woche vor der Ermordung Schmückers, in der Nähe Wolfsburgs »geschossen« hatte. Resonanz auf die Veröffentlichung des Bildes gab es allerdings nicht. »Harry« blieb der große Unbekannte.

Einziger Erfolg: Das Foto in den Zeitungen hatte die Gruppe aufgeschreckt. Eine »Geldkiste«, ein Überfall auf ein Lohnbüro in Hamburg, wurde abgeblasen, wie »Harry« dem »Genossen Hartmut« alias »Wien« kurz darauf erzählte. Und, so meldete der Agent weiter, der Unbekannte habe »nicht die Absicht unterzutauchen, da ihn das nur ›verdächtig machen‹ würde«.

Dann griff »Kommissar Zufall« in das Geschehen ein: »Harry« beging einen schwerwiegenden Fehler. Er war zu vertrauensselig gegenüber dem »zuverlässigen Genossen Hartmut« alias »Wien«. Der Agent war wie gewünscht nach Wolfsburg gefahren, wo sich aber nichts Nennenswertes tat und auch nichts Interessantes von den Kommunarden in der Bäckergasse zu erfahren war. Auf dem Rückweg nach Berlin traf er am 1. Juli 1974 gegen 22 Uhr im Restaurant des Hauptbahnhofs von Hannover den mysteriösen »Harry«.

Zum ersten Mal plauderte der Unbekannte über sich. Er erzählte, daß er früher die Handelsschule besucht habe und bei der Bundeswehr »noch ein halbes Jahr offen hätte«. Jetzt plane er eine Reise nach Syrien in ein palästinensisches Ausbildungslager. Arabische Genossen kämen demnächst in die Bundesrepublik, dann würden die Einzelheiten verabredet. Außerdem gab er Einschätzungen über ein paar bekannte linke Rechtsanwälte zum besten: »Mit Schily sei nichts mehr los«, und Rechtsanwalt Eschen in Berlin sei ein »Pfeifenkopf«.

Es war schon Mitternacht, als »Harry« dem vermeintlichen Genossen aus Berlin zwei schwarze Taschen übergab. »Hartmut« solle sie sicher aufbewahren, bis sie gebraucht würden. Dann trennte man sich: Volker Weingraber, Edler von Grodek, alias »Wien« fuhr zu seinen Eltern nach Braunschweig. Dort ließ er die beiden geheimnisvollen Taschen, als er am nächsten Tag nach Berlin weiterfuhr. Natürlich hatte sich der Agent vorher den Inhalt der Taschen angeschaut. Dabei entdeckte er unter anderem sein Kleinkalibergewehr, Marke Landmann-Preetz, das er der Gruppe im Mai überlassen hatte, eine Pistole der Marke Mauser, Kaliber 7,65, Werkzeug zum Autoknakken und diverse Papiere. So brisant der Waffenfund war – der Verfassungsschutz mußte auch froh sein, das Kleinkalibergewehr seines V-Manns wieder im Besitz zu haben –, viel interessanter waren die Papiere: Darunter waren Aufzeichnungen und Skizzen über den geplanten, aber vorerst abgeblasenen Geldraub in Hamburg – mögliche Beweisstücke.

Viel aufschlußreicher aber war ein Sparbuch von der Dresdner Bank, Kontonummer 83251, Zweigstelle Köln, Guthaben 5,97 DM, ausgestellt auf den Namen »Jürgen Bodeux«. Was dem Verfassungsschutz in fast drei Monaten nicht gelungen war, jetzt kam ihm der Zufall und Leichtfertigkeit des Unbekannten zu Hilfe: Jener ominöse »Harry« war identifiziert. Noch am 2. Juli 1974 schickte der Berliner Geheimdienst ein Fernschreiben an das Bundesamt für Verfassungsschutz:

»Nach neuesten Informationen könnte es sich bei dem Begleiter der Bongartz, ›Harry‹, um Jürgen Bodeux, 5050 Porz-Wahn (Näheres unbekannt), handeln. Es wird um Übermittlung der dort vorliegenden Erkenntnisse über B., vor allem Meldedaten und Bildmaterial, gebeten.«

Vom Bundesamt in Köln kamen schon am nächsten Tag die ersten Informationen über Jürgen Bodeux.

So erfreulich die »Enttarnung« des mutmaßlichen Terroristen »Harry« war, für den Berliner Verfassungsschutz ergaben sich daraus neue Schwierigkeiten: Wie konnte diese wichtige Information, die wahre Identität des »Harry«, der Polizei übermittelt werden, ohne die Quelle, nämlich den Agenten »Wien«, preiszugeben? Ein Trick half dem Geheimdienst zunächst aus dieser Klemme. Das Berliner Amt

Ilse Schwipper und Jürgen Bodeux:
Observationsfoto des Verfassungsschutzes

schickte einen anonymen Brief mit den nötigsten Informationen an die Kripo in Köln. Die wiederum informierte ihre Berliner Kollegen umgehend per Telex:

»Hier ging am 12. 7. 1974 anonymes Schreiben ein, Einsender sandte Artikel ›Fememord: Heiße Spur‹ aus ›Spandauer Volksblatt‹ Berlin, vom 27. 6. 1974 Seite 9, mit Lichtbild, siehe Telebild, mit ein. Einsender schreibt u. a. wörtlich: ›Ich kenne diesen Mann, es ist Jürgen Bodeux aus Porz, Am Heepstgarten. Er ist oder war Lehrling bei einem Steuerberater ... in Köln. Meines Wissens besuchte er auch die Handelsschule an der Buchheimer Straße in Köln. Da ich um mein Leben fürchten muß, haben Sie bitte Verständnis dafür, daß ich meinen Namen nicht nenne.«

Eigentlich war damit das Ziel ja erreicht und die Soko »Schmücker« informiert. Aber dann bekam der Verfassungsschutz doch Bauchschmerzen: Wenn dieser fingierte Brief in die offiziellen Ermittlungsakten kam, befürchtete das Amt, könnte allein der Hinweis auf eine Berliner Zeitung zur Enttarnung des Agenten »Wien« führen. Man mußte sich etwas Neues einfallen lassen, um »Harry« auch offiziell als Jürgen Bodeux zu identifizieren. Der Betroffene selber, der nicht ahnte, welches Hin und Her es um seine Person gab, half dem Geheimdienst aus der Klemme: Er besuchte – unter seinem richtigen Namen – seine Freundin Ilse Bongartz in der Justizvollzugsanstalt Hildesheim, wo sie ihre Beugehaft absaß. So konnte der Verfassungsschutz jetzt ein offizielles Schreiben an die Soko »Schmücker« richten, das zu den Gerichtsakten kommen konnte – nur der Inhalt entsprach nicht der Wahrheit:

»Betr.: Mordfall Ulrich Schmücker

Dienstlich wurde bekannt, daß die unbekannte männliche Person, die auf dem Zeitungsfoto als Begleiter der Bongartz abgebildet war, am 15. 7. 1974 in der JVA Hildesheim die dort einsitzende Ilse Jandt, geschiedene Bongartz besucht hat.

Nach Auskunft der JVA Hildesheim handelte es sich um einen 20- bis 25jährigen Mann, der sich dort als Jürgen Bodeux, wohnhaft 5050 Porz-Wahn, Am Heepstgarten, ausgewiesen hat. Er konnte einwandfrei als Jürgen Bodeux, geb. 28. 7. 1953 in Wanne-Eickel, wohnhaft: 5050 Porz-Wahn, Am Heepstgarten 4, identifiziert werden.«

Dieses Schreiben des Verfassungsschutzes an die Soko »Schmükker«, das wie üblich von Agentenführer Michael Grünhagen überbracht wurde, kam in die offiziellen Gerichtsakten, während der anonyme Brief und das Fernschreiben dazu im geheimgehaltenen »Retent« verschwand.

Jetzt hatte der Geheimdienst zwar mit Ach und Krach »Harry« identifiziert, aber – und das beklagte auch die Staatsanwaltschaft – man hatte noch immer keinen Beweis für die Theorie, daß die Wolfsburger allein für die Ermordung Ulrich Schmückers in Frage kamen. Die Polizei ermittelte, aber fand nichts, so daß der Staatsanwalt auch keine Haftbefehle beantragen konnte. Dafür war begründbarer dringender Tatverdacht notwendig, und der existierte bislang nur in den Köpfen der Verfassungsschützer. Die einzige Chance, den Mord – im Sinne des Geheimdienstes – aufzuklären, bestand darin, die möglichen Täter auf irgendeine Art und Weise hinter Schloß und Riegel zu bringen, um dann einen der Inhaftierten zum Sprechen zu bewegen.

Zunächst aber hatte der Verfassungsschutz andere Sorgen: Man »saß« auf den Waffen, die Jürgen Bodeux alias »Harry« dem Agenten zur Aufbewahrung gegeben hatte. Es war wahrscheinlich, daß die Wolfsburger irgendwann die Taschen samt Inhalt zurückhaben wollten. Und das durfte auf keinen Fall passieren, denn die »Landmann-Preetz« hatte ja der V-Mann geliefert. Wenn damit dann eine »Geldkiste« laufen sollte, hätte es – wenn etwas schiefging – geheißen: »Verfassungsschutz lieferte Waffe für Geldraub!« Möglicherweise hätte es bei einer solchen Aktion auch zu einer Schießerei kommen können, mit Verletzten oder gar Toten. Dieses Risiko war selbst dem Berliner Verfassungsschutz zu groß. Ansonsten war man nicht so sehr von rechtsstaatlichen Skrupeln geplagt, wenn es um die Glaubwürdigkeit des V-Mannes in der Anarcho-Szene ging. Daß der Geheimdienst gar keine Waffen besitzen oder asservieren darf, kümmerte die Herren in der Clayallee weniger: Darüber hatte man sich ja schon im Fall der möglichen Tatwaffe, der Parabellum 08, hinweggesetzt.

Nun hätte man eine Legende konstruieren können, daß Agent »Wien« alias »Hartmut« die Taschen mit den Waffen »verliert«. Das aber hätte das Image des V-Mannes zumindest ramponiert, ihn vielleicht sogar in den Verdacht gebracht, ein Spitzel zu sein. Das war aber nur ein Grund, warum man einen »Verlust« nicht weiter in Erwägung zog. Diese Möglichkeit wurde auch deshalb verworfen, weil dann, so erinnert sich Verfassungsschützer Franz Natusch, »für die Überführung der Angeklagten in der Mordsache Schmücker nichts herausgesprungen wäre«. Hinter dieser Überlegung stand die ausgetüftelte Taktik, mangels Beweisen die verdächtige Wolfsburger Gruppe aus anderen Gründen verhaften zu lassen. In den »verbunkerten« Taschen befanden sich zwar auch keine Beweisstücke für den Mord, der Inhalt hätte aber ausreichen können für Haftbefehle, etwa wegen Mitgliedschaft in einer kriminellen Vereinigung. Dafür mußten die Taschen aber der Polizei in die Hände gespielt werden, ohne daß ein Verdacht auf den V-Mann fiel – weder bei der Polizei noch bei den »Genossen«.

Während im Berliner Landesamt für Verfassungsschutz noch über solche Lösungen nachgedacht wurde, geriet Agent »Wien« noch mehr in die Klemme: Am 22. Juli 1974 war er mal wieder – diesmal mit seinem Motorrad – nach Wolfsburg gefahren, um der Kommune in der Bäckergasse einen Besuch abzustatten. Bei dieser Gelegenheit gab »Wölli« ihm einen Stapel gestohlener Ausweise, Führerscheine und Pässe. »Hartmut« alias »Wien« sollte auch diese Papiere aufbewahren und versuchen, sie für die Gruppenmitglieder »umfrisieren« zu lassen. Er hatte bei den »Genossen« das Image, nicht nur Waffen-Spezi zu sein, sondern überhaupt »gute connections« zur Unterwelt zu haben. »Wien« konnte und wollte das nicht ablehnen, zu sehr war er bereits in das Gruppengeschehen verstrickt. Und damit der Verfassungsschutz: Denn der Agent verlangte jetzt von seinem Auftraggeber, ihm aus dieser Patsche zu helfen. Was nur bedeuten konnte: Das Amt sollte beim Fälschen der gestohlenen Papiere helfen. Eigentlich hatte es keine andere Wahl.

Das muß auch den Teilnehmern der sogenannten »Bürgermeister-Besprechung« am 24. Juli 1974 klar gewesen sein. Im Amtssitz von Bürgermeister und Innensenator Kurt Neubauer am Fehrbelliner Platz trafen sich bei dem obersten Dienstherren des Geheimdienstes der zuständige Senatsdirektor (Staatssekretär) Jürgen Grimming, der

Chef des Verfassungsschutzes (Abteilungsleiter IV) Eberhard Zachmann, und der Unterabteilungsleiter IV (2), Schröder. In diesem Spitzengespräch ging es – wie auch an den folgenden Tagen – um die Tätigkeit von der »Quelle«, wie Top-Agent »Wien« alias Volker Weingraber, Edler von Grodek, dabei umschrieben wurde. Zachmann schrieb darüber Protokollnotizen:

»Bürgermeister wurde ... über den Stand der nachrichtendienstlichen Arbeit im Fall Fememord SCHMÜCKER und der damit zusammenhängenden Komplexe unterrichtet. Bürgermeister forderte eine ausführliche Besprechung am 25. 7. ... Abteilungsleiter IV äußerte Bedenken bezüglich der möglicherweise nicht umgehbaren Unterbringung des Täters bei Quelle und darüber hinaus über die Beteiligung der Abteilung IV bei Papierfälschungen.«

Dem Verfassungsschutz waren die eigenen Aktivitäten und die des V-Mannes rund um den Schmücker-Mord zu brenzlig geworden. Man konnte und wollte bestimmte Entscheidungen nicht mehr ohne politische Rückendeckung treffen. Zumal zu den Problemen Waffen und Papierfälschungen noch ein weiteres dazugekommen war. Durch Informationen von »Wien« glaubte man inzwischen den Todesschützen zu kennen: »Wölli«, der in der Tatnacht den VW-Bus samt Parabellum 08 dem Agenten am Bahnhof Zoo übergeben hatte – nach Weingrabers Angaben, Zeugen gab es ja dafür nicht. Und jener »Wölli« wollte in den nächsten Tagen, wie zuvor schon andere Gruppenmitglieder, bei dem Genossen »Hartmut« alias »Wien« übernachten. Die Beherbergung des möglichen Täters beim Mitarbeiter des Verfassungsschutzes – das konnte als strafbare Handlung ausgelegt werden.

Am folgenden Tag traf sich die erlauchte Runde wie verabredet wieder beim Bürgermeister. Dabei beschäftigte sie – laut Aktenvermerk – die Frage, »ob Abteilung IV beim derzeitigen Erkenntnisstand bezüglich des Fememordes an SCHMÜCKER in der bisherigen Form weiter operativ arbeiten kann und ob wegen der möglichen Gefährdung des Lebens weiterer Personen der operativen Tätigkeit der Quelle eine Grenze gesetzt werden muß.

Herr Bürgermeister NEUBAUER erhielt einen schriftlichen Bericht über den derzeitigen Stand der Erkenntnisse und wollte sich die

Angelegenheit über das Wochenende reiflich überlegen. Von allen Besprechungsteilnehmern wurde die Frage geprüft, ob der Rat irgendeiner dritten Person eingeholt werden könnte ...«

Die leitenden Herren schienen etwas ratlos. Solche Entscheidungen mußten sie auch nicht alle Tage treffen, denn im Grunde ging es um die prinzipielle Frage: Wo ist die Grenze des Machbaren und Vertretbaren für den Verfassungsschutz und seine Agenten? Der Geheimdienst und sein V-Mann in der Terroristenszene hatten sich selbst so weit in diese schwierige Lage hineinmanövriert, daß es kaum noch wenigstens halbwegs legale Lösungsmöglichkeiten gab – es sei denn, man hätte den Agenten »geopfert«.

Daran dachte allerdings im Landesamt für Verfassungsschutz niemand ernsthaft, denn dann wären die eigenen Verstrickungen in den Mordfall – mit allen Peinlichkeiten und Pannen – kaum noch zu vertuschen gewesen. Und gegen den Willen des »Top-Agenten«, dem man von Amts wegen selbst nicht recht über den Weg traute, schon gar nicht. Am 25. Juli 1974, gleich nach der »Bürgermeister-Besprechung«, wurde noch ein letzter zaghafter Versuch gemacht, die Aussagebereitschaft des V-Mannes »abzuklopfen«. Agentenführer Grünhagen war in Urlaub. Deshalb traf sich sein Vertreter und Mitarbeiter mit dem Arbeitsnamen »Franke« mit Agent »Wien« und schrieb darüber in seinen Bericht:

»Vorsichtig fragte ich Wien, ob er bereit wäre, in der Schmücker-Angelegenheit vor Gericht auszusagen. Ich deutete an, daß mich das eigentlich nur privat und nebenbei interessiere. Er entgegnete sofort, daß er schon früher dem Rühl gesagt habe, daß das für ihn zum jetzigen Zeitpunkt – ›und nur wegen der Schmücker-Sache‹ – überhaupt nicht in Frage komme. Meine Frage, ob dieses Problem evtl. finanziell gelöst werden könne, beantwortete er dahingehend, daß dies für ihn keine Frage des Geldes sei. Dann führte er aus, daß er seit 10 Jahren ein Lotterleben geführt und dies, seitdem er uns kennt, zum Teil aufgegeben habe. Ohne es zu sagen, meinte er damit seine Zuhälterei. Er sehe in der Zusammenarbeit mit uns eine Rehabilitierung für sich selbst. Die Erfolge, die er aufzuweisen habe, ... benötige er als Selbstbestätigung. Wenn er jetzt ›nur wegen der Schmücker-Sache‹ aussteigen würde, wäre dies in seinen Augen idiotisch, weil es weitaus gefährlichere Leute als ›Wölli‹ gebe. Hierbei nannte er Maria und John, die Märchentante und den Araber. Meinen Hinweis, daß das Risiko für ihn immer größer würde, beantwortete er dahingehend, daß nicht wir, sondern er damit leben müsse und auch wolle. Er selbst wisse, daß irgendwann einmal Schluß sei, halte jedoch den gegenwärtigen Zeitpunkt für verfrüht.«

Der zuständige Referatsleiter beim Verfassungsschutz, Willi Rumprecht, kommentierte diesen Bericht handschriftlich: »Der VM-Führer hat gemäß Absprache bewußt so getan, als ob er nichts von den zu dieser Frage schon geführten Gesprächen wüßte, um dies im Augenblick nicht zu dramatisieren, ehe wir selbst konkretere Vorschläge zu unterbreiten haben. Immerhin sind seine Ausführungen bezüglich seiner Einstellung aufschlußreich und für die weitere Einschätzung wertvoll.«

Der Berliner Verfassungsschutz wollte in dieser für ihn brenzligen Situation »nichts dramatisieren«, man fürchtete offensichtlich Verstimmung des Agenten, auf dessen Wohlverhalten man angewiesen war. Nach diesem halbherzigen Versuch, den V-Mann zur Zeugenaussage zu bewegen, und der trotzigen Reaktion »Wiens« darauf, müssen die Verantwortlichen erleichtert gewesen sein. Denn selbst eine Teilaussage hätte eine unangenehme Lawine ins Rollen bringen können. Jetzt konnten sie sicher sein: Ihr Mann hielt dicht.

Das war die Ausgangslage, als am 26. Juli 1974 beschlossen wurde, den Präsidenten des Bundesamtes für Verfassungsschutz, Dr. Günther Nollau, um Rat in dieser prekären Situation zu fragen. Senatsdirektor Jürgen Grimming teilte Verfassungsschutz-Chef Zachmann mit, daß »Herr Bürgermeister Neubauer … dies für nützlich und ein baldiges Gespräch mit Dr. Nollau für notwendig halten« würde.

Das Gespräch zwischen Nollau und Zachmann kam am 30. Juli zustande. Der Berliner Amtsleiter unterrichtete danach seine Untergebenen, »daß Dr. N. dringend vor einer Herausgabe der versteckten Waffen durch Quelle warnt, zumindest mit Wissen des LfV Berlin. Nach Ansicht von Dr. N. müsse dabei ein Weg gefunden werden, eine Enttarnung der Quelle zu vermeiden, selbst wenn der Mörder des SCHMÜCKER dadurch nicht überführt werden kann. Unterabteilungsleiter (2) wurde angewiesen sicherzustellen, daß die o. e. Herausgabe auf keinen Fall stattfindet.«

Das war nicht so einfach. »Wien« zeigte sich, wie Grünhagens Vertreter »Franke« nach einem weiteren Treffen mit dem Agenten am 1. August berichtete, »ohne jegliche Einsicht«. Er hoffe auf »größere Erfolge«. Nur mit Mühe konnte der Verfassungsschützer seinen Agenten dazu bringen, die aus »Wiens« Sicht »blödsinnige Entscheidung« zu akzeptieren.

Bereits vor dem Kontakt mit dem höchsten bundesdeutschen Verfassungsschützer hatte »Quelle« eine Entscheidung im Alleingang getroffen – nämlich ob er den »Täter« beherbergen darf. Denn »Wölli«, den der Geheimdienst für den Mörder hielt, wohnte bereits seit dem 23. Juli bei Agent »Wien« in der Köpenicker Straße. Bei der Lösung eines anderen Problems gab es von höchster Stelle grünes Licht, wie den Akten zu entnehmen ist:

»Bezüglich der 2. Frage, ob das LfV bei der Frisierung von gefälschten Ausweisen für die Gruppe behilflich sein könne, äußerte Dr. N. die Meinung, daß dies durchaus vertretbar sei, da das LfV ja die Namen und Nummern dieser Ausweise kenne und damit bei der künftigen Fahndung nach der Terroristengruppe behilflich sein könnte.«

Gesagt, getan: Als Senatsdirektor Grimming am 12. August 1974 aus dem Urlaub zurückgekehrt war, konnte Vollzug gemeldet werden. Ein Fachmann des Verfassungsschutzes hatte die Papiere gefälscht, und »nach reiflicher Güterabwägung« – so unterrichtete der verantwortliche Amtsleiter Zachmann seinen Vorgesetzten – seien »der Gruppe Wolfsburg über Quelle Ausweise ausgehändigt worden«.

Auch »Wien« wurde bei dieser Gelegenheit mit gefälschten Papieren ausgestattet, wie sein Agentenführer Michael Grünhagen in einem Bericht schrieb:

»Unter den am 22. Juli 1974 an WIEN durch W. übergebenen diversen gestohlenen Papieren befand sich auch der Paß eines Bernd-Michael GUTH, geb. 6. 12. 1942. Zu dem Reisepaß gehörte ein Führerschein und ein Kraftfahrzeugschein auf den Namen des GUTH. Dieser Reisepaß und der Führerschein wurde vom Amt mit dem Bild von WIEN und dem Dienstsiegel der zuständigen Behörde versehen.«

Aber das Hauptproblem bestand nach wie vor: Der Agent hatte noch immer die Taschen mit den Waffen, die auf keinen Fall herausgegeben werden sollten. Und die Gefahr, daß die Wolfsburger die Utensilien für eine Aktion zurückhaben wollten, war größer geworden. Am 13. August 1974 hatte Ilse Bongartz ihre fast zweimonatige Beugehaft abgesessen und – so erfuhr »Hartmut« alias »Wien« – die Gruppe plante Ende August eine »Geldkiste« im Raum Darmstadt. Dafür brauche man demnächst das abgesägte Kleinkalibergewehr »Landmann-Preetz«, erklärte Kommunarde »Farim« dem »Genossen« aus Berlin.

In der »Bürgermeister-Runde« war beschlossen worden, daß V-Mann »Wien« den Wolfsburgern sagen sollte, ihm würde »der Boden zu heiß, er wolle eine Zeitlang untertauchen und gebe deshalb vorsorglich die ›Waffentasche‹ zurück«. Damit die Waffen aber nicht tatsächlich wieder in die Hände der Gruppe fielen, hatte man sich etwas ausgedacht:

»Legende bei der Rückgabe: Keine Zeit, Eltern nicht mit hineinziehen, Gefühl der Observation usw., deshalb in einem Bahnhofsschließfach deponiert und ›Harry‹ (oder wem auch immer) den Schlüssel zugespielt. Bei Leeren des Schließfaches – Routinekontrolle – Festnahme des Abholers.«

Doch dieser Ausweg wurde wieder verworfen: Die Rolle des Agenten war in dem Fall zu schwach und möglicherweise für die Wolfsburger verdächtig. Am Morgen des 16. August rief der Präsident des Bundesamtes für Verfassungsschutz, Günther Nollau, den Berliner Amtschef Zachmann an und erkundigte sich nach dem Fortgang der Dinge. Er zeigte sich überrascht, daß »in dieser prekären Angelegenheit noch nichts unternommen worden sei«. Daraufhin wurde Unterabteilungsleiter Schröder angewiesen, seinen Chef noch vor dessen Urlaubsbeginn am 20. August 1974 über eine Entscheidung zu unterrichten.

Sechs Wochen, nachdem Agent »Wien« die brisanten Taschen von »Harry« alias Jürgen Bodeux bekommen hatte, saß der Geheimdienst noch immer in der Klemme. Jetzt rauchten die Köpfe in der Zentrale an der Clayallee. Nach langen Diskussionen zwischen Unterabteilungsleiter Schröder, den Referatsleitern Franz Natusch und Willi Rumprecht sowie Agentenführer Michael Grünhagen fand man schließlich eine Lösung – ganz nach Art des Hauses.

Ein »Unfall« auf der B 248

In der Nacht vom 23. auf den 24. August 1974 haben die Beamten vom Polizeirevier im niedersächsischen Königslutter nicht viel zu tun. Der Nachtdienst scheint schon fast gelaufen, als um 1.10 Uhr das Telefon klingelt. Aufgeregt und hastig meldet ein »Herr Marx aus Wolfsburg« einen Unfall: An der Bundesstraße 248 zwischen Lehre und Wendhausen sei ein Fahrzeug nahe der Gaststätte »Schweizer Häuschen« in den Graben gefahren. Dann legt »Herr Marx« auf. Polizeioberwachtmeister Friedrichs kommt der Anruf etwas merkwürdig vor. Aber man muß auch dubiosen Hinweisen nachgehen. So fahren seine Kollegen Müller und Klenke mit ihren Streifenwagen zum angegebenen Unfallort.

Tatsächlich entdecken sie dort um 2 Uhr einen VW-Käfer, der hinter einer leichten Linkskurve die etwa drei Meter tiefe Böschung hinuntergefahren ist. Die Fahrzeugbeleuchtung brennt und der Motor läuft. Der Wagen mit dem Kennzeichen STH-LR 88 hat einen leichten Frontschaden: Kofferraum und rechter Kotflügel sind eingedrückt, die Stoßstange ist aus der Verankerung gerissen. Die Scheiben sind ganz geblieben. Vom Fahrer weit und breit keine Spur. Im Handschuhfach entdecken die beiden Beamten einen Kfz-Schein und den Mietvertrag eines Autoverleihers. Danach wurde das Fahrzeug am Vortag gegen 13.00 Uhr bei der Firma InterRent in Helmstedt von einem Bernd-Michael Guth gemietet. Sie benachrichtigen einen Abschleppdienst aus dem nahen Dibbesdorf, der gegen 3.00 Uhr den VW aus dem Graben zieht und auf dem Hof der Firma abstellt. Die Polizisten vom Revier in Königslutter haben damit getan, was zu tun war. Sie schreiben ein kurzes Protokoll, den Rest sollen die Kollegen von der Kripo nach dem Wochenende erledigen.

Die Polizeibeamten ahnen nicht, daß dieser etwas merkwürdige »Unfall« an der B 248 ein »operativer Vorgang« des Berliner Verfassungsschutzes ist – Aktion »Brücke«, streng geheim. Im Berliner Amt hatte man sich den Ablauf der Aktion allerdings etwas anders vorgestellt. Es ging mal wieder einiges schief:

Am Tag zuvor, am 23. August 1974, war Volker Weingraber, Edler von Grodek, alias »Wien«, mit dem Frühzug von Berlin nach Helmstedt gefahren. Um 11.10 Uhr wurde er dort von seinem Agentenführer »Steinecker« alias Michael Grünhagen erwartet. Als erstes mietet Agent »Wien« mit den vom Amt gefälschten Papieren unter dem Namen »Guth« bei InterRent einen VW-Käfer, Kennzeichen STH-LR 88.

Anschließend fahren die beiden Berliner in den nur ein paar Kilometer entfernten Ort Schöningen. Im dortigen Restaurant »Ratskeller« wartet bereits jemand: Grünhagens Mitarbeiter aus seiner »Beschaffungsgruppe«, der Verfassungsschützer mit dem Arbeitsnamen »Jürgen Franke«. Unter diesem Namen hatte er am gleichen Morgen in Berlin einen BMW 1602 gemietet und war damit angereist. Michael Grünhagen hatte zu dem gleichen Zweck als »Manfred Fabian aus Dortmund« sich einen Opel Rekord ausgesucht. Beide Fahrzeuge haben Kennzeichen aus Hannover, um in Niedersachsen möglichst wenig aufzufallen.

Einziges Thema während des konspirativen Mittagessens: die Aktion »Brücke«. Dahinter verbirgt sich der Plan, den der Verfassungsschutz nach langem Zögern und Zaudern ausbaldowert hatte, um die Tasche mit den Waffen, Überfallskizzen und dem Sparbuch von Jürgen Bodeux alias »Harry« der Polizei möglichst unverdächtig in die Hände zu spielen. »Wien« sollte auf dem Weg nach Wolfsburg, wo er mit der »heißen« Tasche erwartet wurde, einen Unfall inszenieren: Hinter einer Kurve sollte er den Wagen so in einen Graben fahren, daß der Kofferraum, in dem die Tasche ist, nicht mehr aufgeht. Deshalb mußte ein VW-Käfer genommen werden, bei dem der Kofferraum vorne ist. »Wien« alias »Hartmut« sollte dann nach Wolfsburg trampen und von seinem »Mißgeschick« berichten. Die Polizei würde dann die verräterische Tasche im verlassenen Wagen finden. Damit wäre der Verfassungsschutz endlich die Waffen los, und die Ermittlungsbehörden hätten eine Handhabe gegen Bodeux und andere Wolfsburger Kommunarden. Das war der Plan samt »Legende« zum Schutz des Agenten. Aber es klappte mal wieder nicht so, wie man es sich in der Berliner Clayallee ausgedacht hatte.

Zunächst aber ging man guter Dinge nach dem Essen auseinander und verabredete sich für den Abend im »Herrenkrug« in Braunschweig. Bis dahin wollten die beiden Verfassungsschützer eine geeignete Stelle auf der Bundesstraße nach Wolfsburg aussuchen. »Wien« sollte dann die brisante Tasche mitbringen, die er im Hause seiner Eltern in Braunschweig »verbunkert« hatte. In der folgenden Nacht sollte das Ding laufen.

Pünktlich um 20 Uhr trafen sich die Verschwörer. Die beiden Geheimdienstler waren fündig geworden: Eine Linkskurve nahe Kilometerstein 12 an der B 248 schien ihnen geeignet für die Inszenierung. Nach einem Abendessen machten sie sich auf den Weg. Unterwegs hielten sie einmal, weil die beiden Beamten vor dem Ereignis wenigstens noch in die Tasche schauen wollten. Denn außer V-Mann »Wien« hatte niemand vom Verfassungsschutz die »heißen« Gegenstände gesehen, die dem Nachrichtendienst bis zur höchsten Spitze soviel Kopfzerbrechen bereitet hatten.

Dann war Ortsbesichtigung und Einweisung für den Agenten, der den Plan ausführen sollte. Zur Sicherheit hatten sie Sprechfunkgeräte dabei: Grünhagen alias »Fabian« und »Franke« sollten in einiger Entfernung – der eine in Richtung Wolfsburg, der andere in Richtung Braunschweig – »Schmiere stehen«, damit es keine unliebsamen Zeugen gab. Erst wenn sie über Funk grünes Licht gaben, sollte »Wien« losfahren. Es war schon eine gute halbe Stunde nach Mitternacht, als sie in Position gingen. Der Agent zog sich Handschuhe an und verwischte alle möglichen Fingerabdrücke im »Unfallwagen«. Mit laufendem Motor wartete er kurz vor der ausgesuchten Kurve auf das Startzeichen. Es war zwar um diese Zeit kaum noch Verkehr, aber vereinzelt fuhren potentielle Störer vorbei. Es hätte ausgesprochen peinlich werden können, wenn ein Autofahrer bei dem »Unfall« zu Hilfe gekommen wäre, bevor das Geheimdienst-Trio aus Berlin das Weite hätte suchen können. »Wien« wartete und wartete, aber das grüne Licht kam nicht. Da wurde es ihm zu langweilig: Kurzentschlossen gab er Gas, als weder von vorne noch von hinten ein herannahendes Auto zu sehen war. Der VW-Käfer donnerte die

Böschung hinunter. Der Aufprall war so heftig, daß er dabei mit dem Knie gegen das Armaturenbrett schlug.

Der Agent kroch aus dem Wagen und besah sich kurz den Schaden am Auto: Wie beabsichtigt war die Haube des Kofferraums so stark eingedrückt, daß sie nicht mehr zu öffnen war. So schnell er konnte, kletterte er die Böschung hinauf und lief ein Stück zurück in Richtung Wendhausen, wo sein Agentenführer im Opel Rekord auf ihn wartete. Grünhagen war sauer, weil sein Mann nicht das Startzeichen abgewartet hatte. Solche Disziplinlosigkeiten liebte er ganz und gar nicht. Es hatte schon genug Pannen gegeben mit »Wien«. Und der VW war trotz brennender Scheinwerfer kaum von der Straße aus zu sehen. Im unbeleuchteten Wagen des Verfassungsschützers beobachteten sie etwa zehn Minuten lang die »Unfallstelle« – nichts geschah, von den wenigen Autos, die unterwegs waren, hielt keines an.

Dann gaben sie auf. Während Verfassungsschützer »Franke« aus sicherer Entfernung den Ort des Geschehens im Auge behielt, fuhren Grünhagen und sein ungehorsamer Agent zur nächsten Telefonzelle. Zuerst riefen sie ein Taxi, das den »Pechvogel Hartmut« zu den wartenden »Genossen« nach Wolfsburg bringen sollte. Dann suchte der Verfassungsschützer die Nummer des Polizeireviers Königslutter aus dem Telefonbuch, meldete sich mit »Marx aus Wolfsburg« und gab scheinbar aufgeregt den »Unfall« mit genauer Ortsbeschreibung durch. Dann hängte er ein. Kurz darauf kam das Taxi für »Wien«. Als er am frühen Morgen in der Wolfsburger Bäckergasse ankam und den verschlafenen Kommunarden sein Mißgeschick schilderte, fluchten sie zwar, schöpften aber keinen Verdacht.

Michael Grünhagen alias »Manfred Fabian« fuhr zu seinem Kollegen »Franke« am Ort des Geschehens zurück. Es wurde eine lange Nacht für die beiden Verfassungsschützer auf Beobachtungsposten: Fast eine Stunde mußten sie warten, bis die beiden Streifenwagen aus Königslutter eintrafen. Und dann mußten sie zähneknirschend mitansehen, wie die Polizisten zwar Licht und Motor ausschalteten, aber keine Anstalten machten, in den Kofferraum zu sehen. Ein Denkfehler von Amts wegen: Warum sollten Polizisten nachts um zwei Uhr mit Gewalt einen Kofferraum öffnen, wenn die Papiere griffbereit im

Handschuhfach lagen? Nach etwa zehn Minuten fuhren die Streifenwagen wieder ab.

Jetzt konnten die beiden Geheimdienstler nur noch abwarten und hoffen. Wenn sie Glück hatten, würde die zuständige Kripo auftauchen und das Fahrzeug näher untersuchen. Dann würde die verräterische Tasche mit Sicherheit gefunden. Aber es gab wieder lange Gesichter: Gegen drei Uhr kam ein Abschleppdienst und stellte den »Unfallwagen« auf dem Gelände der Firma Netz in Dibbesdorf ab. Die Aktion »Brücke« schien ein voller Reinfall zu werden. Man mußte sich etwas einfallen lassen, um die nichtsahnende Polizei dazu zu bringen, im Kofferraum nachzusehen.

Am frühen Morgen des 24. August 1974 klingelte Grünhagen seinen Unterabteilungsleiter Schröder, der den Plan mit ausgeheckt hatte, aus dem Bett. Es wurde ein langes Telefonat von einem öffentlichen Fernsprecher in Braunschweig aus: Über eine Stunde suchten der Agentenführer und sein Vorgesetzter nach einem Ausweg. Dann entschloß man sich, es auf dem Wege der »stillen Amtshilfe« zu versuchen. Der Berliner Geheimdienst rief die Kollegen in Hannover an, denn man agierte in deren »Hoheitsgebiet«. Das führte in der Folgezeit zu Mißstimmungen zwischen beiden Ämtern. Aber Hannover half den Berlinern aus der Patsche: Nachdem der niedersächsische Dienst erfahren hatte, daß es sich bei dem »Unfall« um einen »operativen Vorgang« der Berliner handelte – Einzelheiten wurden nicht preisgegeben –, veranlaßte er, daß der Wagen noch einmal durchgesehen wurde.

Tatsächlich gab es an diesem Samstagnachmittag eine »Nachsuche« in dem beschädigten VW-Käfer, und es wurden Waffen, Einbruchswerkzeug, Überfallpläne und das Sparbuch »gefunden«. Als zusätzlicher Service sorgte der Verfassungsschutz Hannover auch noch dafür, daß die örtliche Presse von dem »Unfall« und den »Fundsachen« erfuhr. Dadurch sollte in der Öffentlichkeit der Anschein erweckt werden, bei einem ganz normalen Unfall sei das »Werkzeug« von Terroristen gefunden worden. Die Aktion »Brücke« schien nach einigen Komplikationen doch noch den gewünschten Erfolg gebracht zu haben.

Aber Grünhagen & Co. hatten die Rechnung ohne die Kripo

in Helmstedt gemacht: Der den Fall bearbeitende Kriminalbeamte schöpfte den Verdacht, daß es sich um einen »fingierten« Unfall handelte – er hatte früher bei der Verkehrsunfallbereitschaft gearbeitet. Grünhagen, zwei niedersächsische Verfassungsschützer und drei Beamte vom Landeskriminalamt Hannover nehmen den Mann in die Mangel und erklären auch ihm, daß dies ein wichtiger »operativer Vorgang« des Geheimdienstes aus Berlin wäre. Einzelheiten – etwa, daß ein V-Mann am Steuer saß – werden ihm nicht mitgeteilt. Er fragt auch nicht weiter nach, der Hinweis »operativer Vorgang« wirkt wie eine Zauberformel. Agentenführer Grünhagen konnte bald darauf in die Akte »Brücke« schreiben, daß die Polizeiakten so aufgebaut wurden, »daß kein Verdacht über den Unfallhergang aufkommen kann«.

Tatsächlich waren die Ermittlungsakten so gut »frisiert«, daß drei Berliner Strafkammern, die später über den Mord an Schmücker zu richten hatten, keinen Verdacht schöpften. Die Sonderakte »Brücke« bekamen sie natürlich nicht zu sehen, die blieb unter Verschluß. Grünhagen konnte die Aktion als Erfolg verbuchen, Bürgermeister und Innensenator Neubauer sowie Günther Nollau, der Chef des Bundesamtes für Verfassungsschutz, bekamen Vollzugsmeldung und Agent »Wien« eine Sonderprämie von 500 Mark.

Ein Grund findet sich immer

Einen kleinen Schönheitsfehler hatte der mit großem Aufwand fingierte Unfall allerdings: In der Aufklärung des Mordes an Ulrich Schmücker waren die Ermittlungsbehörden nicht einen Schritt weitergekommen. Für die Wolfsburger Kommune hatte die Aktion »Brücke« jedoch weitreichende Folgen.

Zunächst aber, während noch überlegt wurde, wie man die brisanten Tatsachen loswerden könnte, mußte noch die Staatsanwaltschaft »auf Linie« gebracht werden. Referatsleiter IV (2) E, Willi Rumprecht, vermerkte in den Akten:

»Mit Herrn Staatsanwalt Przytarski, der am 29. 7. 1974 aus dem Urlaub zurückgekehrt war, wurde am Nachmittag des gleichen Tages ... das weitere Vorgehen abgesprochen.

1. Ausgangspunkt war die Erkenntnis, daß wir ganz genau wissen, daß der Täter innerhalb der Wolfsburger Kommune zu suchen ist. In der Wohngemeinschaft ist zweifellos die Ilse Jandt, geschiedene Bongartz die führende Person. Daneben dürften die Mitunterzeichner des Mietvertrages für die Bäckergasse 2 – nämlich Wolfgang W. (›Wölli‹) und Wolfgang S. (›Farim‹) sowie die Freundin des W., Annette von W., und der später hinzugekommene und seit dem 23. 4. 1974 dort gemeldete Jürgen Bodeux zum Kern der Gruppe gehören. Der aus der Saarstraße 9 stammende Sönke L. (er ist erst 18 Jahre alt) scheint zum schwächsten Glied der Gruppe zu gehören.
2. Aus dem bisherigen Verhalten der Gruppenmitglieder gegenüber der Kriminalpolizei – insbesondere das Verhalten der Annette von W. bei ihrer Befragung – kann zur Zeit nur geschlossen werden, daß sie zusammenhalten und keine Angaben machen werden.

   Herr Staatsanwalt Przytarski ist nach wie vor der Meinung, daß auch jetzt noch keine ausreichenden juristischen Beweise dafür gegeben sind, um gegen alle Mitglieder der Gruppe etwa als Mittäter oder Mitwisser mit Aussicht auf Erfolg vorgehen zu können. Schon gar nicht sei ein Haftbefehl gegen die genannten Personen erwirkbar.«

Auch auf höchster Ebene wurde über die weitere Taktik der Ermittlungsbehörden gesprochen:

»Nach Rücksprache bei dem Herrn Bürgermeister ... ist für die VM-Führung folgende Linie einzuschlagen:

... Staatsanwaltschaft wird die Kommunemitglieder Wolfsburg zuerst als Zeugen und danach als Beschuldigte befragen ...«

Der Verfassungsschutz behielt also die Fäden in der Hand, und Staatsanwalt Przytarski spielte mit, wie in den Akten des Geheimdienstes nachzulesen ist:

»Zwischen (2) E und Staatsanwalt Przytarski wurde heute besprochen, daß dieser zunächst am 14. 8. 1974 die in Wolfsburg, Bäckergasse 2 erreichbaren Personen zur Vernehmung kommen läßt.«

Und der Berliner Staatsanwalt hielt den Verfassungsschutz auf dem laufenden über seine Ermittlungen. Auch darüber führte das Landesamt Buch:

»In einem fernmündlichen Gespräch zwischen Herrn Staatsanwalt Przytarski und dem Unterzeichner berichtete Herr Przytarski über die am 14. und 15. 8. 1974 in Wolfsburg durchgeführten Ermittlungen.

Danach sind Sönke L. und Jürgen Bodeux in Begleitung des Rechtsanwaltes ... pünktlich zur Zeugenvernehmung erschienen. Zur Sache sind jedoch von ihnen keine neuen Aussagen gemacht worden.«

Außer Spesen nichts gewesen. Erst nach der Aktion »Brücke« schlugen die Ermittlungsbehörden zu. Am 18. August 1974, also eine Woche vor dem »Unfall«, waren Ilse Bongartz und Jürgen Bodeux zuerst nach Frankfurt und dann nach Darmstadt gefahren. Dort wohnten sie in einer Wohngemeinschaft. Schon auf der Fahrt dorthin wurden sie ständig observiert. Als das Pärchen dies in Darmstadt bemerkte, narrten die beiden Wolfsburger und ihre hessischen Genossen mehrfach die Observanten. Am 26. August 1974, zwei Tage nach dem fingierten Unfall an der Bundesstraße 248, beendete die

Polizei das Katz-und-Maus-Spiel: Als Ilse Bongartz und Jürgen Bodeux mit ihrem Gastgeber am Stadtrand von Darmstadt, am sogenannten Böllenfalltor, einen Spaziergang machen, rasen plötzlich mehrere Fahrzeuge heran und bremsen. Kriminalpolizisten und Beamte des MEK (Mobiles Einsatzkommando) springen heraus und nehmen die Verblüfften fest. Wegen des Verdachts einer Mitgliedschaft in einer kriminellen Vereinigung ergeht am Tag darauf Haftbefehl. Zur Begründung werden die bei dem Unfall »gefundenen« Gegenstände herangezogen. Der Verfassungsschutz hatte sein erstes Ziel erreicht: Die ersten beiden Mitglieder der Wolfsburger Kommune waren in Haft, mangels hinreichenden Tatverdachts nicht wegen des Mordes an Schmücker, sondern aus anderen Gründen. Jetzt ging es Schlag auf Schlag mit den Verhaftungen, denn Gründe lassen sich fast immer finden.

Am 30. August 1974 klingeln um 11.15 Uhr der Chef der Sonderkommission »Schmücker«, Norbert Ribbeck, und sein Mitarbeiter Günter Schmidt an der Wohnungstür von Weingraber alias »Wien« in der Köpenicker Straße 170. Sie überraschen die beiden Wolfsburger »Wölli« und »Farim« beim Frühstück. Dann präsentieren die beiden Männer von der Soko eine Vorladung des Amtsgerichts Tiergarten zu einer Zeugenvernehmung. Sie dürfen noch zu Ende frühstücken, dann werden sie mit dem Polizeiwagen zum Kriminalgericht Moabit gebracht. Dort wartet beim Amtsrichter bereits Staatsanwalt Hans-Jürgen Przytarski. Ihnen wird eröffnet, daß sie als Zeugen in der Mordsache Schmücker vernommen werden sollen.

»Wölli« beantwortet bereitwillig alle Fragen, der Richter ist zufrieden und entläßt ihn. Kriminalhauptmeister Schmidt begleitet ihn bis zum Portal des altehrwürdigen Gebäudes. Als »Wölli« sich vor der Tür verabschieden will, zückt der Berliner Kripo-Beamte einen Haftbefehl – ausgestellt in Wolfsburg am 21. August 1974 wegen Diebstahls. »Farim« dagegen verweigert die Aussage vor dem Amtsrichter. Daraufhin stellt Staatsanwalt Przytarski nach bewährtem Muster Antrag auf Beugehaft, dem wird stattgegeben. Drei Tage später entschließt sich »Farim« doch zur Aussage. Nachdem seine Vernehmung am 2. September 1974 protokolliert wurde, verkündet der Richter einen Haftbefehl – aus Wolfsburg, datiert vom 28. 8. 1974, ebenfalls wegen Diebstahls. Als Haftgrund wurde in beiden Fällen Flucht angegeben, weil sie sich nach Berlin abgesetzt hätten. Tatsächlich waren »Wölli« und »Farim« polizeilich in Berlin gemeldet – als Untermieter bei »Billy«, Götz Tilgener.

Das Vergehen, das den beiden Wolfsburgern zur Last gelegt wurde, lag bereits fast ein halbes Jahr zurück: In der Nacht vom 12. auf den 13. März 1974 werden sie zusammen mit einem Kumpel von zwei Zivilfahndern dabei ertappt, wie sie angeblich zwei Sack Kalk »unter Benutzung einer fremden Schubkarre als Transportmittel« stehlen wollen. Zu der am 26. 8. 1974 in Wolfsburg anberaumten Verhandlung sind sie nicht erschienen, weil sie in Berlin wohnten und nicht ordnungsgemäß geladen worden waren. Ihr »Mittäter«, ebenfalls Heranwachsender, der zusätzlich Widerstand gegen Vollstreckungsbeamte geleistet hatte, wurde lediglich verwarnt und mußte eine Geldbuße von 50 Mark zahlen. »Wölli« und »Farim« aber kamen deshalb in Untersuchungshaft. Das paßte dem Verfassungsschutz und Staatsanwalt Przytarski vorzüglich in den Kram: Zwei weitere Kommunemitglieder saßen hinter Gittern.

Auch Götz Tilgener – »Billy« wird am 30. August 1974 inhaftiert. Staatsanwalt Przytarski wirft ihm »Nichtanzeige eines drohenden Verbrechens« vor. Dies beruht auf der Aussage eines Mitgefangenen aus der Zeit, als Tilgener im November 1973 wegen Fahnenflucht im Gefängnis saß. Damals soll »Billy« ihm erzählt haben, daß eine Person umgelegt werden solle, die verräterische Aussagen über eine linksextreme Gruppe gemacht hat. In dem Haftbefehl zehn Monate später wurde einfach unterstellt, daß damit der Mord an Ulrich Schmücker gemeint gewesen sei.

In einem Vorentwurf der Rede, die der Berliner Verfassungsschutz-Chef Eberhard Zachmann Ende Januar 1975 vor seinen Amtskollegen hielt, heißt es dazu:

»Bei den Überlegungen mit Polizei und Staatsanwaltschaft wurde von vornherein versucht zu klären, wo bei dem in Frage kommenden Täterkreis die ›weichste Stelle‹ sein könne. Übereinstimmend wurde festgestellt, daß dies bei Götz Tilgener der Fall war, und die Ermittlungen wurden teilweise darauf abgestimmt, im geeigneten Zeitpunkt Tilgener festzunehmen, um ihn mit einem möglichen Ermittlungsergebnis zu konfrontieren. Ein Haftgrund gegen Tilgener lag in einer anderen Sache vor. Es konnte also je nach Auslegung verfahren werden.«

Diese Passage trug Zachmann aber doch nicht vor seinen Kollegen vor, denn dieses – rechtlich zumindest bedenkliche – Vorgehen sollte auch nicht in dieser geheimen Rede eingestanden werden. Und noch etwas verschwieg Berlins Geheimdienst-Chef: Götz Tilgener bekam am 2. September Besuch in der Untersuchungshaft von einem »Herrn Petersen«, einem Beamten des Verfassungsschutzes. »Billy« ahnte nicht, daß es eben jener »Peter Rühl« alias Michael Grünhagen war, der seinen ehemaligen Freund Ulrich Schmücker in der Haft bearbeitet hatte. Es ging um eine »Ansprache«, wie es im Jargon des Geheimdienstes heißt, um die Gewinnung eines Informanten oder gar V-Mannes. Das Gespräch war aber nicht erfolgreich. Vor dem Staatsanwalt hatte Tilgener jedoch Angaben über die Wolfsburger gemacht. Am selben Tag bekam »Billy«, den der Verfassungsschutz für einen »Spinner« hielt, Haftverschonung.

Am 30. August 1974 gab es noch eine Vernehmung im Kriminalgericht Moabit. Volker Weingraber, Edler von Grodek, macht folgende Aussage:

»Von dem Mordfall Schmücker habe ich nur aus der Zeitung erfahren. Die Wohnung in der Köpenicker Str. 170 habe ich gemietet, ich habe gleichzeitig die gesamte Hausverwaltung für Herrn Sommer erledigt.

Herrn S. und Herrn W. habe ich durch Herrn Tilgener kennengelernt, den ich wiederum aus meinem Lokal ›Tarantel‹ kenne. Seine Frau ist Malerin und wollte bei mir Bilder ausstellen. Ich habe ihm erlaubt, in meiner Wohnung zu wohnen und auch einen Schlüssel ausgehändigt. Ich kann nicht genau sagen, wann das gewesen ist. Pfingsten waren sie jedoch noch nicht da. Über Pfingsten hat Frau Ilse Jandt in dieser Wohnung übernachtet. Ich glaube, daß es 1 oder 2 Tage waren, genau kann ich mich aber nicht festlegen.

Die beiden anderen waren damals nicht mit dabei. Die Nachnamen von beiden weiß ich nicht. Wenn ich jetzt die Namen W. und S. höre, dann war ich der Meinung, daß W. der Lange ist, der auch ›Farim‹

genannt wird, und S. der Kurze ist, der wohl auch ›Wölfi‹ genannt wird.

Den Namen Annette habe ich im Zusammenhang mit ›Wölfi‹ gehört. Ich weiß nicht, ob sie in der Wohnung gewesen ist oder ob ich sie gesehen habe. ›Harry‹ gleich Jürgen Bodö ist mir nur durch die Frankfurter Rundschau bekannt. Die Namen K., L. und H. sagen mir nichts. Dabei fällt mir ein, daß mich Herr W. und Herr S. um 200,– DM anpumpen wollten, die ein Söhnke für die Miete erhalten sollte. Ich bin nie in Wolfsburg in den letzten 2 Jahren gewesen und kenne die Bäckergasse in Wolfsburg persönlich nicht. Z. Zt. habe ich nur ein Motorrad und keinen Pkw. Mein letztes Fahrzeug, einen Chevrolet mit weißer Farbe, habe ich vor etwa 8 Wochen verkauft. Eine Usch hat, glaube ich, in der Zeughofstr. gewohnt. Sie kam häufiger mit einem Peter in mein Lokal. Der Peter fuhr eine 600 BMW, deren Kennzeichen ich nicht weiß.«

»Wien« hatte sich genau so verhalten, wie sein Agentenführer ihm geraten hatte – Falschaussage. Staatsanwalt Przytarski beantragt in diesem Fall keinen Haftbefehl, obwohl Weingraber ihm zumindest als Tatverdächtiger erscheinen muß. Nach dieser Vernehmung tauchte der »Edle« unter.

Ein junger Mann wird weichgeklopft

»Nun, meine Herren, mußte es sich zeigen, ob die gemeinsam von Staatsanwaltschaft, Polizei und uns verfolgte Taktik aufging«, referierte der Berliner Verfassungsschutz-Chef Zachmann wenige Monate später vor seinen Amtskollegen über das weitere Vorgehen seines Amtes. »Wenigstens einer der Täter mußte zum Geständnis gebracht werden. Und wir hatten Glück, unsere Rechnung ging auf.«

Bevor es aber soweit war, daß man anstelle von Beweisen den gewünschten Zeugen hatte, mußte der Geheimdienst im Verein mit Staatsanwalt Przytarski noch viel arbeiten und tricksen. Die Hoffnung, Götz Tilgener als »weichste Stelle« noch weicher zu kriegen, war nicht in Erfüllung gegangen. »Billy« machte lediglich Angaben über die Wolfsburger Gruppe, die den Zeitraum bis Mai 1974 betrafen. Dabei verharmloste er natürlich seine eigene Rolle. Obwohl auch er als Todesschütze in Frage kam, war er auf freiem Fuß. Wer in stockdunkler Nacht – bei Mondfinsternis – jemandem aus fünf bis sechs Metern mit seiner Pistole ein Loch in den Kopf schießen kann, muß schon ein guter Schütze sein. Da konnten aus der Gruppe eigentlich nur drei in Betracht kommen: Götz »Billy« Tilgener, der selbst mit einen Schießkünsten prahlte, der Waffenspezialist Volker Weingraber alias »Wien« – und Jürgen Bodeux alias »Harry«.

Und ausgerechnet der – »von dem wir dies im übrigen am wenigsten erwartet hätten«, wie Geheimdienst-Chef Zachmann meinte – signalisierte eine Woche nach seiner Inhaftierung Aussagebereitschaft. Am 3. September 1974 teilte er in einem Antrag auf Aufhebung des Haftbefehls mit, daß er für eine Haftentlassung bereit sei, »jede Bedingung« zu erfüllen. Im Berliner Landesamt für Verfassungsschutz schöpfte man neue Hoffnung, daß die gleich nach dem Mord an Ulrich Schmücker ausgetüftelte Taktik doch noch zum Ziel führen könnte.

»Nun kam es darauf an, schnell zu handeln«, erklärte Zachmann später. »Aufgrund unserer Erfahrungen auf diesem Gebiet wußten wir, daß es vor allem darauf ankam, Bodeux schnell aus den Händen der linksextremen Anwälte herauszubekommen. Andernfalls konnte mit entscheidenden Aussagen nicht gerechnet werden.« Auch Staatsanwalt Przytarski war dieser Ansicht und bat den Geheimdienst um Mithilfe bei diesem »Problem«.

Da war das Amt gerne behilflich. Über das Bundesamt für Verfassungsschutz nahm man Kontakt mit dem Vater des möglichen Zeugen auf. »Durch informelle Unterrichtung über die tatsächliche Situation« seines Sohnes ließ der sich davon überzeugen, daß ein Geständnis »noch immer das beste sei«. Dafür – so argumentierte der Verfassungsschutz weiter – sei es notwendig, daß Jürgen Bodeux seinem »linken« Hamburger Rechtsanwalt das Mandat entziehe. Der Vater, selbst ein Jurist, war einverstanden und bat den Familienanwalt darum, die Verteidigung zu übernehmen. Der aber lehnte ab. Dem Berliner Amt für Verfassungsschutz paßte das sehr gut: Denn nun bat die Staatsanwaltschaft wieder um Vermittlung, und Referatsleiter Franz Natusch hatte einen Vorschlag. Mit dem Berliner Strafverteidiger Gerd Roos hatte man schon »früher gut zusammengearbeitet«. Von ihm habe man erwarten können, daß er die wohlverstandenen Interessen Bodeux' vertreten werde. Die deckten sich natürlich mit denen der Staatsanwaltschaft und des Geheimdienstes. Deshalb wurde Anwalt Roos auch Hintergrundwissen des Verfassungsschutzes mitgeteilt. Als sein Vater ihn am 19. September 1974 zum ersten Mal besuchte, so erinnert sich Jürgen Bodeux, gab er ihm zu verstehen, daß die Ermittlungsbehörden schon sehr viel über die Tat wüßten und daß er deshalb aussagen solle, um seine Situation zu verbessern. Deshalb solle er auch den Anwalt wechseln.

Am Tag darauf machte der Häftling erste umfangreiche Aussagen gegenüber einem Frankfurter Staatsanwalt und zwei Beamten des hessischen Landeskriminalamtes – allerdings nicht zu dem Mordfall Schmücker. Deswegen war er ja auch nicht verhaftet worden, sondern wegen Mitgliedschaft in einer kriminellen Vereinigung aufgrund der »Fundsachen« bei dem fingierten Unfall. Deshalb plauderte er ausgiebig über Straftaten von »Genossen« des »2. Juni«, die er gut kannte. Dem mutmaßlichen Terroristen wurde dabei Vertraulichkeit zugesagt. In die offiziellen Ermittlungsakten, die später den Berliner Behörden übergeben wurden, wurde keine dieser Vernehmungen aufgenommen. Die Protokolle dieser auf Tonband aufgezeichneten Verhöre sind verschwunden. Statt dessen kam in die Ermittlungsakten ein Vermerk, in dem es heißt, daß Bodeux sich am 20. September 1974 auf ausdrückliches Befragen nicht zu Aussagen bereiterklärt hat.

Die Geheimhaltung seiner ersten Aussagen wurde von Jürgen Bodeux selbst unterstützt. Gegenüber den Kriminalbeamten erklärte er, daß er weiterhin Briefe revolutionär-kämpferischen Inhalts an seine »Genossen« schreiben werde, damit nicht der Verdacht einer Zusammenarbeit mit den Ermittlungsbehörden entstehen könnte. Dazu sei er aber weiterhin bereit.

Nach diesen ersten Vernehmungen signalisierten die hessischen Behörden den Berliner Kollegen, daß Bodeux jetzt auch zum Mord an Schmücker aussagebereit wäre. So reisten am 23. September 1974 Staatsanwalt Przytarski und die beiden Kripobeamten Ribbeck und Schmidt von der Berliner Soko nach Gießen, wo Bodeux in Untersuchungshaft saß. Gleich zu Beginn der Vernehmung um 15.35 Uhr erklärte der Staatsanwalt, »eine Fortführung der Vernehmungen würde erschwert werden, wenn er sich weiter durch Rechtsanwalt Reinhardt … vertreten lassen würde«. Weiter schrieb der Staatsanwalt nach dem Besuch in seine Handakte, Bodeux »müsse sich selber entscheiden, ob er sich eines anderen Anwalts seines Vertrauens bedienen würde«. Der potentielle »Kronzeuge« folgte diesem »Rat« und akzeptierte den vom Verfassungsschutz empfohlenen Verteidiger Roos aus Berlin.

Obwohl Staatsanwalt Hans-Jürgen Przytarski durch die Informationen des Verfassungsschutzes schon zu diesem Zeitpunkt wußte, daß Bodeux in den Schmücker-Mord verstrickt war, sicherte auch er dem Häftling Vertraulichkeit für seine Aussagen zu. Später sagte der damalige Anklagevertreter, weder zu der Zeit noch danach habe er sich Gedanken darüber gemacht, ob diese Zusage gegenüber einem Tatverdächtigen gegen das Legalitätsprinzip verstößt. So ganz fremd kann dem Staatsanwalt diese Problematik aber nicht gewesen sein, denn in seinem Vermerk über die Vernehmungen am 23. und 24. September heißt es dazu:

»Die Angaben des Bodeux sind sicherlich trotz ihres weitgehenden Wahrheitsgehalts nur unvollkommen. Obgleich Bodeux mit seinen Angaben die Ilse Jandt, die er als eine intime Freundin bezeichnet, zu der er ein Liebesverhältnis besonderer Art hätte, durch seine Angaben sicherlich schon belastet hat, hat er doch wesentliche andere Dinge unterlassen zu schildern. Er hat andere Handlungen von sich verschwiegen, die ihn *weiter* in der Ermordung Schmückers belasten würden. Ich habe davon Abstand genommen, ihm dies alles in der Vernehmung vorzuhalten, da ihm dann von mir hätte erklärt werden müssen, daß eine Vertraulichkeit dieser Angaben nicht zugesichert werden könnte.«

Der Staatsanwalt verfaßte kein Protokoll über die Vernehmung an diesen beiden Septembertagen. Statt dessen schrieb er am 26. 9. 1974 einen 13seitigen Vermerk darüber, nahm diesen in die Handakten und erklärte den ganzen Vorgang einfach für »VS – Vertraulich«. In den offiziellen Ermittlungsakten gab es nicht einmal einen Hinweis darauf. Die sogenannten »September-Vernehmungen« wurden erst fast vier Jahre später durch Zufall bekannt.

Während Staatsanwalt Przytarski in Berlin den Fall weiterbearbeitet, setzt Bodeux in Gießen seine vertraulichen Aussagen vor hessischen Ermittlungsbeamten fort. Dabei geht es aber nur am Rande um den Berliner Mord, »Harry« plaudert am 27. und 29. September sowie am 2. Oktober 1974 über andere Straftaten, in die er auch verwickelt ist. Unterdessen wird in Berlin am 1. Oktober 1974 gegen ihn Haftbefehl erlassen wegen Mordes an Ulrich Schmücker. Auch gegen Ilse Bongartz, Wolfgang W. (»Wölli«), Wolfgang S. (»Farim«), Sönke L. (»Söre«) und Götz Tilgener (»Billy«) werden gleichlautende Haftbefehle beim Amtsgericht Tiergarten erwirkt.

Obwohl der Staatsanwalt bei der Zusage der Vertraulichkeit von Bodeux's Aussagen, besonders die stark belastenden Angaben gegen Ilse und »Wölli«, niemals der Öffentlichkeit preisgeben wollte, behielt er sie – wie er sagte – »natürlich im Kopf«. Das galt auch für die Hintergrundinformationen, die er vom Verfassungsschutz hatte.

Trotzdem ließ er beides in die Anträge auf Erlaß von Haftbefehlen wegen gemeinschaftlichen Mordes an Ulrich Schmücker einfließen. Der Richter und die Verteidiger der Betroffenen wußten also nicht, wie die Anschuldigungen zustandegekommen waren. Bis dahin hatte es noch keine richterliche Vernehmung des Zeugen gegeben. Aber die Rechnung des Verfassungsschutzes war nach monatelangem Agieren im Hintergrund aufgegangen. Die beiden Wolfsburger Haftbefehle wegen des Diebstahls von zwei Sack Kalk wurden daraufhin am 8. 10. 1974 wegen Unverhältnismäßigkeit aufgehoben. Die Kommunarden saßen jetzt wegen des Mordes an der Krummen Lanke in Untersuchungshaft.

Aber es fehlten noch zwei Tatverdächtige, und hier griff wieder die Taktik des Verfassungsschutzes: Bodeux hatte auch Aussagen gemacht, die Volker Weingraber alias »Wien« belasteten und einen Haftbefehl gerechtfertigt hätten. Das aber paßte dem Geheimdienst ganz und gar nicht, weil der »Edle« inzwischen Kontakte zur linken Untergrundszene in Frankfurt bekommen hatte. »In schwierigen Verhandlungen mit der Staatsanwaltschaft konnten wir schließlich erreichen, daß diese von der Beantragung eines Haftbefehls gegen den V-Mann und zu dessen Abtarnung auch gegen Annette von W. Abstand nahm«, erklärte später Verfassungsschutz-Chef Zachmann. Aber kurz darauf kamen dem Nachrichtendienst doch Bedenken, daß die Nichtbeantragung eines Haftbefehls seinen »Genossen« auffallen und ihn verdächtig machen könnte. Also gab man der Justiz grünes Licht für die beiden Haftbefehle. Annette von W. wurde am 8. Oktober 1974 in Untersuchungshaft genommen. Agent »Wien« zog man wieder aus dem Frankfurter Raum ab und ließ ihn in Berlin untertauchen – als gesuchten Terroristen.

Der Vernehmungsmarathon für »Harry« alias Jürgen Bodeux ging aber weiter. Zunächst wechselte er tatsächlich den Anwalt und beauftragte den Berliner Juristen Gerd Roos mit seiner Verteidigung. Am 9. Oktober 1974 kam es zur ersten offiziellen Aussage vor einem Amtsrichter in Gießen. Derselbe Richter verkündet dem Untersuchungsgefangenen am 17. Oktober den Berliner Haftbefehl wegen Mordes. Ein paar Stunden später wird Jürgen Bodeux nach Berlin transportiert. Bereits am nächsten Tag beginnen tagelange Vernehmungen – zum Teil auch am Wochenende – durch Beamte der Soko. Dabei belastet der »Zeuge« seine ehemaligen Genossen, ändert oft seine Aussagen und schwächt seine eigene Tatbeteiligung immer mehr ab. Nach diesen Angaben wäre allenfalls noch eine Strafe wegen Beihilfe zum Mord möglich gewesen.

Noch zweimal wird er Ende Oktober zur richterlichen Vernehmung gebracht: Er bestätigt jeweils nur die Richtigkeit der polizeilichen Vernehmungsprotokolle. Auch im November gehen die Vernehmungen fast pausenlos weiter, allerdings betreffen sie nicht den Schmücker-Mord, sondern andere Straftaten, für die sich besonders die hessischen Ermittlungsbehörden interessieren.

Verfassungsschutz und Staatsanwalt aber waren mit den Aussagen Bodeux's noch nicht zufrieden. Es gab viele Widersprüche und Lükken. Man wollte partout einen »Kronzeugen«, auch wenn es dafür damals noch keine gesetzliche Grundlage gab. So entsann man sich einer bewährten Methode, die schon beim späteren Mordopfer Ulrich Schmücker zum Erfolg geführt hatte: Ein Verfassungsschützer sollte den Inhaftierten weichkriegen, um wenigstens inoffiziell ein volles Geständnis zu bekommen. So erhielt ein Mann mit dem Arbeitsnamen »Seifert« von Staatsanwalt Przytarski einen Dauersprechschein – es war Grünhagens Stellvertreter als Agentenführer, der unter dem Namen »Franke« auch schon »Wien« betreut hatte und an dem Unfall auf der B 248 beteiligt war. Der Verfassungsschutz hatte noch zusätzliches Interesse an Bodeux: Man wollte wissen, wieweit Agent »Wien« alias »Hartmut« in den Mord verwickelt war und was »Harry« gegen diesen möglicherweise aussagen konnte. Unliebsame Überraschungen vor Gericht wollte man natürlich vermeiden, deswegen mußte »besprochen« werden, was in die offiziellen Aussagen sollte.

»Seifert« besucht Jürgen Bodeux mindestens dreimal, am 4., 13. und 19. Dezember 1974. Wie schon zuvor »Rühl« alias Grünhagen gegenüber Schmücker, betont er mehrfach, daß der Inhalt der Gespräche vertraulich sei und nicht gegen ihn verwendet werde. Solche Zusagen sollen den Mordverdächtigen in Plauderstimmung bringen. Außerdem erklärt er Bodeux, der zur Tatzeit 20 Jahre und zehn

Monate alt war, daß er im Falle eines Geständnisses nach dem milderen Jugendstrafrecht verurteilt werden könne. Zuvor war Bodeux schon vom Gefängnis Moabit in die Jugendstrafanstalt Plötzensee verlegt worden. Solche Erleichterungen können die Gesprächsfreudigkeit nur fördern.

Und noch einen Trick übernimmt »Seifert« von seinem Vorbild Grünhagen, der die Gefangenen Sommerfeld und Schmücker gegeneinander ausgespielt hatte: Durch gezielte Fragen und Vorhalte läßt der Verfassungsschützer durchblicken, daß man über die Tat schon bestens informiert sei, zum Beispiel die Tatwaffe kenne. Bodeux, der nicht ahnen kann, daß die alte Parabellum 08 in einem Panzerschrank des Verfassungsschutzes liegt, zieht daraus den Schluß: Es muß schon ein anderes Gruppenmitglied »ausgepackt« haben.

Auch Rechtsanwalt Roos, mit dem der Verfassungsschutz ja schon »gute Erfahrungen« gemacht hatte, rät seinem Mandanten zu umfassenden Aussagen gegenüber »Seifert«. So legt Jürgen Bodeux am 13. und 19. Dezember 1974 ein umfassendes Geständnis ab, in dem er sich der Mittäterschaft an der Ermordung Schmückers bezichtigt. Der Verfassungsschützer rät ihm, sich mit den Beamten der Soko »Schmücker« in Verbindung zu setzen, um offiziell »ergänzende Aussagen« zu machen. Aber dort erreicht er am Abend des 19. Dezember niemanden mehr, viele Beamte sind schon in Weihnachtsurlaub. Deshalb bittet Bodeux, Staatsanwalt Hans-Jürgen Przytarski zu verständigen.

Am Morgen des 20. Dezember 1974 kommt es dann zur entscheidenden Aussage des späteren »Kronzeugen«. Sie wird als »Weihnachtsaussage« in die lange Prozeßgeschichte um den Schmücker-Mord eingehen. Jürgen Bodeux hält später vor Gericht im wesentlichen an der Tatschilderung fest, die Staatsanwalt Przytarski an diesem Tag als Bodeux's Aussage in ein Diktiergerät spricht. Danach hat »Harry« die Waffe beschafft, den Tatort gemeinsam mit Ilse Bongartz ausgewählt und den angeblichen Todesschützen »Wölli« dort eingewiesen. Eine Begründung für die plötzliche Geständnisfreudigkeit wird nicht gegeben. Es wird lediglich vermerkt, daß Bodeux bis dahin die volle Wahrheit zurückgehalten habe, um sich nicht mehr als notwendig selbst zu belasten. Die »Vernehmung«

durch den Staatsanwalt muß kurz und bündig gewesen sein, denn schon um 12.34 Uhr, so vermerkt Przytarski, war das Diktat beendet. Gut einen Monat später wird der Geständige dem Amtsrichter Wummel vorgeführt und bestätigt in schon bewährter Manier seine Aussagen laut Vermerk von Staatsanwalt Przytarski vom 20. Dezember 1974. Der Verhandlungsmarathon und die unzulässigen Vernehmungsmethoden haben sich für den Verfassungsschutz ausgezahlt.

Erst 16 Jahre später, im November 1990, erklärt Bodeux seine damalige unerwartete Aussagebereitschaft: Neben seinem Anwalt Roos und dem Verfassungsschützer »Seifert« habe auch der Staatsanwalt ihm zugesichert, daß das Jugendstrafrecht angewendet würde, wenn er umfassend aussage. Von seinem Verteidiger habe er erfahren, daß sich die Strafe in einer Größenordnung von vier bis sechs Jahren bewegen werde. Außerdem habe Przytarski versprochen, er werde dann auch ein Gnadengesuch befürworten. Nach dem Strafrecht für Erwachsene hätte Bodeux für die eingestandene Tatbeteiligung mit »Lebenslänglich« rechnen müssen. Der damalige Staatsanwalt bestreitet, solche Zusagen gemacht zu haben.

Am 13. Januar 1975 übernimmt Przytarski das Darmstädter Verfahren gegen Bodeux wegen Mitgliedschaft in einer kriminellen Vereinigung und stellt es noch am selben Tag ein. Allein deswegen hätte »Harry« zu zwei bis drei Jahren verurteilt werden können. Im späteren Prozeß wegen des Mordes an Schmücker beantragte der Staatsanwalt eine Jugendstrafe von fünf Jahren und sechs Monaten für Jürgen Bodeux. Verurteilt wird er zu fünf Jahren. Nach einem Gnadengesuch wird er nach insgesamt zweieinhalb Jahren, die Untersuchungshaft von einem Jahr und sechs Monaten miteingerechnet, aus der Haft entlassen.

Ein seltsamer Fund und ein toter Zeuge

In seiner überraschenden »Weihnachtsaussage« vom 20. Dezember 1974, die er mit dem Verfassungsschützer »Seifert« vorbereitet und in Teilen sicherlich auch vorformuliert hatte, gab Jürgen Bodeux angeblich noch Hinweise auf ein mögliches Beweisstück, die Schreibmaschine »brother Electric 3000«. Die von Agent »Wien« beschaffte Maschine galt bis dahin als verschwunden. Im letzten Absatz des von Staatsanwalt Przytarski diktierten Vernehmungsprotokolls heißt es dazu:

»Ergänzen möchte ich noch, daß wir die Schreibmaschine, auf der hauptsächlich Frau Ilse Jandt die Matrizen für die Anfertigung der Rechtfertigungsschrift (Bekennerbrief) geschrieben hatte, ich glaube auch die Anschriften auf den Briefumschlägen, vernichteten. Frau Jandt und ich gingen mit dieser Maschine in Wolfsburg zu einer Brücke und warfen die Maschine von der Brücke in den Fluß.«

Es folgt eine Lagebeschreibung der Brücke.

Nach diesen Angaben beauftragt die Soko »Schmücker« am 23. Dezember 1974 per Fernschreiben die Wolfsburger Polizei, an der bezeichneten Stelle im Mittellandkanal nach der Schreibmaschine zu suchen. Am 27. Dezember wird den Berliner Fahndern gemeldet, daß die Suche von Polizeitauchern am gleichen Tag erfolglos geblieben sei.

Am 20. Januar 1975 wird auf Bitte der Staatsanwaltschaft Berlin an der gleichen Stelle noch einmal gesucht. Und siehe da, eben dort wird jetzt eine Maschine entsprechenden Typs gefunden. Aber während der Hinweis auf diesen Fund in die offiziellen Sachakten kommt, bleibt der Hinweis auf die vergebliche Suche ein paar Wochen zuvor im »Retent« bei der Polizei. Was gab es dabei zu verbergen?

16 Jahre danach wird der damalige Referatsleiter und spätere Chef des Berliner Verfassungsschutzes, Franz Natusch, als Zeuge zu der

Maschine vernommen. Dabei wird er gefragt, ob die aus dem Mittellandkanal geborgene Schreibmaschine dort – wie bei der Aktion »Brücke« die Waffen – auf Veranlassung des Verfassungsschutzes versenkt und auf einem vom Verfassungsschutz initiierten Hinweis Bodeux' später dort »gefunden« wurde. Der Beamte kann sich daran nicht mehr erinnern. Grundsätzlich halte er ein derartiges Vorgehen jedoch für zulässig, wenn für den Verfassungsschutz klar sei, daß es sich um ein wichtiges Beweismittel handele, das ohne Gefährdung der Quelle – gemeint ist Agent »Wien« – nur mit »geheimdienstlichen Mitteln« den Ermittlungsbehörden zugänglich gemacht werden könne. So bleibt die verrottete »brother Electric 3000«, unter der Nummer 740605/0251 im Keller des Kriminalgerichts Moabit asserviert, geheimnisumwittert.

Am 8. November 1974 wurde mit dem Einverständnis des Verfassungsschutzes auch ein Haftbefehl gegen Volker Weingraber, Edler von Grodek, den Agenten »Wien«, erlassen – aufgrund der sehr zurückhaltenden Aussagen Bodeux's über »Hartmut«, aber nicht wegen Mordverdachts. Laut Haftbefehl mit der Geschäftsnummer 351 Gs 2195/74 wird er beschuldigt, »durch zwei selbständige Handlungen

1. nach Begehung eines Mordes dem Täter wissentlich Beistand geleistet zu haben, um denselben der Bestrafung zu entziehen,
2. vor Gericht als Zeuge uneidlich vorsätzlich falsch ausgesagt zu haben.

Nachdem in der Nacht vom 4. zum 5. Juni 1974 Wolfgang W. den Ulrich Schmücker an der Krummen Lanke heimtückisch erschoß, fuhr der Täter mit einem ihm von dem Beschuldigten überlassenen VW-Bus zum Bahnhof Zoo. Dort übergab er dem Beschuldigten, der zuvor von der geplanten Tat keine Kenntnis hatte, die Tatwaffe mit der Bitte, diese verschwinden zu lassen. Der Beschuldigte, der dann später von der Tat erfuhr, kam dieser Aufforderung nach.

Am 30. August 1974 erklärte der Beschuldigte als Zeuge vor dem Amtsgericht Tiergarten – 351 Gs 1606/74 –, daß er von dem Mordfall Schmücker nur aus der Zeitung erfahren habe.

Der Beschuldigte ist der Taten aufgrund der Angaben der in Haft befindlichen Zeugen Götz Tilgener und Jürgen Bodeux sowie aufgrund der Urkunde über seine richterliche Vernehmung dringend verdächtig.

Nach dem Ergebnis der Ermittlungen hat der Beschuldigte seine Wohnung in Berlin 36, Köpenicker Straße 170 aufgelöst und ist unbekannten Aufenthalts.

Aufgrund der zu erwartenden Strafe besteht Fluchtgefahr.«

Der Verfassungsschutz wußte sehr wohl, wo Weingraber zu finden war, denn »Wien« arbeitete im Untergrund fleißig weiter für den Geheimdienst. Auch die Polizei hätte den »Edlen« wahrscheinlich schnell finden können. Zunächst fuhr kurz nach Erlaß des Haftbefehls ein Beamter der Soko »Schmücker« zu Weingrabers Eltern nach Braunschweig, um nachzuschauen, ob der Gesuchte dort wohne. Aber – so vermerkt der Kriminalist – »es entstand der Eindruck, daß sich der Gesuchte im Hause seiner Eltern nicht verborgen hält«.

Nachdem am 27. Februar 1975 in der Berliner Tagespresse mit einem Fahndungsfoto um Hinweise aus der Bevölkerung gebeten wurde, gab es insgesamt 18 Tips. Aber auf 16 dieser Hinweise wird nicht reagiert: Mit handschriftlichen Bemerkungen wie »nichts weiter« oder »nichts« werden sie ad acta gelegt. Nur zwei Hinweisen wird nachgegangen: Bei dem einen stellt sich heraus, daß es sich nicht um die gesuchte Person handelt. Der zweite Tip, der überhaupt bearbeitet wird, ist sehr konkret und glaubhaft: Am 27. 2. 1975, am Tag der Presseveröffentlichung, ruft um 12.50 Uhr eine Frau in der Funkbetriebszentrale der Polizei an und teilt mit, daß Weingraber sich am Morgen des gleichen Tages in ihrem Lokal »Casino Royal« in Berlin, Wasserstraße 8, zwischen 4.30 Uhr und 5.00 Uhr aufgehalten hat. Sie habe den Gesuchten anhand des Fahndungsfotos erkannt.

Am 13. November 1975, also achteinhalb Monate später, macht sich Kriminalhauptmeister Günter Schmidt von der Soko auf den Weg nach Spandau, um die Spur zu verfolgen. Das Ergebnis hält er in einem knappen Vermerk fest:

»Zum Hinweis auf den Gesuchten durch eine Frau Sch. konnte heute festgestellt werden, daß das Casino Royal … nicht mehr existent ist und somit als Antreffort des von Weingraber nicht mehr in Frage kommt.«

Die Kripo dürfte kaum erwartet haben, daß Weingraber monatelang auf ihr Erscheinen im »Casino Royal« wartete. Auch ohne solche Hinweise hätte die Polizei den »Edlen« leicht ausfindig machen können: Er lebte fröhlich weiter in Berlin und versteckte sich gar nicht großartig. Sein Äußeres hatte er kaum verändert, nur den buschigen Oberlippenbart hatte er abrasiert. In der linken Szene brüstete er sich damit, eine »gute Pappe« zu haben, also gut gefälschte Papiere. Sicherlich war ihm das Landesamt für Verfassungsschutz dabei behilflich gewesen. Und jeder aus der »scene« konnte leicht mit dem steckbrieflich Gesuchten Kontakt aufnehmen: das Codewort hieß »Otto«, wie Weingrabers deutsche Dogge. Dann bekam man in einschlägigen Kreisen und Kneipen die Telefonnummer von »Hartmut«. Das kann kaum der Kripo entgangen sein, so offen wurde dieses konspirative Schlüsselwort gehandelt.

Aber weder die Soko »Schmücker« noch die Staatsanwaltschaft waren an einer Festnahme interessiert – weil es der Verfaassungsschutz so wollte. Grünhagen erfuhr immer im voraus von jeder geplanten Aktion, die Weingraber hätte »gefährden« können. Es war nur eine Scheinfahndung zur Abtarnung des Agenten »Wien«. Wer mißtraute in der linken Untergrundszene einem steckbrieflich gesuchten »Genossen«? Und die Gefahr, daß der Top-Agent »aus Versehen« verhaftet würde, war nicht sonderlich groß: Der Polizeiliche Staatsschutz, der zuständig war für die Terroristenfahndung, wußte Bescheid. Außerdem dürfte der »Gesuchte« rechtzeitig von seinem V-Mann-Führer Michael Grünhagen gewarnt worden sein, wenn Razzien und Durchsuchungen anstanden.

Am 27. Februar 1975, am selben Tag, an dem das Fahndungsfoto Weingrabers veröffentlicht wurde, wurde der Berliner CDU-Vorsitzende Peter Lorenz von der »Bewegung 2. Juni« entführt. Die Polizei wurde von Beamten aus dem Bundesgebiet verstärkt, Tag und Nacht gab es ständig Razzien und polizeiliche Straßensperren. Alles, was den Berlinern irgendwie verdächtig vorkam, wurde der Polizei gemeldet. Die Gefahr, daß gesuchte mutmaßliche Terroristen – und als solcher galt auch Weingraber – den Fahndern ins Netz gingen, war groß. Wäre der Agent in dieser Zeit festgenommen worden, hätte es der Verfassungsschutz schwer gehabt, seinen V-Mann in dieser Krisenstimmung »rauszupauken«. Aber in der zentralen Einsatzleitung saß der richtige Mann für solche Fälle: Michael Grünhagen.

Am 23. November 1979 wurde der Haftbefehl gegen Volker Weingraber, Edler von Grodek, aufgehoben, weil die ihm darin vorgeworfenen Straftaten verjährt waren. Es ist von der Justiz nie ernsthaft versucht worden, den »Edlen« wenigstens als Zeugen vor ein Gericht zu bekommen. Es gab keine ladungsfähige Anschrift, er galt als »unerreichbar«.

Auch ein anderer Zeuge sagte nie vor Gericht aus: Götz Tilgener alias »Billy«. Nachdem er am 2. September 1974 nach einem Besuch des Verfassungsschützers »Petersen« alias Grünhagen Haftverschonung bekommen hatte, wurde er Anfang Oktober 1974 aufgrund des neuen Haftbefehls wegen Mordes wieder inhaftiert. Er war tatsächlich die »weichste Stelle«, wie der Verfassungsschutz vermutet hatte. Im Gegensatz zu Bodeux sagte er zwischen dem 4. und dem 14. Oktober 1974 – ohne Sonderbehandlung durch den Geheimdienst – umfassend über den Mord an Ulrich Schmücker aus. Während er die ehemaligen Genossen aus Wolfsburg erheblich belastete, stellte er seinen Part in ein günstiges Licht: Ihm sei die Sache zu heiß geworden, Schmücker hätte ihm leid getan, deswegen sei er ausgestiegen vor der Tat.

Am 14. Oktober 1974 bekommt die Abteilung Staatsschutz der Berliner Polizei, zu der gehörte die Soko »Schmücker«, ein Fernschreiben der Kriminalpolizei Bremen. Darin heißt es, ein Wolf-Dietrich B. habe sich bezichtigt, gemeinsam mit Tilgener Ulrich Schmücker getötet zu haben. Er habe Details berichtet, die mit den bisherigen Erkenntnissen zum Tathergang in Einklang zu bringen seien. Das gleiche Telex geht auch an das Bundeskriminalamt. Und das bestätigt in einem Schreiben an die Berliner Polizei ergänzend, daß beim BKA umfangreiche Erkenntnisse über B. vorlägen und daß dort eine Tatbeteiligung am Schmücker-Mord nicht ausgeschlossen werde.

Die Soko »Schmücker« geht diesem wichtigen Hinweis in Absprache mit Staatsanwalt Przytarski auf ihre ganz eigene Art nach: Kriminalkommissar Werner Warias fragt den Beschuldigten am Telefon, ob er der Mörder sei. Tilgener bestreitet dies natürlich. Daraufhin schickt die Berliner Polizei am 16. Oktober 1974 ein gleichlautendes Fernschreiben an das Bundeskriminalamt und die Bremer Kollegen:

»Über Obengenannten (B.) liegen in Berlin keine weitergehenden Erkenntnisse vor. Bezüglich des Mordfalls Schmücker ist der an der Tat beteiligte Personenkreis feststehend. B. ist bisher weder unter seinem Namen, noch als möglicherweise zu identifizierende Person im Verfahren genannt. Der in Berlin einsitzende Götz Tilgener wird aber trotzdem gezielt nach B. befragt. Im Erfolgsfalle wird nachberichtet.

gez. (Ribbeck) KHK.«

Eine Vernehmung Tilgeners zu den Vorwürfen fand nicht statt. Zu diesem Zeitpunkt hatten die Ermittlungsbehörden neben den Aussagen Tilgeners nur das erste – später mehrfach veränderte – Geständnis Bodeux'. Darin gab es weder genaue, abschließende Angaben über den Täterkreis noch zum Tathergang. Unter anderen Umständen – ohne Einflußnahme des Verfassungsschutzes – wäre der Bremer Hinweis eine »heiße Spur« gewesen. Im Dezember 1974 bekam der »geständige« Götz Tilgener, den der Verfassungsschutz in seinen Akten als »Spinner« führte, wieder Haftverschonung.

In der linken »scene« hatte »Billy« ein ähnliches Image: »Schwätzer«, »Aufschneider« und »Selbstdarsteller«. Nach seiner Entlassung diente er sich den Medien als »Zeuge« geradezu an. Die in dem Fall recherchierenden Journalisten wußten, wo Tilgener sicher immer anzutreffen war – »Bei Ernie«. In der Kreuzberger Kneipe, in der auch Weingraber zufällig zum »2. Juni« Kontakt bekommen hatte, soff sich »Billy« fast jeden Abend die Hucke voll. Gegen Bezahlung bot er unter anderem die Vermittlung von Interviews mit dem harten Kern des »2. Juni« an. Tatsächlich hatte er aber jeden Kontakt verloren, die im Untergrund lebenden Terroristen mieden ihn.

Am 14. April 1975 hatte der »Schwätzer« seinen großen Fernsehauftritt. Vor der Kamera des Magazins »Panorama« plauderte er über den Mord an Ulrich Schmücker – aus seiner Sichtweise, die er auch schon bereitwillig vor den Ermittlungsbehörden zu Protokoll gegeben hatte. Voller Reue, ein Freund Schmückers, der rechtzeitig ausgestiegen ist – so stellte er sich dar. Trotzdem paßte dem Verfassungsschutz diese »Öffentlichkeitsarbeit« nicht. Um zu erfahren, was Tilgener möglicherweise noch wußte und ausplaudern könnte, schickte man seinen – offiziell gesuchten und abgetauchten – Agenten »Wien« als Spitzel zu Tilgeners Anwältin S. In der Meldung »Wien – 78« vom 6. Mai 1975 heißt es dazu:

»... Außerdem erwähnte die S., daß in dem anstehenden Verfahren es nicht um Mord, sondern nur um Totschlag gehe, da der Verfassungsschutz von Anfang an dabeigewesen sei und somit ein Tatbestandsmerkmal (Arglistigkeit) entfalle. Zur ›Panorama‹-Sendung erklärte sie, daß nicht alles ›so gelaufen sei‹, wie sie sich das vorgestellt hätte. TILGENER hätte doch etwas zuviel ›gequatscht‹. Da die Sendung aber von vornherein ›einen anderen Sinn gehabt hätte‹, müsse man ›diesen kleinen Negativeffekt‹ in Kauf nehmen. Bei der Sendung sei es auf die Öffentlichkeitswirksamkeit angekommen, und von dieser Seite sei die Sendung ein voller Erfolg geworden. Im übrigen glaube sie, daß TILGENER bei dem kommenden Verfahren ›mit einem blauen Auge davonkäme‹.«

Es gab aber auch noch einmal direkten Kontakt zwischen Götz Tilgener und dem Verfassungsschutz. Grünhagen, der »Billy« Anfang September als »Petersen« im Knast besucht hatte, vermerkte dazu:

»Am 2. 6. 1975 rief TILGENER gegen 16.30 Uhr beim Spätdienst des LfV Berlin an und verlangte dringend ›Herrn Petersen‹ zu sprechen ... Eine Rückfrage bei ... VB c (Polizeilicher Staatsschutz) ergab, daß TILGENER dort ebenfalls angerufen und erzählt habe, daß er von einem Fernsehreporter ..., der zur Zeit eine Serie über den Schmükker-Mord in der ›Neuen Revue‹ schreibt, interviewt werden soll. Er wisse nicht, wie er sich verhalten soll.

Ich rief unter der angegebenen Nummer TILGENER mit dem Hinweis ›Spätdienst Senatsverwaltung für Inneres, Abteilung IV‹ an und teilte ihm mit, daß Herr Petersen z. Z. nicht erreichbar sei und ob etwas ausgerichtet werden könne. Er erklärte, daß er Herrn Petersen dringend sprechen müsse, den er einmal in der Haft kurz kennengelernt habe. Er habe ›Probleme‹, die er unbedingt besprechen müsse, dies könne er auch mit einem anderen Mitarbeiter der LfV Berlin tun. Ich erklärte ihm, daß ich mich um die Angelegenheit kümmern werde. Irgendwelche Zusagen habe ich ihm nicht gemacht.«

Daraufhin kam es am 4. Juni 1975 zu einem Gespräch zwischen Tilgener und Referatsleiter IV(2) F, Lothar Jachmann, der dabei den Namen »Kirsch« benutzte. Der Verfassungsschützer schrieb darüber in die Akten:

»TILGENER fühlt sich gefährdet. Nach seinem Auftreten in der ›Panorama‹-Sendung, die sich mit dem Schmücker-Mord beschäftigte, habe er zwei Drohbriefe erhalten, die von ihm an die Abteilung Staatsschutz der Polizei weitergeleitet worden seien ... Ihm wurde aufgezeigt, daß von unserer Seite keine Möglichkeiten bestünden, für ihn prophylaktisch tätig zu werden.

Erkenntnisse über eine für ihn konkret bestehende Gefahr liegen nicht vor ...

... TILGENER wirkt physisch stark mitgenommen. Zu Beginn des Gesprächs war er konzentrationslos. Er stabilisierte sich jedoch, und es war möglich, mit ihm ein zusammenhängendes Gespräch zu führen. Neben seinem Wunsch, von hier einen zusätzlichen Schutz zu erhalten, wurde keine weitergehende Motivation erkennbar ...

TILGENER dürfte keinen Zugang mehr zu terroristischen Kreisen haben. Seinen Angaben muß daher originärer Wert abgesprochen werden ...«

Laut Tagesmeldung 200/75 der Berliner Polizei vom 19. Juli 1975 wurde Götz Tilgener am Vortag tot in seiner Wohnung aufgefunden – sechs Wochen nach dem Gespräch mit dem Verfassungsschützer. »Äußere Verletzungen waren nicht feststellbar. Eine sofort durchgeführte Obduktion ergab keine Anhaltspunkte für ein Fremdverschulden.« Als Todesursache wurde eine Überdosis Tabletten und Alkohol angenommen.

Kurzer Prozeß – neuer Rekord

Als am 6. Februar 1976 der erste »Schmücker-Prozeß« beginnt, fehlen auf der Anklagebank Volker Weingraber, Edler von Grodek, dessen Verfahren abgetrennt worden ist, und Götz Tilgener, weil er nicht mehr lebt. Auch als Zeugen sind sie somit nicht präsent. Verhandelt wird vor der 7. Jugendstrafkammer des Landgerichts Berlin unter Vorsitz von Richter Leschonski. Anberaumt sind zunächst sechs Verhandlungstage, aber es werden insgesamt 591 – ein neuer Rekord in der bundesdeutschen Justizgeschichte.

Auch der Raum, in dem verhandelt wird, ist kein gewöhnlicher: Der Saal 700 des Kriminalgerichts Moabit, eines typisch hoheitsstaatlichen Gerichtsgebäudes aus dem vorigen Jahrhundert, ist eigens für Terroristenprozesse »modernisiert« worden. Für besonders gefährliche Angeklagte wurden Käfige aus Panzerglas eingebaut. In diesen müssen jetzt fünf der sechs Angeklagten Platz nehmen: Ilse Jandt, geschiedene Bongartz, Wolfgang W. (»Wölli«), der angebliche Todesschütze, Wolfgang S. (»Farim«), Sönke L. (»Söre«) und Annette von W.. Der sechste Mann darf auf der normalen Anklagebank sitzen: Jürgen Bodeux, Angeklagter und Zeuge der Anklage zugleich.

Bereits vor Beginn des Prozesses hat Bürgermeister und Innensenator Kurt Neubauer dem vorsitzenden Richter mitgeteilt, daß weder Akten des Verfassungsschutzes zur Verfügung gestellt werden, noch Beamte des Landesamtes für Verfassungsschutz eine Aussagegenehmigung erhalten werden. So soll verhindert werden, daß die Verteidigung der Wolfsburger Kommunarden unangenehme Fragen stellen kann und die Verstrickung des Amtes in den Mordfall aufgedeckt wird. Ohnehin können die Anwälte nicht einmal die Spitze des berühmten Eisberges erahnen, sie haben nur Vermutungen über Kontakte des Mordopfers mit dem Geheimdienst – im wesentlichen durch Schmückers »Gedächtnisprotokoll«. Weingraber als V-Mann, die mögliche Tatwaffe im Panzerschrank des Verfassungsschutzes, ein inszenierter Unfall auf der B 248 oder ein fingierter Brief, das alles sind noch keine Themen für die Verteidigung. Und zwei Männer im Saal, die mehr wissen, schweigen natürlich darüber: Staatsanwalt Hans-Jürgen Przytarski, der sogenannte Sitzungsvertreter der Anklage, und sein Kollege Wolfgang Müllenbrock, der die Anklage mit vorbereitet hat. Für beide ist es der »erste wichtige, interessante, große Fall«, wie Przytarski später betont.

Und noch einer verschweigt viel: Jürgen Bodeux alias »Harry« läßt gleich zu Beginn des Prozesses seinen Anwalt Gerd Roos eine Erklärung verlesen, nach der er solange keine Fragen der anderen Verteidiger beantworten wird, wie seine »Mitangeklagten« verweigern, Fragen seines Anwalts zu beantworten. Er hat das Gericht – und natürlich die Staatsanwaltschaft – auf seiner Seite: Weit über hundert Fragen im Laufe des Verfahrens werden für nicht zulässig erklärt. Die Anwälte der von Bodeux schwer belasteten Wolfsburger haben so kaum Möglichkeiten, die Glaubwürdigkeit des »Kronzeugen« zu durchleuchten oder zu erschüttern. Für seine plötzliche Geständnis- und Aussagefreudigkeit hat Bodeux die wenig glaubhafte Erklärung eines Gesinnungswandels während der Haft. Er wolle sein Gewissen erleichtern. So wiederholt am dritten Verhandlungstag der Angeklagte und Zeuge, auf den sich hauptsächlich die Anklage stützt, im wesentlichen die letzte Version seines Geständnisses, die sogenannte »Weihnachtsaussage«.

Einmal droht der Prozeß zu platzen: Die Verteidigung beantragt, den ehemaligen Referatsleiter IV (2) A und inzwischen zum Amtschef avancierten Verfassungsschützer Franz Natusch als Zeugen zu hören. Das Gericht verweist auf die grundsätzliche Weigerung des Innensenators, Aussagegenehmigungen zu erteilen. Daraufhin ziehen die Anwälte vor das Verwaltungsgericht, ohne Erfolg, es erklärt sich für nicht zuständig. Die Verteidiger geben nicht auf und rufen das Bundesverwaltungsgericht an. Als Folge setzt die 7. Jugendstrafkammer das Verfahren für vier Monate aus. Damit wäre der Prozeß geplatzt, man hätte von neuem beginnen müssen.

Das wollte Innensenator Kurt Neubauer, der ja durch die routinemäßigen »Bürgermeister-Besprechungen« über den Fall im Bilde war, dann doch nicht. Ganz plötzlich erteilt er seinem obersten Verfassungsschützer doch eine Aussagegenehmigung, aber eine sehr beschränkte. Zahlreiche Fragen der Verteidigung bleiben unbeantwortet, weil sie durch die Aussagegenehmigung nicht gedeckt sind. Unter dem Strich bleibt nach der so behinderten Zeugenvernehmung für die meisten Prozeßbeteiligten nur die Neuigkeit, daß Ulrich Schmücker wenige Stunden vor seinem Tod mit dem Verfassungsschutz telefoniert hatte. Mehr kommt bei der Befragung nicht heraus. Der Antrag der Verteidiger, den Verfassungsschützer »Peter Rühl« als Zeugen vorzuladen und Akten des Verfassungsschutzes beizuziehen, wird vom Gericht abgelehnt.

Nur durch einen Zufall erfahren die Prozeßbeteiligten, bei der Vernehmung eines Kriminalbeamten, daß es bei der Soko »Schmükker« noch einen Hinweisordner gibt, der dem Gericht nicht vorgelegt wurde. Darin befinden sich die von der Kripo als »erledigt« abgelegten Vorgänge, wie etwa der Hinweis mit der Nummer 14: Die Aussage des Zeugen Antonio Rücker, der Schmücker zweimal kurz vor seinem Tod mit unbekannten Männern beobachtet hatte, und die Angaben der Frau, die in unmittelbarer Tatortnähe zwei gesuchte Terroristen gesehen haben will. Der zurückgehaltene Ordner wird vorgelegt, die Zeugen bestätigen im wesentlichen ihre Aussagen.

In den Gerichtsakten fehlt auch der anonyme Brief an die Kölner Kripo, durch den »Harry« erstmals – offiziell – als Jürgen Bodeux identifiziert wurde. Es handelt sich dabei um den fingierten Brief, den der Berliner Verfassungsschutz als angebliche Reaktion auf die Veröffentlichung des Observationsfotos von Ilse Bongartz und Jürgen Bodeux anonym an die Kripo schrieb. Identifiziert wurde »Harry« ja durch sein Sparbuch in der Reisetasche, die er dem Agenten »Wien« zum »Verbunkern« gegeben hatte. Aber das wußte die Berliner Polizei nicht, und das sollte natürlich auch nicht gerichtsbekannt werden. Das Schreiben fand sich schließlich in der Handakte von Staatsanwalt Hans-Jürgen Przytarski. Das Versteckspiel geht weiter: Den Verteidigern wird nicht der ganze Vorgang zugänglich gemacht, sondern nur kopierte Teile.

Nach schließlich 37 Verhandlungstagen wird am 22. Juni 1976 – zwei Jahre nach dem Mord – das Urteil verkündet. Die Angeklagten werden des gemeinschaftlichen Mordes für schuldig befunden. Hauptsächlich gestützt auf die Aussagen von Jürgen Bodeux, dem das Gericht uneingeschränkt glaubt, werden drastische Strafen verhängt:

Ilse Jandt, geschiedene Bongartz, wird zu lebenslanger Freiheitsstrafe, Wolfgang W. zu einer Jugendstrafe von acht Jahren, Wolfgang S. zu fünfjähriger, Sönke L. und Annette von W. zu je vierjährigen Jugendstrafen verurteilt. Jürgen Bodeux, der ja nach eigener Aussage die Tatwaffe beschafft und den Tatort ausgekundschaftet hat, kommt als Geständiger und Geläuterter mit einer milden Jugendstrafe von fünf Jahren davon. Als einziger nimmt er das Urteil an. Es klingt wie Ironie: Am Ende aller vier »Schmücker-Prozesse« ist der »Kronzeuge« der einzige, der wegen des Mordes an Ulrich Schmükker rechtskräftig verurteilt wurde.

Die anderen fünf Angeklagten gehen in die Revision. Der 5. Strafsenat des Bundesgerichtshofes – auch der »Berliner Senat« genannt, weil er in Berlin und nicht in Karlsruhe sitzt – hebt mit einstimmigem Beschluß vom 5. Juli 1977 das Urteil auf. Bei solchen Entscheidungen ist es üblich, daß sich die höchsten Richter aus umfangreichen Revisionsbegründungen einen Punkt herauspicken, der zur Aufhebung reicht. Die übrigen Antragsgründe werden dann nicht mehr geprüft, in dem Beschluß wird nicht darauf eingegangen. So wird es auch in diesem Fall gehandhabt: Weil entgegen einem Antrag der Verteidigung nicht alle Protokolle über die Vernehmungen von Bodeux verlesen worden sind, wird das Urteil aufgehoben und an eine andere Jugendkammer verwiesen. Dabei ging es um Protokolle von offiziellen Vernehmungen des Hauptbelastungszeugen, die nicht verlesen wurden. Von den geheimen Aussagen von Bodeux wußten damals weder Gericht noch Verteidigung …

Zuverlässige Richter

Jürgen Bodeux hatte während der fast pausenlosen offiziellen und geheimen Vernehmungen im Herbst 1974 eifrig geplaudert – nicht nur in Sachen Schmücker-Mord. Unter anderem hatte er seinen ehemaligen Hamburger Rechtsanwalt Wolf Dieter Reinhard, dem er nach den ersten Aussagen das Mandat entzogen hatte, schwer belastet. Allein aufgrund dieser Angaben wird der Verteidiger vor der Hamburger Staatsschutzkammer angeklagt. Nach den Behauptungen Bodeux' soll er unter anderem bei der Flucht eines Gefangenen behilflich gewesen sein, ihm selbst soll er geraten haben, kurz vor der Festnahme unterzutauchen, und schließlich habe der Anwalt für die Zukunft Anteile der Beute bei Straftaten für sich reklamiert.

Als der Belastungszeuge 1978 vor Gericht dazu vernommen wird, sieht es plötzlich ganz anders aus: Die Vernehmungsbeamten hätten ihn teilweise mißverstanden. Sein damaliger Anwalt habe solche Äußerungen nie getan, er – Bodeux – habe sie interpretiert. An andere Vorwürfe kann er sich nicht mehr erinnern. Die Hamburger Staatsschutzkammer glaubt ihm nichts mehr: Rechtsanwalt Reinhard wird freigesprochen.

Die Hamburger Aussagen von Jürgen Bodeux wirken sich auch in Berlin aus. Dort hat am 10. April 1978, diesmal vor der 9. Jugendstrafkammer des Landgerichts, der zweite »Schmücker-Prozeß« begonnen. Auf der Anklagebank sitzen jetzt nur noch fünf Wolfsburger Kommunemitglieder. Jürgen Bodeux – seit Ostern 1977 auf freiem Fuß – ist nur noch Zeuge. Das hat zur Folge, daß er nun auch auf die Fragen der Verteidiger antworten muß. Aber vor seiner ersten Vernehmung werden die Ereignisse vor dem Hamburger Gericht bekannt.

Und dort hatte er sich »verplappert«. Erstmals wurde dadurch publik, daß er schon vor der ersten richterlichen Vernehmung am

9. Oktober 1974 Kontakt mit Staatsanwälten und anderen Vernehmungsbeamten gehabt hatte. Im Juni 1978 wurde daraufhin Staatsanwalt Hans-Jürgen Przytarski als Zeuge vernommen. Der Berliner Ankläger räumte ein, daß er bereits im September 1974 Jürgen Bodeux geheim und vertraulich befragt hatte. Darüber habe er einen schriftlichen Vermerk gemacht. Staatsanwalt Wolfgang Müllenbrock, Przytarskis »zweiter Mann« im ersten Prozeß, jetzt selbst Sitzungsvertreter im neuen Schmücker-Verfahren, hatte daraufhin dem Hamburger Gericht die schriftlichen Unterlagen über die ersten geheimen Vernehmungen übergeben.

In Berlin ist die Verteidigung der fünf Wolfsburger hellhörig geworden. Der Verdacht, daß der »Kronzeuge« Jürgen Bodeux nicht von sich aus »geläutert« und in Plauderstimmung gekommen ist, verdichtet sich. Es wird die Beiziehung der gesamten Akten beantragt, aus denen Przytarskis Vermerke stammen. Das Gericht bekommt den Vorgang von der Staatsanwaltschaft – bis auf sieben Seiten. Für diese Blätter weist Staatsanwalt Müllenbrock einen Sperrvermerk des Senators für Justiz vor. Verteidiger und Gericht können nur Mutmaßungen darüber anstellen, was der Inhalt sei. Sie gehen davon aus, daß die geheimen sieben Seiten auch den Zeugen Bodeux betreffen.

Erst 1989, 15 Jahre nach dem Mord an Ulrich Schmücker und nach drei Prozessen, wird der Inhalt bekannt. Es stellt sich heraus, daß es darin gar nicht um Bodeux geht, sondern um einen anderen möglichen Zeugen und Tatbeteiligten: Volker Weingraber, Edler von Grodek, alias Agent »Wien«. Der sollte im Einvernehmen von Verfassungsschutz und Staatsanwaltschaft durch die Geheimhaltung der sieben Seiten weiter geschützt werden.

Kernstück ist ein Brief, den ein anonymer Schreiber am 20. März 1975 an die Berliner CDU schickte, weil er dieser Partei mehr traute als dem Verfassungsschutz:

»Sehr geehrte Herren,

ich habe ein Problem, bei dem ich leider nicht übersehen kann, was richtig oder falsch, bzw. ob es wichtig oder unwichtig ist. Ich richte diesen Brief an Sie mit der Bitte um Weiterleitung in die *richtigen* Hände und alles vertraulich zu behandeln und bin sicher, daß die

Angelegenheit von Ihnen richtig behandelt werden wird. Zur Sache folgendes:

Vor einiger Zeit wurde ein Fahndungsersuchen nach Volker Weingrabner, Edler von Grodeck, veröffentlicht. Durch Zufall habe ich etwas über diesen erfahren, aber das Ganze ist so widersprüchlich, daß ich damit allein nicht fertig werde. Er soll behauptet haben, daß die Veröffentlichung lediglich eine Finte sei und er dem Verfassungsschutz angehöre. Bei einer evtl. Verhaftung wäre er sehr schnell wieder frei. Eigenartigerweise wußte er auch schon ca. 1 Woche vor Veröffentlichung, wann und wo die Fahndungsbilder erscheinen und welche Wohnungen zu welchem Zeitpunkt durchsucht werden. Er war mit diesen Mitteilungen sehr freigiebig Leuten gegenüber, die er 1. eigentlich gar nicht kennt, die 2. nicht allzu verschwiegen sind, sich aber 3. auch niemals als Zeugen zur Verfügung stellen würden. Weingrabner hat die Veröffentlichung seines Bildes damit begründet (heute trägt er keinen Bart mehr), daß die Entlassung einiger Baader-Meinhof-Mitglieder bevorstünde und er sich daruntermischen solle, um deren Pläne zu erfahren. Das Ganze wäre natürlich denkbar, nur eines nicht, daß ein Mitglied des Verfassungsschutzes so offen alles ausplaudert. Es könnte ja durchaus davon Betroffenen zu Ohren kommen.

Weingrabner soll in Neukölln ein Mietshaus besitzen, das er sich angeblich als Zuhälter verdient hat und in dem er s. Zt. auch wohnte. In diesem Haus soll Baader-Meinhof-Mitgliedern bzw. denen, die mit dem Schmücker-Mord zu tun haben, gegen Kennwort Quartier gegeben worden sein. Jetzt wohnt er schon seit längerem in Frankfurt, müßte jedoch – wenn ich die Daten richtig verstanden habe – auch am Tage vor der Entführung von Herrn Lorenz noch in Berlin gewesen sein. Wenn er nun nicht zum Verfassungsschutz gehört, müßte er (oder jemand aus seinem Kreis) an verantwortlicher Stelle jemanden kennen, der ihm rechtzeitig die richtigen Tips gibt, und deshalb schreibe ich an Sie mit der Bitte um Weiterleitung. Denn in diesem Falle wäre es ja durchaus denkbar, daß mein Hinweis zwar wichtig ist, aber nicht ankommt …«

Dieser Brief, mit der Schreibmaschine auf Büttenpapier geschrieben, kam an – und verschwand in der Akte von Staatsanwalt Przytarski. Wäre der Inhalt bekanntgeworden, so wäre auch das Versteckspiel um den zu der Zeit noch steckbrieflich gesuchten Weingraber aufgeflogen. Dann hätten sich alle Prozeßbeteiligten auch ausrechnen können, wo die mutmaßliche Tatwaffe »verbunkert« war. Das heißt aber auch: Falls der Verfassungsschützer Grünhagen das Versteck der Pistole den Staatsanwälten nicht – vertraulich, versteht sich – mitgeteilt hatte, dann mußten sie es zumindest ahnen seit dem anonymen Brief vom 20. März 1975 in ihren geheimen Handakten, also schon vor Beginn des ersten Prozesses.

Jetzt – 1978 während des zweiten Verfahrens – galt es, den Deckel draufzuhalten. Auf die Staatsanwälte konnte sich der Verfassungsschutz verlassen. Aber seit letztlich durch das Verplappern von Bodeux vor dem Hamburger Gericht bekanntgeworden war, daß es da noch geheimgehaltene Aktenteile gab, wurde es schwerer. Auch wenn Gericht und Verteidigung einen anderen, den Zeugen Bodeux betreffenden Inhalt vermuteten, im Gerichtssaal wurde deutlich, daß der Druck, auch diese Unterlagen herauszugeben, größer werden würde.

Es wurde wieder eine nicht alltägliche, vorsichtig ausgedrückt: juristisch nicht ganz einwandfreie Lösung gefunden, um aus diesem Dilemma herauszukommen. Nach einem Vermerk von Verfassungsschützer Michael Grünhagen auf den Seiten 413 bis 415 der geheimen V-Mann-Akten »Wien« hat sich das Ganze wie folgt zugetragen:

»Staatsanwalt MÖLLENBROCK, der fernmündlich um meinen sofortigen Besuch gebeten hatte, teilte mir am heutigen Tage nachfolgend aufgeführten Sachverhalt mit:

1. Am Vormittag des 14.12.1978 habe er erst mit dem Richter BARTHEDDES (Richter am Landgericht und im SCHMÜCKER-Verfahren Ersatzrichter) und danach mit dem Vorsitzenden des Gerichts im SCHMÜCKER-Verfahren, FITZNER, gesprochen … Herr BARTHEDDES erzählte Staatsanwalt MÖLLENBROCK, daß er vor Wochen vom Vorsitzenden FITZNER den Auftrag erhalten habe, ›inoffiziell‹ herauszufinden, was in der dem Gericht nicht zugänglichen VS-Akte stehen würde …

   … BARTHEDDES sei zufällig in eine Feier innerhalb der Abteilung P geraten und habe dabei gefragt, ob er nicht einmal in die

Akte Einsicht nehmen könne. Da der Richter als äußerst zuverlässig bekannt sei, haben Staatsanwalt KIENBAUM und PRIESDORF nach Rückfrage bei Oberstaatsanwalt NAGEL Herrn BARTHEDDES die Akte gezeigt. Herr NAGEL hatte Herrn KIENBAUM gefragt, ob es sich um die Akte handele, ›wo diese LfV-Sache oder die VM-Sache‹ enthalten sei. Diese Bemerkung hatte Herr BARTHEDDES gehört. Er las sich dann die Akte durch und erklärte in bezug auf das CDU-Schreiben, daß dies doch dem Gericht durchaus zu Kenntnis gebracht werden könnte. Hierbei haben Herr KIENBAUM bzw. Herr Oberstaatsanwalt NAGEL, genau ist das aus dem Gespräch des Herrn BARTHEDDES nicht mehr rekonstruierbar, darauf hingewiesen, daß die Akte auf keinen Fall offengelegt werden dürfe, insbesondere das Schriftstück, mit dem Hinweis ›Na, Sie können sich ja schon denken warum‹. Herr BARTHEDDES habe sich verpflichtet gefühlt, den Vorsitzenden des Gerichts, Herrn FITZNER, sowie die beiden Beisitzer HANDKE und WEISS, ›inoffiziell informell zu unterrichten‹. Er habe aber auch darauf hingewiesen, daß dies auf jeden Fall vertraulich behandelt werden müßte. Dies hätten ihm die Herren auch zugesagt. Herr BARTHEDDES erklärte Herrn MÖLLENBROCK in dem Gespräch abschließend, daß er sich in dieser Sache keine Sorgen zu machen brauche.

Danach führte Herr MÖLLENBROCK ein Gespräch mit dem Vorsitzenden, Herrn FITZNER. Im Verlaufe des Gespräches erklärte der Richter von sich aus, daß er in den letzten Wochen schlaflose Nächte gehabt habe, und fragte Staatsanwalt MÖLLENBROCK direkt, ob die in dem CDU-Schreiben genannte Person VM des LfV Berlin sei. Herr MÖLLENBROCK erklärte dazu, daß er dies nicht wisse, er sei ja schließlich kein Mitarbeiter des LfV. FITZNER sagte dazu, daß für ihn ziemlich sicher sei, daß es sich um einen VM handele, denn sonst hätte die Begründung, warum die Akte in das Verfahren nicht eingeführt werden könne, kaum einen Sinn …

… Im Verlaufe des Gespräches äußerte Herr FITZNER noch einmal seine Vermutung in bezug auf den VM mit dem Hinweis, ›an dem Auto-Unfall war der doch auch beteiligt, das war doch der Fahrer‹. Danach sagte er, ›wenn das ein VM ist, dann würde es mich nicht wundern, wenn die auch die Mordwaffe haben‹. Weiter erklärte FITZNER, daß ihm nun manches klar sei …

… Im weiteren Verlauf dieses Gespräches erklärte FITZNER, daß die in dem CDU-Schreiben genannte Person ja gesucht würde und man ihrer kaum habhaft werden könne. Staatsanwalt MÖLLENBROCK bat Herrn FITZNER eindringlich, die ganze Angelegenheit … zu vergessen … FITZNER erwiderte daraufhin, daß seine schlaflosen Nächte vorbei seien und er an dieser Sache nicht mehr rühren werde …

Einschätzung: Herr MÖLLENBROCK erklärte mir gegenüber, daß er tatsächlich glaube, daß Herr FITZNER auf die Sache nicht mehr zurückkommen werde, zumal er die Nichteinführung des VS-Vorganges akzeptiert habe. Die anderen drei Richter seien zuverlässig. Die Geschworenen bzw. Schöffen hätten von dem Vorfall keine Kenntnis erhalten. Staatsanwalt MÖLLENBROCK glaubt deshalb, … daß diese Angelegenheit erledigt sei. Er hätte es aber als seine Pflicht angesehen, mich sofort von diesem Sachverhalt zu unterrichten.

2. Staatsanwalt MÖLLENBROCK gab mir den in der Anlage beigefügten Beweisantrag. Die Verteidiger im SCHMÜCKER-Verfahren wollen nachweisen, daß sich SCHMÜCKER am Tattage mit Angehörigen der LfV getroffen hätte. In diesem Zusammenhang ist auch wieder der Zeuge Peter RÜHL … geladen.«

Unterschrieben ist der Vermerk von Grünhagen – alias Rühl.

Dieser Vorgang ist – hoffentlich – einmalig in der bundesdeutschen Justizgeschichte: Ein Staatsanwalt bespricht mit einem Verfassungsschützer, welche Richter »zuverlässig« seien. Und der Anklagevertreter sieht es »als seine Pflicht« an, den Geheimdienstler sofort über Gerichtsinterna zu unterrichten und auch einen Beweisantrag, der diesen Mann betrifft, weiterzureichen.

Richter erfahren, daß ein gesuchter Tatbeteiligter und möglicher Zeuge vielleicht doch »erreichbar« sei – nämlich über den Verfassungsschutz. Und sie vermuten, wo die mögliche Tatwaffe, ein wichtiges Beweismittel, zu finden ist. Aber sie ziehen – ebensowenig wie die Staatsanwaltschaft – daraus die Konsequenzen. Sowohl vom vorsitzenden Richter Ulrich Fitzner als auch von den beiden Staatsanwälten Hans-Jürgen Przytarski und Wolfgang Müllenbrock (Grünhagen schrieb den Namen falsch) wird der Versuch unterlassen, vom Verfassungsschutz Aufklärung zu erhalten. Später geben sie als Begründung an, eine solche Anfrage wäre aussichtslos gewesen. Die anderen Prozeßbeteiligten – Schöffen, Verteidiger und Angeklagte – werden nicht informiert. Eine Klage der Rechtsanwälte auf Herausgabe jener geheimnisvollen sieben Seiten blieb erfolglos.

Der zweite »Schmücker-Prozeß« endet für die Angeklagten fast so wie der erste Durchgang: Das Gericht glaubt dem »Kronzeugen« Jürgen Bodeux – im Gegensatz zur Hamburger Staatsschutzkammer. Unberücksichtigt bleibt, daß der Zeuge im ersten Prozeß das Gericht zumindest in der Beziehung belogen hat, was das Zustandekommen seiner Aussagen anging. Nach 109 Verhandlungstagen wird am 27. Juli 1979 das Urteil der 9. Strafkammer des Landgerichts Berlin verkündet: Wieder einmal »Lebenslänglich« und mehrjährige Jugendstrafen. Nur Wolfgang S. (»Farim«) wird zu vier statt fünf Jahren Freiheitsstrafe verurteilt.

Deckname »Flach« – ein guter Freund

Das Interesse der Verteidigung in den »Schmücker-Prozessen« an der Person des »Kronzeugen« Jürgen Bodeux war naturgemäß groß. Die Urteile beruhten im wesentlichen auf dessen Aussagen. Diese Beweisführung der Anklage war nur zu erschüttern, wenn es berechtigte Zweifel an der Glaubwürdigkeit Bodeux's gab, die auch das Gericht überzeugen würden. Das angekratzte Image durch die Ereignisse vor der Hamburger Staatsschutzkammer und das Bekanntwerden der ersten geheimen Vernehmungen im September 1974 hatten dafür noch nicht ausgereicht. Auch die Tatsache, daß die Zusage der Vertraulichkeit seiner inoffiziellen Angaben rechtswidrig war und dies unzulässige Vernehmungsmethoden waren, irritierte die Richter nicht.

Bei der Verteidigung verdichtete sich im Laufe der Prozeßjahre immer mehr der Verdacht, daß auch Jürgen Bodeux ein geheimer Mitarbeiter des Verfassungsschutzes war, entweder des Berliner Amtes oder des Bundesamtes. Tatsächlich gab es verschiedene Andeutungen in diversen Akten, und auch Recherchen von Journalisten schienen diesen Verdacht zu erhärten. In der Personenakte Jürgen Bodeux mit dem Aktenzeichen 086-P 100 001, die der Berliner Verfassungsschutz über den Zeugen – ebenso wie über seine damaligen Mitangeklagten – angelegt hat, findet sich auch ein Anhaltspunkt für diese These.

Die Akte beginnt unter dem Datum vom 9.1.1975 mit einer sogenannten Symbolvorlage für V-Mann-Akten, auf der handschriftlich der Deckname »Gasse« eingetragen wurde. Berichte eines Agenten mit diesem Namen existieren allerdings nicht, zumindest nicht in dieser Akte. Sowohl Bodeux als auch das Landesamt für Verfassungsschutz bestreiten bis heute, daß der »Kronzeuge« je Informant irgendeines Geheimdienstes gewesen ist. Wenn dem so gewesen wäre, dann hätte ein Agent die Waffe für die Ermordung Schmückers beschafft. Dann wäre der Prozeß wahrscheinlich geplatzt.

Möglicherweise gab es beim Verfassungsschutz und der Staatsanwaltschaft aber einfach Frohlocken, daß Verteidiger und lästige Journalisten viel Zeit und Energie dafür verschwendeten, eine falsche Spur zu verfolgen. Es lenkte die Aufmerksamkeit außerdem von Weingraber alias »Wien« ab – und einem anderen Trumpf-As, das der Geheimdienst 14 Jahre lang in den Händen hielt. Bis die Karten unfreiwillig aufgedeckt wurden.

Diese Spur hat ihren Ausgangspunkt in der Meldung »Wien-56« vom 11. Juni 1974, ein paar Tage nach dem Mord an Schmücker:

»*Personen*: ›Chris‹ Nu., wohnhaft vermutlich Tile-Wardenberg-Str. 10, 11, 12, 13 oder 14 – Personenbeschreibung: ca. 1,78 m, braunes gewelltes Haar, nicht sehr lang, Oberlippenbart, insgesamt gepflegte Erscheinung, blaue Augen, Bekleidung: verwaschene blaue Hose, kariertes Hemd, braune Cordjacke

Sachverhalt:

1. Die o. g. Person hielt sich in der Nacht vom 9. zum 10. und 10. zum 11.6.1974 mehrere Stunden in dem Lokal ›Tarantel‹ auf. Diese Person nannte sich ›Chris‹ und erklärte u. a., daß sie ›für die Eltern‹ studiert. Es konnte wahrgenommen werden, daß die Person vermutlich eine Waffe bei sich trug. Aus den Erzählungen dieser Person ging hervor, daß sie über die näheren Umstände der Ermordung SCHMÜCKERS Bescheid wußte, ohne daß aber nähere Details erzählt wurden …«

Was Agentenführer Grünhagen nicht in diese Meldung schrieb: Jener »Chris« hatte sich dem Genossen »Hartmut« als Mitglied »der neuen Gruppe« – gemeint war die Wolfsburger Kommune – ausgegeben und sollte nach seinen Angaben die verrostete Parabellum, die mutmaßliche Tatwaffe, abholen. Der »Tarantel«-Wirt, der mit dem Unbekannten in beiden Nächten durch diverse Berliner Kneipen zog, erklärte dem Genossen »Chris« kurz und bündig: »Das kann ich dir nicht geben!« Der Bote der Wolfsburger fragte nicht weiter nach.

Kurz darauf konnte der Verfassungsschutz »Chris« identifizieren. Es war Christian Paul Hain, geboren 8. März 1950. Der große, schlaksige Jurastudent war ein guter – zeitweilig intimer – Freund von Ilse Bongartz. Sie hatten sich über die »politische Arbeit« kennengelernt: Hain hatte lange in einer Kommune, dem Kneipenkollektiv »Wildes Huhn« in Salzgitter gelebt, die Kontakte nach Wolfsburg hatte. Zur Zeit des Schmücker-Mordes lebte er in Berlin, besuchte aber oft seine Freundin Ilse.

Durch sein Erscheinen in der »Tarantel« wurde der Berliner Geheimdienst auf ihn aufmerksam. Christian Hain, den Grünhagen am 26. Juni 1974 auf eine geheime Liste der Tatverdächtigen gesetzt hatte, traf sich bald darauf diverse Male mit einem Verfassungsschützer, einem Mitarbeiter Grünhagens. Offensichtlich hatte »Chris« keine Berührungsängste und plauderte bereitwillig mit dem Mann. Das Landesamt für Verfassungsschutz, das den Studenten gelegentlich observierte, testete seinen künftigen Agenten mit kleinen Aufträgen. So wurde am 3.2.1975 vermerkt:

»Hain war pünktlich am Treffort erschienen und überreichte insgesamt 20 Flugblätter und Broschüren aus der FU. Er berichtete, daß er sich in den letzen Wochen etwas um das politische Geschehen an der Universität gekümmert habe.«

Aber der Geheimdienst hatte Größeres mit ihm vor, und das wurde bei dem gleichen Treffen besprochen:

»Im weiteren Verlauf des Gesprächs wurde dann die künftige Zusammenarbeit besprochen …

Hain wurde gebeten, zunächst einmal mit der inhaftierten Ilse Bongartz Kontakt aufzunehmen (Brief, Besuch). Zu diesem Zweck wurde ihm das entsprechende Aktenzeichen der Staatsanwaltschaft genannt …

Er soll versuchen im SZ (Sozialistischen Zentrum) Fuß zu fassen und vor allem auf die evtl. Aktivitäten dieser Gruppe und auch des dort sporadisch auftretenden ›Folterkomitees‹ zu achten. Hain selbst ist der Ansicht, daß ihm die Wiedereingliederung in die anarchistische Szene leicht gelingen wird, zumal er aus seiner Schwarzen-Hilfe-Zeit in Wolfsburg noch einige Leute im SZ kennt. Hain will versuchen, wieder persönlichen Kontakt herzustellen. U. a. werde er mit den

Leuten ... im Anschluß an das Plenum in eine Kneipe gehen, weil beim Bier erfahrungsgemäß mehr echte Sachen gesprochen würden als auf einer Veranstaltung.«

Am 12. März 1975 übernahm Agentenführer Michael Grünhagen den kooperationsbereiten Mann. Christian Hain war jetzt Agent des Berliner Verfassungsschutzes mit dem Decknamen »Flach«. Und Grünhagens Interesse galt zu der Zeit natürlich dem Mordfall Schmücker. So notierte er am 17. März 1975:

»Inzwischen hat Flach einen Besuchsschein für die Ilse Jandt erhalten und wird diese am Montag, dem 17. März 1975, in der U-Haftanstalt Moabit um 10.00 Uhr besuchen. Ich habe VM Flach erklärt, daß es darauf ankomme, über die Ilse Jandt Kontakte zu relevanten Personen im Untergrund zu finden, zumindest den Versuch zu unternehmen. Flach soll auch versuchen, eine Meinungsäußerung der Jandt über VM Wien zu erhalten.«

Wollte der Verfassungsschützer herausbekommen, ob die inhaftierte Frau einen Verdacht gegen »Hartmut« alias »Wien« hatte, oder war er sich noch immer unsicher, wie weit sein V-Mann in die Tat verwickelt war? So ergab sich die kuriose Situation, daß ein Agent eine verdächtigte Terroristin nach einem anderen Agenten ausfragte, und das unwissentlich. Denn daß sie für das gleiche Amt arbeiteten, erfuhren »Wien« und »Flach« nach eigenen Angaben erst 1988 aus der Presse.

Das Ergebnis der »Befragung« dürfte nicht sehr befriedigend für den Agentenführer gewesen sein. Noch am selben Tag traf er den neuen V-Mann:

»VM Flach hat dann über eine ›bestimmte Fahndung‹ mit der Jandt gesprochen, sie wußte sofort, wer gemeint war (VM Wien) und erklärte, daß es gut sei, daß ›der noch nicht gefunden ist‹. Weitere Angaben machte sie nicht. Sie erklärte lediglich noch an anderer Stelle des Gesprächs, daß sie hoffe, ›daß man den nie findet‹. VM Flach hatte nicht den Eindruck, daß die Jandt in irgendeiner Weise geringschätzig von der gesuchten Person sprach. Aufgrund der Umstände des Gesprächs konnte sie sich nicht weiter äußern ...

... Auf den bevorstehenden Prozeß in Sachen Schmücker angesprochen erklärte die Jandt, daß sie mit ihrem Anwalt gesprochen hätte und dieser hätte ihr erklärt, daß es ›wichtige Lücken gebe‹, so daß juristisch noch nicht alles klar sei. Sie mache sich aber nichts vor, da sie die Justiz ja kenne. VM Flach hat in diesem Zusammenhang ihr gegenüber erklärt, daß sie bei dieser Justiz mit dem Schlimmsten rechnen müsse. Mit diesem Ausspruch sollte die Möglichkeit geschaffen werden, die Jandt etwas aus der Reserve zu locken.

Die Jandt erklärte gegenüber VM Flach, daß sie dem Rechtsanwalt Philipp Heinisch angekündigt habe, daß dieser von VM Flach demnächst aufgesucht werden würde ...

VM Flach hat von mir den Auftrag erhalten, sich an den Anwalt Heinisch zu wenden ...«

Grünhagen muß sich ins Fäustchen gelacht haben, etwas Besseres konnte dem Amt kaum passieren: Durch Vermittlung seiner Freundin Ilse bekommt der Agent guten, vertrauensvollen Kontakt zum Verteidiger der Hauptangeklagten im »Schmücker-Prozeß«. Aber es kam sogar noch besser: Zeitweilig arbeitete Christian Hain alias »Flach«, nach außen hin noch Jurastudent, als Praktikant in der Kanzlei von Philipp Heinisch, dem Anwalt von Ilse Jandt, geschiedene Bongartz, die während der Haft wieder heiratete und dann Ilse Schwipper hieß.

Nicht nur während des Praktikums im Herbst 1975, sondern auch schon vorher und noch mehr danach war der Agent stets bestens informiert über die »Gegenseite«: In mindestens 47 detaillierten, teilweise mehrseitigen Berichten, die »Flach« selbst schrieb, wurde der Verfassungsschutz über die Prozeßstrategie der Verteidigung unterrichtet. Darin beschreibt der fleißige V-Mann nicht nur das Gesamtkonzept der Anwälte. Penibel gibt er auch wieder, wie die Verteidiger die Aussagen einzelner Zeugen und das Verhalten von Richtern und Staatsanwälten einschätzen, welche Schlüsse sie daraus für ihr weiteres Vorgehen ziehen, welche Fragen einigen Zeugen gestellt oder auch besser nicht gestellt werden sollen. Und natürlich ist von besonderem Interesse, wie die Anwälte mit dem »Kronzeugen« Bodeux umgehen wollen. Außerdem erfährt der Geheimdienst, welche Rechtsfehler und damit mögliche Revisionsgründe man entdeckt zu haben glaubt und welche Anträge wann und mit welchem Ziel gestellt werden sollen.

Was von dieser Fülle an Informationen vom Verfassungsschutz im einzelnen an die jeweiligen Anklagevertreter weitergegeben wurde, läßt sich nicht genau rekonstruieren. Aber es ist sicher, daß das Landesamt für Verfassungsschutz die Staatsanwaltschaft mit Hintergrundwissen versorgte. Darüber wurde jedoch nicht Buch geführt. Staatsanwalt Wolfgang Müllenbrock erklärte vor dem Untersuchungsausschuß des Berliner Parlaments: »Ich sage mal, wenn ich einen Mitarbeiter des Verfassungsschutzes in meinem Zimmer als Staatsanwalt empfange und mit ihm ein Gespräch führe, brauche ich darüber keinen Aktenvermerk zu machen.« Sein damaliger Kollege, Staatsanwalt Hans-Jürgen Przytarski, erklärte, soweit er Informationen bezüglich der Verteidigerstrategie erhalten haben sollte, sei dies für ihn ohne jeden Belang gewesen. Beide Ankläger bestritten, etwas davon gewußt zu haben, daß Christian Hain Agent des Verfassungsschutzes war. Przytarski stritt nicht grundsätzlich ab, daß er Informationen vom Geheimdienst bekommen habe. Woher das Landesamt sein Wissen bezog, sei ihm nicht mitgeteilt worden, und er habe auch nicht danach gefragt. Er sei davon ausgegangen, daß sie mit »operativen Mitteln« gewonnen worden seien, möglicherweise durch Telefonüberwachung.

Tatsächlich gibt es Hinweise darauf, daß sich der Verfassungsschutz nicht mit der Ausspähung der Verteidigung allein durch seinen V-Mann »Flach« begnügte, sondern auch Post- und Telefonkontrolle durchführen ließ. Das war – bis zur deutschen Wiedervereinigung – in Berlin nur mit Hilfe der Alliierten möglich. Die wurden auf Bitten deutscher Stellen als Lauscher und Postkontrolleure tätig. Daß sie es auch im Fall Schmücker taten, dafür gibt es einen bekannt gewordenen Hinweis in einem Vermerk Grünhagens, Belege dafür allerdings nicht. Die Besatzungsmächte hüllten sich auch auf Nachfragen eines Gerichts in Schweigen, und die Deutschen durften darüber nichts sagen. Am 19. 6. 1990 antwortete der damalige Berliner Innensenator Erich Pätzold auf Fragen des Untersuchungsausschusses:

»Es gibt eine alliierte Anordnung, wonach Einzelheiten von Dingen, die die Alliierten berühren … und über die Tatsache, daß es solche Einzelheiten gibt, keine Auskünfte gegeben werden dürfen, und eigentlich dürfte ich Ihnen auch keine Auskunft darüber geben, daß es diese alliierte Anordnung gibt.«

Auch ohne amtliche Bestätigung solcher nachrichtendienstlicher Mittel, die übrigens außerhalb West-Berlins, im übrigen Bundesgebiet, der parlamentarischen und richterlichen Kontrolle unterliegen, steht fest: Zumindest durch den Agenten »Flach« ist die Verteidigung ausgespäht worden. »Waffengleichheit« vor Gericht und somit ein »fair trial« war von Anfang an nicht gegeben. Zusätzlich nahm die Angeklagte Ilse Schwipper/Bongartz erheblichen Schaden durch die Spitzeltätigkeit ihres »guten Freundes«: Nachdem »Flach« von angeblichen Ausbruchsplänen aus der Haftanstalt Lehrter Straße berichtet hatte, wurde sie für fast drei Jahre in den Hochsicherheitstrakt von Moabit verlegt.

Christian Hain stritt nach den ersten Veröffentlichungen über seine Agententätigkeit im Frühjahr 1988 jegliche Arbeit für den Verfassungsschutz ab, sogar vor laufenden Fernsehkameras. Erst als er überhaupt nicht mehr zu halten war, wurde die Tatsache auch von Amts wegen bestätigt. V-Mann »Flach« wurde »abgeschaltet«, bekam eine sechsstellige Abfindungssumme vom Staat und tauchte im Ausland unter.

»Nur noch eine Farce«

Selbst ohne das Wissen über diesen geheimdienstlichen Hintergrund finden die Verteidiger genug Gründe, um auch das zweite Urteil vom 27. Juli 1979 vor dem Bundesgerichtshof anzugreifen. Fast 1000 Seiten füllen sie mit ihren Argumenten.

Sie haben Erfolg: Mit wiederum einstimmigem Beschluß vom 14. Oktober 1980 hebt der BGH das Urteil auf und verweist das Verfahren erneut an eine andere Jugendstrafkammer. Der Revisionsgrund, der diesmal dazu führt, hat auch wieder mit der Person des Zeugen Jürgen Bodeux zu tun. Das Fragerecht der Verteidigung sei verletzt worden, als die Fragen nach dessen Einkommensverhältnissen zurückgewiesen worden seien. Die aber hätten Aufschluß geben können über die Glaubwürdigkeit des Zeugen. Ziel der anwaltlichen Fragen war gewesen, herauszufinden, ob es für Bodeux eine »Nachbetreuung« durch den Verfassungsschutz gegeben habe – wie es einst »Rühl« seinem Opfer Schmücker versprochen hatte: Geld und Studium im Ausland. Der »Kronzeuge« studierte später Medizin in Bochum.

Am 7. Mai 1981, fast sieben Jahre nach dem Tod Schmückers, beginnt vor der 13. Jugendstrafkammer der dritte Anlauf, die Wahrheit über die Ermordung des Studenten herauszufinden. Zu dieser Zeit befindet sich nur noch Ilse Bongartz/Jandt/Schwipper in Untersuchungshaft. Die vier Mitangeklagten waren nach Haftzeiten zwischen gut zwei und über sechs Jahren vorläufig auf freien Fuß gekommen. Jürgen Bodeux hatte nur zweieinhalb Jahre seiner Jugendstrafe absitzen müssen.

Natürlich steht die Person des »Kronzeugen« im Mittelpunkt des Interesses. Insgesamt 18 Tage wird Bodeux vor Gericht vernommen. Unter anderem will die Verteidigung herausfinden, wie es zu der letzten, angeblich wahrheitsgemäßen, sogenannten »Weihnachtsaussage« gekommen ist. Dazu kann Ende November 1983 ein kompetenter Mann befragt werden: Franz Natusch, der Chef des Verfassungsschutzes. Zum ersten Mal wird dadurch bekannt, daß der Zeuge kurz vor seiner entscheidenden Aussage dreimal von einem Verfassungsschützer mit dem Arbeitsnamen »Seifert« Besuch hatte. Viel mehr weiß Natusch nach seiner Darstellung nicht, und über die Gespräche mit Bodeux gäbe es keine schriftlichen Aufzeichnungen.

Der Berliner Geheimdienst-Chef war nicht ganz freiwillig vor Gericht erschienen: Das Oberverwaltungsgericht Berlin hatte nach einer Klage der Verteidiger das Land Berlin dazu verurteilt, dem Verfassungsschützer eine Aussagegenehmigung über die Gespräche mit Jürgen Bodeux zu erteilen. Es ist nur eines von insgesamt 16 Verwaltungsgerichtsverfahren, die von den Angeklagten bzw. ihren Verteidigern parallel zum Strafprozeß geführt werden. Mal geht es um Aussagegenehmigungen von Beamten, die mit dem Fall zu tun hatten, mal geht es um die Herausgabe von Akten – oft den Zeugen Bodeux betreffend – bei den verschiedenen Behörden. Oft geht es durch mehrere Instanzen.

Manchmal wird ein Sieg errungen, manchmal eine Niederlage eingesteckt. Und es gibt Vergleiche wie mit dem Hessischen Landeskriminalamt um die Herausgabe der Akte DF 1979: Vor dem Verwaltungsgericht in Wiesbaden verpflichtet sich das Land Hessen alle für den Fall Schmücker relevanten Teile vorzulegen, wobei allerdings geheimhaltungsbedürftige Teile herausgeschnitten würden. Das Berliner Landgericht erhält daraufhin fünf Klarsichthüllen mit Papierschnitzeln.

Während die Verteidigung mit dieser zusätzlichen Arbeit gut ausgelastet ist, um ihren Mandanten auch gegenüber mauernden Behörden zum Recht zu verhelfen, wird ihnen oft Prozeßverschleppung vorgeworfen. Auch im Hause des Berliner Justizsenators ist man beunruhigt über die lange Dauer des nun schon dritten »Schmücker-Prozesses«. So schreibt der Abteilungsleiter Gerhard Spletzer am 17. Oktober 1985 auf eine »Vorlage bedeutsamer Verfahren bzw. Vorgänge an die Hausspitze, hier: ›Schmücker‹-Verfahren«:

»Bei allem notwendigen Respekt vor der richterlichen Unabhängigkeit scheint mir ein Gespräch mit dem Präsidenten des Landgerichts und Generalstaatsanwaltschaft beim Landgericht mehr als sinnvoll zu sein. Die Taktik der Verteidigung scheint mir so offenkundig, daß es möglich sein sollte, sie mit prozessual zulässigen Mitteln zu durchbrechen. Der Prozeß ist doch derzeit nur noch eine Farce.«

Dieser Vermerk wurde am 2. 11. 1985 kommentarlos vom Senatsdirektor (Staatssekretär) abgezeichnet und damit zustimmend zur Kenntnis genommen. Diese hohe politische Position hatte damals Alexander von Stahl, der heutige Generalbundesanwalt. Daß ein solches Gespräch, wie es der Abteilungsleiter angeregt hatte, stattgefunden hat, geht aus einem Vermerk in den Akten der Justizverwaltung hervor. Danach hat der Präsident des Landgerichts ein ausführliches Gespräch mit dem Vorsitzenden der 13. Strafkammer geführt. Dieser Vorsitzende des Gerichts, das den »Schmücker-Prozeß« führte, »habe darauf hingewiesen, daß die gesamte Kammer schon aus eigenem Interesse bemüht sei, diesen Prozeß endlich zu Ende zu bringen ...«.

Generalbundesanwalt von Stahl konnte sich 1990 als Zeuge vor dem Berliner Untersuchungsausschuß an die konkreten Abläufe nicht mehr erinnern, die Richtigkeit dieser Vermerke stellte er aber nicht in Abrede. Allerdings wollte er diesen Vorgang nicht als Versuch der Einflußnahme auf das Strafverfahren gewertet wissen.

Währenddessen nahm der Prozeß im Saal 701 des Kriminalgerichts Moabit weiter seinen Lauf. Parallel gab es ein Verfahren vor dem Bundesverwaltungsgericht. Der Rechtsstreit war nicht neu, er hatte bereits 1978 vor dem Berliner Verwaltungsgericht begonnen. Ein ganz wichtiger Prozeß für die Verteidiger und Angeklagten: Das Land Berlin, der Senator für Inneres, war auf Herausgabe von Akten des Verfassungsschutzes, insbesondere Schmücker, Tilgener und Bodeux betreffend, verklagt worden. Der Innensenator hatte die Übergabe der Akten an das Strafgericht immer mit der Begründung verweigert, »das Bekanntwerden des Inhalts der Akten würde dem Wohl des Bundes und des Landes Berlin Nachteile bereiten«.

Für den Vormittag des 8. Juli 1986 ordnet das Bundesverwaltungsgericht eine Anhörung der Parteien an mit dem Ziel, den Streit per Vergleich zu beenden. Da für diesen Tag auch Termin im »Schmücker-Prozeß« angesetzt ist, kommen Strafkammer und Verteidigung überein, daß die Verhandlung erst am Nachmittag fortgesetzt wird. So haben die Anwälte Gelegenheit, an dieser auch für das Strafverfahren wichtigen Anhörung teilzunehmen.

Im dritten Durchgang dieses Mammutverfahrens zeichnet sich zuvor ein Ende ab: Am 3. Juli 1986, wenige Tage vor dem Termin beim Bundesverwaltungsgericht, hält morgens der erste der zehn Verteidiger sein Plädoyer. Danach wird jedoch noch einmal in die Beweisaufnahme eingetreten. Die Anwälte haben kurz zuvor erstmals die Ermittlungsakte gegen Volker Weingraber, Edler von Grodek, aus der die »Scheinfahndung« ersichtlich ist, einsehen können. Rechtsanwalt Rainer Elfferding stellt dazu einen Beweisantrag. Der ehemalige Staatsanwalt Hans-Jürgen Przytarski soll zu den Vorgängen um die Person Weingrabers als Zeuge gehört werden. Der Ankläger aus dem ersten Prozeß, der auch die ersten entscheidenden Ermittlungen geführt hatte, hat inzwischen Karriere gemacht: Auf Vorschlag von Amtschef Franz Natusch ist Przytarski dessen Stellvertreter in der Leitung des Landesamtes für Verfassungsschutz geworden. Das Gericht unterbricht die Hauptverhandlung und zieht sich zur Beratung zurück.

Gut drei Stunden später, etwa um 14 Uhr, geht es weiter. Das Gericht lehnt den Beweisantrag ab und fordert den Staatsanwalt zu seinem Schlußvortrag auf. Da er schon wiederholt plädiert hat, kann er es kurz machen: Er erklärt, daß er bei seinen schon gestellten Strafanträgen bleibe. Dann fordert Richter Sachs die Verteidiger auf, ihre Plädoyers zu halten. Die sind aber nicht darauf vorbereitet. Einer der Anwälte erklärt, er habe sich darauf eingerichtet, erst nach dem Termin vor dem Bundesverwaltungsgericht seinen Schlußvortrag zu halten. Nach einem Wortgefecht zieht sich das Gericht erneut zur Beratung zurück. Nach etwa zwanzig Minuten werden die Prozeßbeteiligten aufgefordert, wieder ihre Plätze im Saal einzunehmen. Die Angeklagten sind an diesem 3. Juli 1986 – wie schon oft – nicht erschienen. Auch Ilse Bongartz/Schwipper war inzwischen nach achtjähriger Untersuchungshaft – auch das ist Rekord in der bundesdeutschen Justizgeschichte – wegen Haftunfähigkeit entlassen worden. Ihre Gesundheit ist stark angegriffen. Das häufige Fernbleiben von der Verhandlung wurde vom Gericht geduldet, routinemäßig wird an fast jedem Prozeßmorgen der Beschluß verkündet, daß ihre Anwesenheit an dem betreffenden Tag nicht erforderlich sei. So war es auch am 3. Juli.

Als die Verhandlung gegen 15 Uhr wieder eröffnet wird, erhebt sich das Gericht und verkündet überraschend das Urteil. Die Strafen – in Abwesenheit der Angeklagten verlesen – sind die gleichen wie im Prozeß zuvor. Nach 391 Verhandlungstagen ist der dritte »Schmücker-Prozeß« überraschend beendet.

Ein paar Wochen später, im August 1986, fällt auch das Bundesverwaltungsgericht seine Entscheidung im Rechtsstreit um die Akten des Verfassungsschutzes. Tenor: Die Begründung für die Verweigerung der Akten sei nicht ausreichend gewesen. Durch die Sperrerklärungen habe der Beklagte – das Land Berlin – »das Recht der Klägerin auf ein rechtsstaatliches, faires Verfahren verletzt«. Eine späte – zu späte – Genugtuung für die Angeklagten. Durch das plötzliche Prozeßende konnte dieser Beschluß nicht mehr berücksichtigt werden.

… und seine Hintermänner

Auch dieses Urteil des Berliner Landgerichts hat keinen Bestand vor dem Bundesgerichtshof. Das schnelle Prozeßende hat Folgen: Die Urteilsverkündung in Abwesenheit der Angeklagten war unzulässig und reicht als Revisionsgrund aus. Das Verfahren wird wiederum an eine andere Jugendkammer des Landgerichts Berlin zurückverwiesen. Auch diese Aufhebung des Urteils beschließt der 5. (»Berliner«) Strafsenat des BGH im März 1989 wieder einstimmig.

Doch diesmal gehen die höchsten Richter noch einen Schritt weiter und fügen eine sogenannte »Sachrüge« hinzu. Sie kritisieren die Feststellungen des Landgerichts im Urteil, es seien keine Anhaltspunkte dafür ersichtlich, »daß die Tat anderen als der Wolfsburger Gruppe zugeordnet werden« könne, und die Angeklagten hätten »als einzige den konkreten Mordplan« gekannt. Daran haben die Bundesrichter ihre Zweifel und erwähnen in diesem Zusammenhang eine Person, die bis dahin in dem Strafverfahren unbehelligt blieb: Volker Weingraber, Edler von Grodek.

Als Beleg für eine mögliche Tatbeteiligung des »Edlen« nennen sie die Fakten, daß Weingraber die Schreibmaschine besorgt hatte, auf der »Fragebogen« und »Bekennerbrief« geschrieben wurden, daß er die mutmaßlichen Täter beherbergte, den VW-Bus zur Verfügung stellte und die Tatwaffe verschwinden ließ. Zusätzlich erwähnen die Richter noch einen anderen Vorfall: Weingraber soll Götz Tilgener, als der in der Szene über die »Hinrichtung« Schmückers herumredete, gedroht haben, über »Billy« ein »Info« in der Szene zu vertreiben und einen Schlägertrupp in seine Wohnung zu schicken.

Der Beschluß des Bundesgerichtshofes endet mit dem Satz: »Daß das Landgericht sich mit der Frage einer Tatbeteiligung des von Weingraber und etwaiger Hintermänner nicht auseinandergesetzt hat, kann das Urteil zum Nachteil der Angeklagten beeinflußt haben.«

Ein deutlicher Schlag gegen den Verfassungsschutz, denn andere »Hintermänner« hatte Weingraber nicht. In drei Strafprozessen war davon nicht die Rede gewesen, und ohne zwingenden Grund erteilten die Richter diese »Sachrüge«. Vielleicht hatten sie den »Spiegel« Nr. 40 von Ende September 1986 gelesen: Unter dem Titel »Spitzel aus der Tarantel« wurden erstmals einige Machenschaften des Berliner Verfassungsschutzes im Zusammenhang mit der Ermordung Schmückers veröffentlicht – vor allem aber die Tatsachen, daß Weingraber ein V-Mann war und die mögliche Tatwaffe in einem Panzerschrank des Geheimdienstes lagert.

Der Artikel schlug im Landesamt für Verfassungsschutz wie eine Bombe ein, eine Krisensitzung jagte die andere. Fieberhaft wurde die »undichte Stelle« gesucht, denn es war allen klar: Die Informationen konnten nur aus dem Amt selbst stammen. Aber der Tipgeber ist bis heute nicht »enttarnt« worden. Die Veröffentlichung machte den Agenten »Wien« zum »Sicherheitsfall«, denn das Amt sah ihn als hochgradig gefährdet an. Das wurde für den ehemaligen Zuhälter zum Glücksfall.

Der »Edle« hatte noch bis Ende 1977/Anfang 1978 im Berliner Untergrund gelebt und gearbeitet, »mit guter Pappe«, wie er selbst herumtönte. Die Fahndung nach ihm störte ihn nicht; er wußte, daß es eine Scheinfahndung war, die zudem sein Image bei den »Genossen« nur verbesserte. Zum harten Kern der »Bewegung 2. Juni« ist er allerdings nie vorgedrungen. Als er den Wortführern der Terroristengruppe für bevorstehende Aktionen empfohlen wurde, blockten sie ab. Man war nach der Schmücker-Sache vorsichtiger geworden. In Absprache mit dem Bundeskriminalamt frischte der Agent daraufhin seine »connections« in Frankfurt wieder auf.

Seine Kontaktperson dort war Brigitte Heinrich, in Terroristenkreisen unter dem Tarnnamen »Märchentante« bekannt. Sie stand im Verdacht – und wurde 1980 auch deswegen verurteilt – Sympathisantin und Unterstützerin der RAF zu sein. Die Frankfurterin hatte gute Beziehungen zur italienischen Linken und empfahl ihrem gesuchten Berliner Freund, nach Mailand zu gehen, das sei »ein Paradies für Linke«. Für das Bundeskriminalamt und den Verfassungsschutz kam dieser Tip gerade recht: Schon lange vermutete man, daß es zwischen der deutschen »Rote Armee Fraktion« und den italienischen »Roten Brigaden« enge Beziehungen gab. Brigitte Heinrich führte den »Genossen« 1978 persönlich in die linke Szene der norditalienischen Stadt ein. Mit Wissen der »befreundeten« Dienste arbeitete der Agent dort weiter, er wurde aber nach wie vor vom Berliner Verfassungsschutz »geführt«.

Angeblich aus rein privaten Gründen wurde der Agent im Mai 1979 »abgeschaltet«, wie es im Geheimdienstjargon heißt. Der rauhbeinige Mann aus dem kriminellen Milieu mit dem Image eines guten Genossen hatte sich ausgerechnet in eine echte Linke verliebt. Die Wahrheit über ihn durfte sie auf keinen Fall erfahren – die Beziehung wäre auseinandergegangen und der Agent »verbrannt«. So wurde zwischen ihm und dem Berliner Verfassungsschutz das Ende der Zusammenarbeit vereinbart. Als Abfindung sollte er 100 000 Mark bekommen. Das ist üblich bei deutschen Geheimdiensten bei »Abschaltung« von Agenten, wenn auch die Beträge variieren. Weingraber erhielt sofort 60 000 Mark für den Kauf einer Eigentumswohnung in Mailand, die zweite Rate von 40 000 Mark im April 1981.

Bis dahin hatte Agent »Wien« nicht gerade zu den Großverdienern gezählt. Wie er in den ersten Jahren seiner Tätigkeit bezahlt wurde, läßt sich nicht mehr nachvollziehen, weil das Landesamt für Verfassungsschutz darüber nicht Buch führte. Erst seit 1977 gibt es sogenannte »Zahlbögen« in den V-Mann-Akten. Danach hat der »Edle« bis zur Abfindung jährlich Beträge zwischen 25 000 und 28 000 Mark bekommen.

Weingraber, der sein Mietshaus in Berlin verkauft hatte, das er noch in seiner Zeit als Zuhälter erworben hatte, baute sich zusammen mit seiner Lebensgefährtin Franca und deren Ehemann Alberto eine neue Existenz in der Toskana auf. Sie stiegen in ein gutgehendes Weingut ein, restaurierten alte Möbel, die sie dann in Mailand verkauften, und züchteten Fasane. Jedes Jahr im Herbst werden die Tiere – gegen entsprechendes Entgelt – in dem weitläufigen Jagdgebiet rund um das Weingut zum Abschuß freigegeben. Der Neu-Landwirt hat selbst einen Waffenschein und mußte auch sein altes Hobby nicht aufgeben:

Seine Waffensammlung ist von den italienischen Behörden genehmigt worden. In seinem »dritten Leben«, wie er es selbst nennt, heißt der adlige Ex-Agent »Michael Goldmann«.

Das Leben auf dem Lande konnte er lange in Ruhe genießen. Hin und wieder zog es ihn nach Berlin, wo er alte Freunde aus der Szene besuchte. Der Verfassungsschutz sah das nicht gerne und rügte ihn – wenn das Amt überhaupt davon erfuhr – wegen dieser Eigenmächtigkeit. Er selbst sah sich nicht als so gefährdet an. Niemand hatte bis dahin den Verdacht geäußert, daß er Agent des Geheimdienstes sei.

Bis zur »Spiegel«-Veröffentlichung im September 1986. Im Berliner Amt gab es höchste Alarmstufe. Postwendend bekam der enttarnte V-Mann zunächst 5000 Mark für »Bewegungsfreiheit im Falle einer akuten Gefährdung«. Auf Anraten des Amtes verließ er das Weingut und zog vorübergehend wieder nach Mailand. Er dürfte Schwierigkeiten gehabt haben, seiner Lebensgefährtin die überstürzte Abreise zu erklären. Denn erst zwei Jahre später schenkte er ihr über seine Vergangenheit reinen Wein ein.

Die 5000 Mark aber waren nur eine kleine Akontozahlung. Der schlitzohrige Aussteiger stellte jetzt Forderungen wegen des erneuten Abtauchens, und der Verfassungsschutz zahlte: Im Dezember 1986 bekam er 60 000 Mark als »Abschlagszahlung zur Begleichung der wichtigsten Verpflichtungen im Zusammenhang mit dem Weingut«, im gleichen Monat noch einmal 10 000 Mark für die »Rückzahlung eines Teils eines Darlehens an Gläubiger«; und es ging im folgenden Jahr so weiter mit diversen »Abschlagszahlungen« zwischen 10 000 und 45 000 Mark, meistens in Zusammenhang mit dem Weingut. Bis zum 5. Oktober 1987 gingen so über 200 000 Mark aus der Staatskasse auf das Konto des »pensionierten« Agenten. Dann kam es zu abschließenden Verhandlungen in der Schweizer Stadt Thun: Verfassungsschützer Michael Grünhagen und ein Kollege trafen mit ihrem einstigen Top-Agenten eine Vereinbarung. Danach sollte für die »endgültige Regelung des Sicherheitsfalles« noch einmal eine Abfindung von 550 000 Mark gezahlt werden. Unter einer Bedingung, die Weingraber auch unterschrieb:

»Mir ist klar, daß die Abfindungssumme nur unter der Voraussetzung an mich gezahlt wird, daß ich das Gut aufgeben und mir an einem anderen sicheren Ort eine neue Existenz unter den mit mir abgesprochenen Sicherheitsvorkehrungen aufbauen werde.«

Der Berliner Senat zahlte diese Summen – insgesamt waren es 763 300 Mark für den »Sicherheitsfall«. Solche Entscheidungen kann das Berliner Landesamt für Verfassungsschutz natürlich nicht alleine treffen, dafür mußte der Haushalt der Behörde kräftig aufgestockt werden. Aber an entscheidender politischer Schaltstelle saß inzwischen ein Mann, der sehr viel Verständnis für die Lage des Verfassungsschutzes und seines abgeschalteten Agenten »Wien« hatte: Wolfgang Müllenbrock. Er war in einer Blitzkarriere vom Staatsanwalt zum Staatssekretär beim Senator für Inneres aufgestiegen, zuständig für Feuerwehr, Polizei – und Verfassungsschutz.

Volker Weingraber, Edler von Grodek alias »Michael Goldmann« kassierte – und kehrte auf das Weingut in der Toskana zurück. Von dem Geld kaufte er die restlichen Anteile an dem Betrieb und baute ihn weiter aus. So entstanden noch Appartments, die er an Feriengäste vermietet. Er dachte nicht daran, sich woanders niederzulassen, wie es vereinbart war.

Alles in allem kassierte dieser zwielichtige Geheimdienstagent rund eine Million Mark aus der Staatskasse. Bei solch großzügiger Entlohnung wird natürlich spekuliert, ob »Schweigegeld« bezahlt wurde, weil es da irgendwo »eine Leiche im Keller« gab – ob im Zusammenhang mit dem Mordfall Schmücker oder seiner anderen Arbeit für den Verfassungsschutz, sei dahingestellt. Allzu schnell waren alle Forderungen des ehemaligen Mitarbeiters ohne die vereinbarte Gegenleistung bezahlt worden. Eine vom rot-grünen Berliner Senat eingesetzte »Projektgruppe Verfassungsschutz« prüfte 1989 die Zahlungsmoral des Amtes und kam nach Befragungen und Aktenstudium in ihrem Bericht zu dem Schluß, »daß sich aus den Akten keinerlei Hinweise darauf finden lassen, daß an ›Wien‹ *Schweigegeld* gezahlt worden ist«. Hatte man ernsthaft geglaubt, auf dem »Zahlbogen« in der V-Mann-Akte »Wien« das Wort »Schweigegeld« statt »Abschlagszahlung« zu finden, wenn dem so gewesen wäre?

Einer, der es mit Sicherheit hätte wissen müssen, konnte von dieser

Projektgruppe und auch vom parlamentarischen Untersuchungsausschuß nicht befragt werden: Agentenführer Michael Grünhagen. Nachdem im April 1980 sein Foto mit richtigem Namen im »Stern« veröffentlicht wurde, galt auch »Rühl« alias »Petersen« als »verbrannt« – zumindest im Terrorismusbereich. Für einige Zeit wurde er aus dem Verkehr gezogen und tauchte in Österreich unter, wo er auch gerne seinen Urlaub verbrachte. Daher rührt wahrscheinlich auch der Name für die neue Akte, die jetzt beim Verfassungsschutz angelegt wurde: »Brenner«.

Darin geht es vor allem um die eine neue Identität des Oberamtsrates Michael Grünhagen. Der damalige Amtschef Franz Natusch hätte ihm gerne einen neuen Job außerhalb Berlins verschafft, aber der Beamte wollte partout in Berlin bleiben. So wurde er innerhalb des Amtes in das Referat »Ausländerextremismus« versetzt und hieß von da an offiziell »Michael Wegner«. Alle dafür notwendigen Papiere wurden von der Tarnmittelstelle des Hamburger Verfassungsschutzes zur Verfügung gestellt. Im Mai 1983 wurde diese Namensänderung ganz legal vollzogen. Jeder Hinweis auf »Grünhagen« verschwand, vom Melderegister bis zur Krankenkasse. Seine Arbeitsnamen im neuen Aufgabengebiet waren jetzt »Jablonka«, »Buchholz« und »Zacher«. Sein Äußeres hatte er etwas verändert: Er trug nur noch gelegentlich einen Oberlippenbart, aber ständig eine Brille.

Verschlechtert hat sich der Verfassungsschützer durch diese Veränderungen nicht: Aus Sicherheitsgründen mußte er samt Familie auch seinen Wohnsitz wechseln. So wurde eine landeseigene Villa im Stadtteil Gatow für ihn modernisiert und hergerichtet. Kostenpunkt: rund eine halbe Million DM. Mit umfangreichen Sicherheitsanlagen rund um das Haus und vom Wachschutz wohlbehütet, wohnte er jetzt in unmittelbarer Nachbarschaft des britischen Stadtkommandanten.

Bei der Volkszählung 1987 benutzte er noch einmal seinen alten Namen »Grünhagen«. Ganz im Vertrauen auf den Datenschutz gab er als Wohnsitz eine Polizeidienststelle in Berlin-Reinickendorf an, als Beruf »Vertreter« mit »wechselnder« Arbeitsstelle. Als Wirtschaftszweig trug er »Neuheitenvertrieb« ein. Das war kurz bevor er im Herbst 1987 wieder eine neue Identität bekommen sollte, denn es gab

Anzeichen dafür, daß auch »Michael Wegner« bald enttarnt sein würde.

Im Januar 1988 erschien eine kurze Meldung in einer Berliner Tageszeitung, daß der Verfassungsschutzbeamte Michael Grünhagen gestorben sei. Schon diese Notiz ist ungewöhnlich, denn sonst ist der Tod eines Geheimdienstmitarbeiters keine Meldung wert. Offiziell wurde danach bestätigt, daß Grünhagen am 19. 1. 1988 an Hautkrebs gestorben sei. Als öffentlich Zweifel daran laut wurden, bestätigten Kollegen aus dem Amt, daß er schon länger krank war und daß sie an der Beerdigung teilgenommen haben. Aber auch sein Tod ist geheimnisumwittert: In den Büchern der Friedhofsverwaltungen ist in dem Zeitraum keine Bestattung eines »Grünhagen« oder »Wegner« verzeichnet. Allerdings gibt es auf einem kleinen Friedhof in Gatow, unweit von seinem letzten Wohnsitz, einen Grabstein mit der Aufschrift »Michael 1938–1988«. Seine dritte Identität?

Der letzte Versuch

Seit dem letzten, später wieder aufgehobenen Urteil vom Juli 1986 waren fast vier Jahre vergangen, als am 4. April 1990 zum vierten Mal der »Schmücker-Prozeß« begann. Ein paar Monate zuvor hatte der Untersuchungsausschuß des Berliner Abgeordnetenhauses »zur Aufklärung der Rolle des Landesamtes für Verfassungsschutz und der Staatsanwaltschaft im Mordfall Schmücker« begonnen. Er konnte seine Arbeit wegen vorgezogener Neuwahlen nicht abschließen. Trotzdem gelang es den Parlamentariern, einige Fehlleistungen des Geheimdienstes aufzudecken. Es war aber nicht die Aufgabe des Untersuchungsausschusses, den Mord aufzuklären. Das ist Sache der Gerichte.

Die 18. Große Strafkammer des Landgerichts Berlin, ebenfalls eine Jugendkammer, profitierte von der Arbeit der Abgeordneten. Und es war viel passiert und bekannt geworden in den vorangegangenen Jahren. Die alte Parabellum 08, die mögliche Tatwaffe, war 1989 im Panzerschrank des Verfassungsschutzes »gefunden« und dem Gericht übergeben worden. Die beiden Agenten »Wien« und »Flach« wurden enttarnt und Verfassungsschützer Grünhagen war tot. Den Mann hätten sowohl der Parlamentsausschuß als auch das Gericht gern als Zeugen gehört: Bestimmte Fragen konnte nur der Agentenführer und Terroristenjäger beantworten, der zum Drahtzieher in dieser Affäre geworden war, seit er das spätere Mordopfer Ulrich Schmücker Ende Mai 1972 zum ersten Mal im Gefängnis besucht hatte. Ob er die volle Wahrheit gesagt hätte, mag bezweifelt werden. Er neigte ebenso wie seine beiden Top-Agenten »Wien« und »Flach« zu Eigenmächtigkeiten. Doch wenigstens diese beiden Akteure konnten einmal ein paar Stunden lang als Zeugen vernommen werden.

Am 22. und 23. Mai 1990 gleicht das Schloß Schellenberg in Essen, sonst eine Schule für Polizeioffiziere, einer Festung. Auf Wunsch des Innensenators, der die beiden abgetauchten Agenten als Zeugen »freigab«, wurde die Sitzung des Untersuchungsausschusses aus Sicherheitsgründen von Berlin an die Ruhr verlegt. In den umliegenden Straßen wimmelt es von Polizisten. Journalisten und die wenigen Zuhörer der öffentlichen Sitzung müssen sich einer Leibesvisitation unterziehen. Hubschrauber kreisen immer wieder über dem Schloß. Dann landet einer auf der benachbarten Wiese. Fünf vermummte Gestalten, die Strickmützen mit Sehschlitzen über ihr Gesicht gezogen haben, steigen aus und verschwinden auf dem schnellsten Wege im Gebäude. So sollen Fotos und Fernsehaufnahmen der wichtigen Zeugen verhindert werden.

Als um 9.25 Uhr die Sitzung eröffnet wird, ist Volker Weingraber, Edler von Grodek, ohne Vermummung in Begleitung von zwei Bodyguards erschienen. Gegenüber dem Fahndungsfoto von 1975 hat er sich gar nicht so sehr verändert. Er trägt wieder seinen buschigen Schnurrbart. Nur die Haare sind etwas grau geworden und das Gesicht ist sonnengegerbt. Die aufwendigen Sicherheitsmaßnahmen haben ihn in seiner Haltung bestärkt, ein ganz wichtiger Mann zu sein. Entsprechend tritt er auf: Manchmal arrogant, mitunter frech, versucht er, die Regie für seine Befragung durch die Parlamentarier zu übernehmen. Auf einige Fragen will er nicht antworten, weil er dafür keine Aussagegenehmigung habe. Der Vorsitzende belehrt ihn daraufhin, daß es einer solchen Genehmigung nicht bedürfe, weil er nicht Mitarbeiter des Landesamtes für Verfassungsschutz sei. Dann antwortet der unwillige Zeuge, er könne sich nicht erinnern. In anderen Fällen kann er sich zu Recht darauf berufen, daß die Frage nicht durch den Auftrag des Untersuchungsausschusses gedeckt sei.

Lange Zeit der Vernehmung nimmt die Frage seiner außerordentlich großzügigen Bezahlung in Anspruch. Er bestätigt im wesentlichen die ihm vorgehaltenen Zahlen und fügt kommentierend hinzu, daß es seiner Meinung nach zu wenig gewesen sei. Immerhin erfahren die Zuhörer noch, daß das Land Berlin für ihn eine hohe Lebensversicherung abgeschlossen hat. Um 17.12 Uhr des 22. Mai 1990 ist die Befragung beendet. Der höchstbezahlte Agent des Berliner Verfassungsschutzes zieht wieder die Strickmütze über den Kopf, steigt in den Hubschrauber und fliegt davon in Richtung Flughafen. Wenige Stunden später ist er wieder in seinem Exil in der Toskana. Am folgenden Tag wiederholt sich das Agenten-Schauspiel in ähnlicher Weise, diesmal mit Christian Hain alias »Flach«, dem Spitzel aus der Anwaltskanzlei.

Als die Vorsitzende der 18. Strafkammer, Ingeborg Tepperwien, am Morgen des 4. April 1990 im Saal 700 den vierten Durchgang des »Schmücker- Prozesses« eröffnet, ist die Ausgangsposition für alle Beteiligten grundlegend anders: Allein die Erkenntnisse der letzten Jahre und die Sachrüge des Bundesgerichtshofes mit dem Hinweis auf »Weingraber und etwaige Hintermänner« lassen erwarten, daß es in den nächsten Monaten vor allem um die Rolle des Verfassungsschutzes in dem Mordfall gehen wird. Aber bevor das Gericht in die Beweisaufnahme eintritt, stellen die Verteidiger einen Antrag auf Einstellung des Verfahrens. Sie begründen ihn im wesentlichen mit der überlangen Verfahrensdauer, die gegen § 6 der Menschenrechtskonvention verstoße, und mit Verfahrenshindernissen, die durch das Verhalten von Behörden entstanden seien.

Es ist nicht der erste Einstellungsantrag der Anwälte, bereits 1976 hatten sie erstmals die Einstellung gefordert. Aber die Anträge wurden abgeschmettert. Dieses Mal stellt das Gericht die Entscheidung darüber zurück und beginnt, die Frage der Verfahrenshindernisse zu klären. Neue Akten, die in den früheren Prozessen noch nicht von den verschiedensten Behörden zur Verfügung gestellt worden waren, müssen durchgearbeitet werden. Viele Zeugen werden gehört. Es geht unter anderem um die Fragen, wie die Ermittlungen nach dem Mord geführt worden sind und wie die Zeugenaussagen zustande gekommen sind. Auch Jürgen Bodeux wird dazu vernommen. Er kann sich – wie viele Zeugen – nicht mehr so recht erinnern. Aber erstmals sagt er etwas aus, was er in den tagelangen Vernehmungen in den früheren Prozessen nie geäußert hat: Weingraber sei in den Mordplan eingeweiht gewesen. Eine Sensation. Aber ist Bodeux glaubwürdig? Wenn ja, dann war der Verfassungsschutzagent quasi mit am Drücker, wenn nicht, dann hat der Verfassungsschutz möglicherweise dafür gesorgt, daß möglicherweise Unschuldige, zur Tatzeit größtenteils Jugendliche, fast 17 Jahre auf der Anklagebank saßen und dreimal verurteilt wurden.

Nicht nur diese überraschende Aussage des »Kronzeugen«, sondern auch das Urteil am 28. Januar 1991 müssen für das Berliner Landesamt für Verfassungsschutz wie Peitschenhiebe gewirkt haben:

»Das Verfahren wird eingestellt. Die Kosten des Verfahrens und die notwendigen Auslagen der Angeklagten hat die Landeskasse Berlin zu tragen. Die Angeklagten sind für erlittene Schäden aufgrund von Strafverfolgungsmaßnahmen zu entschädigen ...«

In der mündlichen Urteilsbegründung heißt es, die Angeklagten seien in ihrem Recht auf ein faires Verfahren massiv beeinträchtigt worden. Bei der Überprüfung des bis 1989 geheimgehaltenen Zusammenwirkens von Verfassungsschutz und Ermittlungsbehörden habe sich herausgestellt: »Es sind zwei Prozesse geführt worden – einer auf offener Bühne und einer hinter den Kulissen ... Das Verfahren lief ab unter massiver Mitwirkung und Einmischung des Landesamtes für Verfassungsschutz.« Dem Geheimdienst wird vorgeworfen, »leichtfertig« mit Schmückers Leben umgegangen zu sein. Schmücker sei als Lockvogel benutzt worden, um an andere, hochkarätige Terroristen heranzukommen. Grünhagen träfe der Vorwurf, den Mord nicht verhindert zu haben.

Die Taktik der Staatsanwaltschaft, die Wolfsburger nicht als Beschuldigte, sondern als Zeugen zu vernehmen, sei eine unzulässige Art gewesen, die Angeklagten zu Geständnissen zu bringen. Die Zusicherung von Vertraulichkeit bei Tatverdächtigen – wie bei Bodeux – sei eine verbotene Vernehmungsmethode. Die Schäden, die durch die Ausforschung der Verteidigung entstanden sind, seien »nicht mehr reparabel«.

Zusammenfassend sah das Gericht eine Reihe von Verstößen gegen den Rechtsstaat:

- die Dauer des Verfahrens,
- das Vorenthalten von Zeugen, Waffen und Akten,
- die Herbeiführung von Geständnissen mit unzulässigen Vernehmungsmethoden.

Zum Schluß der mündlichen Urteilsbegründung zitiert die vorsitzende Richterin aus einem Vorentwurf der geheimen Rede, die der damalige Chef des Verfassungsschutzes, Eberhard Zachmann, Ende Januar 1975 vor seinen Amtskollegen hielt: »Polizei und Staatsanwaltschaft sind bis an die Grenzen des Vertretbaren gegangen.« Sie fügte hinzu: »Das Gericht meint: Diese Grenzen wurden überschritten.«

Nachwort

Gutgläubige könnten zu dem Schluß kommen, in diesem Fall habe es eine »unglückliche« Aneinanderreihung von Pech und Pannen beim Verfassungsschutz gegeben. Ein übereifriger Agentenführer und seine zwielichtigen Agenten haben über die Stränge geschlagen. Man könnte Schlamperei vermuten: Gerade die Akten zum »Fall Schmücker« befanden sich in einem heillosen Durcheinander, als es die erste, amtsinterne Überprüfung gab. Die Seiten waren nicht durchpaginiert, Teile entnommen und in andere Ordner getan. Ob Seiten fehlen, kann nie mehr nachvollzogen werden.

Ich kann, nach allem, was ich recherchiert, gehört und gelesen habe, nicht mehr an Schlamperei und Zufälle glauben.

Es ist ein Verfassungsschutz-Skandal. Ein Skandal zwar, aber doch nur ein Einzelfall? Auch daran muß man zweifeln: Grünhagen, »Wien« und »Flach« waren über Jahre hinweg auch in zahlreichen anderen Fällen tätig, die nie entsprechend untersucht wurden. Und es sollte zu denken geben, daß sie überhaupt so agieren konnten, daß sie und der gesamte Geheimdienst diesen kaum kontrollierten und kaum kontrollierbaren »Freiraum« hatten. Das wirft ein anderes Licht auch auf die derzeitige Diskussion um die Legalisierung von sogenannten »undercover«-Agenten im Polizeibereich.

Die Akteure in dieser Affäre hatten nichts zu befürchten, sie fanden Rückendeckung durch die jeweilige politische Führung – ganz gleich, ob es CDU- oder SPD-Senatoren waren. Und auch das macht den Skandal aus: Polizei und Justiz funktionierten ganz im Sinne des Verfassungsschutzes. Da bedurfte es keiner Weisungen: Allein Tips, Hinweise und Hintergrundinformationen reichten aus für das Zusammenspiel. Polizisten, Staatsanwälte und auch Richter gingen schlichtweg davon aus: Was der Verfassungsschutz sagt, wird schon seine Richtigkeit haben. Wer schützt uns dann noch vor dem sogenannten Verfassungsschutz?

Anhang

Die Personen der Handlung

ULRICH SEPP SCHMÜCKER	ist zwar die Hauptperson, aber eigentlich nur Spielball von Kräften, die lieber im Hinter- bzw. Untergrund wirken; deshalb wird er nur 21 Jahre alt.
MICHAEL GRÜNHAGEN alias PETER RÜHL alias MANFRED FABIAN alias STEINECKER alias PETER PETERSEN alias JABLONKA alias BUCHHOLZ alias ZACHER	hat das Stellenkürzel »IV(2) Eb1«, viele Namen, viel Ehrgeiz und viel zu tun als »Beschaffer«, Agentenführer und Terroristenjäger des Berliner Landesamtes für Verfassungsschutz (LfV);
alias MICHAEL WEGNER	– unter diesem Namen ist er angeblich gestorben.
VOLKER WEINGRABER, EDLER VON GRODEK alias HARTMUT alias WIEN alias MICHAEL GOLDMANN	Der »Edle« hat drei Leben, wie er sagt: als Zuhälter, als Agent und als hochbezahlter »Frühpensionär« in der Toskana.
ILSE SCHWIPPER gesch. JANDT gesch. BONGARTZ	Die »Rote Ilse« gilt als »Mutter« der Wolfsburger Kommune. 17 Jahre lang ist sie Hauptangeklagte im sogenannten »Schmücker-Prozeß« – bis zum verblüffenden Ende. Ihre Rekorde: 7 Jahre und 6

Monate Knast – niemand saß länger in Untersuchungshaft – und als Großmutter von 53 Jahren die älteste Angeklagte vor einer Jugendstrafkammer in der bundesdeutschen Justizgeschichte.

GÖTZ TILGENER nennt sich »Billy«, trinkt und redet viel, ist eine Randfigur der Untergrundszene, gilt als »Schwätzer« und »Spinner«, aber der Verfassungsschutz glaubt ihm. Auch er stirbt früh und unversehens.

JÜRGEN BODEUX taucht als »Harry« wie aus dem Nichts auf und als »Kronzeuge« wieder unter. Vorher aber macht er Aussagen in vielen Variationen – bis die Ankläger und der Verfassungsschutz zufrieden sind.

WOLFGANG W. »Wölli« aus Wolfsburg soll Schmücker erschossen haben – behaupten Anklage, Verfassungsschutz und »Kronzeuge« unisono, doch es fehlen die Beweise. Aber er wird nicht mangels Beweisen freigesprochen, sondern das Verfahren wird eingestellt, weil die Wahrheit nicht mehr herauszufinden ist.

ANNETTE VON W., »FARIM« und »SÖRE« sind die anderen Mitglieder der »Wolfsburger Kommune«. Zur Tatzeit sind sie 18 Jahre alt und werden dreimal wegen gemein-

	schaftlichen Mordes an Schmükker zu mehrjährigen Jugendstrafen verurteilt. Dann finden sie eine mutige Richterin.
FRANZ NATUSCH	wird am 1. 2. 1975 Chef des Landesamtes für Verfassungsschutz. Zuvor trifft er als »IV(2) A« – Leiter der Zentralen Auswertung – folgenschwere Entscheidungen im Fall Schmücker. Ohne Folgen für ihn.
EBERHARD ZACHMANN	ist bis zum 31. 1. 1975 Chef des Berliner Verfassungsschutzes. Zwei Tage vor der Pensionierung hält er eine strenggeheime Rede vor seinen Kollegen aus Bund und Ländern. Es ist fast die reine Wahrheit.
»SEIFERT« alias »FRANKE«	sind die Arbeitsnamen von »IV(2) Eb 3«, mit bürgerlichem Namen heißt er »Höpfner«. Das aber wissen die Richter nicht und können ihn deshalb nicht als Zeugen vorladen. So bleibt vieles im dunkeln.
CHRISTIAN PAUL HAIN alias »FLACH«	ist ein »guter Freund«, meint Ilse B. Für den Geheimdienst ist er ein erfolgreicher V-Mann. Auch für die Staatsanwaltschaft: als Agent in der Anwaltskanzlei eines Verteidigers. Auf Staatskosten »abgetaucht«.

HANS-JÜRGEN PRZYTARSKI	ist ein junger Staatsanwalt in der politischen Abteilung, als Schmükker stirbt. Es ist sein erster »großer Fall«. Deshalb ist er »dankbar für jeden Tip« – ganz gleich, aus welcher Quelle. Er macht Karriere.
WOLFGANG MÜLLENBROCK	fängt klein an als Staatsanwalt und kommt groß raus als Staatssekretär. Das gibt ihm die Macht, schützend seine Hand über WIEN, FLACH & Co. zu legen. Heute weiß er nicht mehr so genau, was er damals gewußt hat.
NORBERT RIBBECK, WERNER WARIAS und fünf Kripo-Kollegen	von der Soko »Schmücker« ermitteln zwar einiges, aber nicht alles. Sie lassen sich den Weg zum (scheinbaren) Erfolg von Verfassungsschützer Grünhagen weisen. Dazu gehört offizielle und inoffizielle Aktenführung.

Chronologie der Ereignisse

1972	
19. 3.	Die »Bewegung 2. Juni« tritt erstmals unter diesem Namen offiziell in Erscheinung. Kurz danach bekommt Schmücker Kontakt zum harten Kern (Verena Becker, Inge Viett).
5. 5.	Die Polizei kontrolliert den Wagen von Schmücker und seiner Gruppe. Im Auto findet man Sprengstoff, außerdem legt man ihnen diverse Anschläge zur Last. Es ergehen Haftbefehle.
12. 6.	Schmücker gibt dem Drängen eines häufigen Besuchers aus dem Amt für Verfassungsschutz nach und beginnt zu plaudern.
1973	
7. 2.	Prozeß gegen Schmücker. Urteil: zwei Jahre und sechs Monate Haft. Aus gesundheitlichen Gründen wird der Haftbefehl sofort ausgesetzt.
April	Schmücker lernt Götz Tilgener und dadurch auch später Ilse Bongartz und die Wolfsburger Gruppe kennen. Ist bemüht, wieder in der linken Szene aufgenommen zu werden.
1974	
Anfang	Die Stimmung gegen Schmücker schlägt um, da die »Genossen« erfahren haben, daß er vor Gericht umfassend ausgesagt hat, und ihn als Verräter betrachten.
4. / 5. 6.	Der 22jährige Ulrich Schmücker wird im Grunewald erschossen. Wenige Stunden danach wird eine Sonderkommission zur Aufklärung des Mordes gebildet. Der Verfassungsschutz ist von Anfang an dabei, gibt Tips und lenkt die Ermittlungen.

1. 10.	Gegen Jürgen Bodeux, Ilse Bongartz, Wolfgang W., »Farim« und Sönke L. werden Haftbefehle wegen des Mordes an Schmücker ausgestellt.
20. 12.	Jürgen Bodeux macht seine entscheidende Aussage, in der er sich der Mittäterschaft am Mord an Schmücker bezichtigt.
1975	
14. 4.	Tilgener hat in der Sendung »Panorama« seinen großen Fernsehauftritt. Anschließend fühlt er sich gefährdet.
19. 7.	Tilgener wird tot aufgefunden, als Todesursache wird eine Überdosis Tabletten und Alkohol angenommen.
1976	
6. 2.- 22. 6.	Der erste Schmücker-Prozeß. Nach 37 Verhandlungstagen werden die Angeklagten des gemeinschaftlich begangenen Mordes für schuldig befunden und zu mehrjährigen Haftstrafen verurteilt. Bis auf Jürgen Bodeux gehen alle in Revision.
1977	
5. 7.	Das Urteil wird vom BGH aufgehoben.
1978–1979	
10. 4. 27. 7.	Zweiter Schmücker-Prozeß. Nach 109 Verhandlungstagen wird das Urteil verkündet. Strafmaß fast wie beim ersten Prozeß. Wieder gehen die Angeklagten in Revision.
1980	
14. 10.	Das Urteil wird erneut vom BGH aufgehoben.
1981–1986	
7. 5.– 3. 7.	Nach 391 Verhandlungstagen wird der dritte Prozeß abgeschlossen. Wieder wird Revision eingelegt.
1989	
März	Auch das dritte Urteil wird aufgehoben.
1990	
4. 4.	Der vierte Schmücker-Prozeß beginnt.
1991	
28. 1.	Das Verfahren wird eingestellt.

Geheime Rede des scheidenden Verfassungsschutz-Chefs Zachmann

Ende Januar 1975 hielt der Chef des Berliner Landesamtes für Verfassungsschutz, Eberhard Zachmann, bei dem monatlichen Treffen der Amtsleiter aus Bund und Ländern eine Rede zum Mordfall Schmücker. Danach ging er in Pension. Das Manuskript schrieb sein Nachfolger Franz Natusch, der zuvor als »IV(2) A« – Leiter der Zentralen Auswertung – bei vielen Entscheidungen in diesem Fall, etwa bei Observationen und V-Mann-Einsätzen, das letzte Wort hatte. Ein Redeentwurf von Agentenführer Michael Grünhagen war zuvor abgelehnt worden.

Hier die geheime Rede im Wortlaut:

Meine Herren!

Auf unseren letzten Tagungen mußte ich es wiederholt ablehnen, im einzelnen über den Mordfall SCHMÜCKER zu berichten. Die noch nicht abgeschlossenen Ermittlungen der Staatsanwaltschaft und vor allem Quellenschutzgründe standen dem entgegen.

Inzwischen sind die Ermittlungen der Staatsanwaltschaft zwar noch nicht abgeschlossen, aber man kann sagen, die Vorbereitung der Tat und der Tathergang sind nicht mehr nur durch geheime Informationen geklärt, sondern durch das Geständnis eines Mittäters abgesichert. So glaube ich, Ihnen heute einen umfassenden Bericht über diesen ersten politischen Fememord in unserer Nachkriegsgeschichte geben zu können.

Da jedoch der V-Mann des LfV Berlin, durch dessen Informationen allein die Aufklärung dieses Verbrechens erst möglich geworden ist, noch immer als VM in terroristischen Kreisen tätig ist, muß ich Sie mit allem Nachdruck darauf hinweisen, daß diese Unterrichtung ausschließlich für Sie bestimmt ist. Ich muß Sie bitten, Einzelheiten dieses Falles bis auf weiteres selbst nicht mit Ihren engsten Mitarbeitern zu erörtern. Gleichzeitig bitte ich, über den Inhalt meiner Ausführungen nichts im Protokoll festzuhalten.

Lassen Sie mich nun zunächst einmal einige Bemerkungen zur Vorgeschichte des eigentlichen Mordes machen.

In den Jahren 1971/72 hatten wir in einer kleinen terroristischen Gruppe der Neuen Linken einen VM geführt. Diese Gruppe führte mehrere, heute müßte man sagen kleinere Brandanschläge durch. Durch unseren VM gelang es uns seinerzeit zwar einen Sprengstoffanschlag dieser Gruppe durch Austausch des Sprengstoffes gegen harmlose Materialien zu verhindern; alle unsere Versuche jedoch, diese Gruppe auf frischer Tat zu überführen, scheiterten. Es gelang uns damals nicht, diese Gruppe zu zerschlagen. Zu ihr gehörte auch Harald SOMMERFELD, der damals erst 18 Jahre alt war und uns als labil bekannt war.

Dieser Harald SOMMERFELD, zu dem wir zwischenzeitlich den Kontakt verloren hatten, weil unser VM seine Tätigkeit für uns aus privaten Gründen aufgegeben hatte, wurde nun am 7. 5. 1972 zusammen mit Inge VIETT, Wolfgang KNUPE und Ulrich SCHMÜKKER bei einer Kfz-Kontrolle in Bad Neuenahr festgenommen. In ihrem Fahrzeug wurden ein selbstgebauter Sprengkörper, eine Sprengkapsel, Materialien für den Bau von Sprengkörpern, zwei Funkgeräte, gestohlene Kfz-Kennzeichen und dergl. gefunden. Von diesen vier Personen, die zunächst alle keine Aussagen machten, war uns zu diesem Zeitpunkt nur SOMMERFELD einschlägig bekannt.

Da es zu diesem Zeitpunkt in Berlin eine ganze Reihe unaufgeklärter Sprengstoffverbrechen, die sogar ein Todesopfer gefordert hatten, und mehrere Raub- bzw. Banküberfälle aus politischen Motiven gab, deren Täterkreis völlig unbekannt war, entschlossen wir uns, den Versuch zu unternehmen, SOMMERFELD zu Aussagen über die Terroristenkreise in Berlin zu bewegen.

Aufgrund seiner Labilität und seiner uns bekannten früheren Straftaten versprachen wir uns einen evtl. Erfolg. Da aber nur wir von seinen früheren Terrorakten wußten, konnten auch nur wir diese Befragung durchführen. Allerdings soll hier nicht verschwiegen werden, daß dies noch aus einem anderen Grunde notwendig war. Wir mußten damit rechnen, daß SOMMERFELD, wenn er einmal Aussagen machen würde, auch Angaben über unseren damaligen VM machen würde, der sich ja für ihn als Mittäter darstellen mußte. Sie werden verstehen, daß wir daran in keiner Weise interessiert waren, zumal dieser VM inzwischen ins normale bürgerliche Leben zurückgefunden hatte.

Nun, meine Herren, über den Erfolg dieser Befragungsaktion brauche ich heute nicht mehr viel zu sagen.

Sie wissen, daß es unserem Mitarbeiter in monatelanger zäher Kleinarbeit gelang, 8 Sprengstoffverbrechen und 3 Raub- bzw. Banküberfälle, das heißt alle bis zu diesem Zeitpunkt in Berlin begangenen politischen Terrorakte, aufzuklären.

Die bei dieser Befragung gewonnenen Hintergrunderkenntnisse über den Terrorismus in Berlin, über die sog. »Gruppe 2. Juni«, von der wir bis dahin überhaupt nichts gewußt hatten, ihrer Entstehung und ihrem Zusammenhang mit der Baader-Meinhof-Gruppe waren für die spätere Bekämpfung des Terrorismus nicht nur in Berlin von immenser Bedeutung.

Daß es bei dieser Aktion gelang, neben SOMMERFELD auch noch SCHMÜCKER zu Aussagen zu bewegen, war ein besonderer Glücksumstand. Dies war einmal nur aufgrund der besonderen Persönlichkeitsstruktur des SCHMÜCKER möglich. Bei ihm handelte es sich um einen zwar sehr intelligenten, aber doch sehr unreifen jungen Mann. Innerlich zerrissen, äußerst labil, mit versponnenen Auffassungen mangelte es ihm an jeder echten politischen Motivation. Die bereits in der Öffentlichkeit kolportierte These, er hätte sich sein künftiges Leben nur als Terrorist oder als VM für uns vorstellen können, ist keine journalistische Phantasie, sondern nur eine wiederholt geäußerte Auffassung.

Trotz dieses Persönlichkeitsbildes des SCHMÜCKER wäre es sicher kaum gelungen, ihn zu Aussagen – zumindest dieses Ausmaßes – zu bewegen, ohne die entsprechenden Hintergrunderkenntnisse aus der Vergangenheit und der Befragung SOMMERFELDs. Daß der Erfolg einer solchen Aktion trotzdem lediglich von der Persönlichkeit des Betroffenen – und seiner Reaktion auf den Befrager – abhängt, zeigt die Tatsache, daß ähnliche Versuche bei Inge VIETT und Wolfgang KNUPE gescheitert sind.

Wir waren uns seinerzeit natürlich darüber im klaren, daß diese Art der Befragung zahlreiche Risiken für uns in sich barg. Wir wurden daher auch nur tätig in voller Abstimmung mit der Staatsanwaltschaft und unserer politischen Führung. Ohne die enge Zusammenarbeit mit der zuständigen Staatsanwaltschaft in Rheinland-Pfalz und deren verständnisvolle und aufgeschlossene Haltung wäre diese Aktion überhaupt nicht möglich gewesen. In diesem Zusammenhang möchte ich auch nicht versäumen, die Unterstützung des LfV Rheinland-Pfalz dankbar zu erwähnen.

Zu den Risiken, mit denen gerechnet werden mußte, gehörte auch die Möglichkeit, daß einer der Befragten später seine Aussagen zurückzieht und allerlei verleumderische Beschuldigungen gegen den Befrager und den Verfassungsschutz als solchen erhebt.

Und genau das – meine Herren – ist im Fall SCHMÜCKER eingetreten. Während Harald SOMMERFELD, nachdem er sich einmal zu Aussagen entschlossen hatte, konsequent mit der Vergangenheit gebrochen hatte und sich ernstlich auf den Weg ins bürgerliche Leben zurückhelfen ließ, zeigte sich sehr bald, daß SCHMÜCKER eben an dieser Rückkehr ins bürgerliche Leben nicht interessiert war. Obwohl wir SCHMÜCKER in gleicher Weise wie SOMMERFELD auch nach seinen Aussagen vor der Polizei ständig betreut haben – und meine Herren, dies ist trotz aller hiermit verbundenen Gefahren für die späteren Gerichtsverfahren eine zwingende Notwendigkeit –, ist es uns nicht gelungen, ihn von seinem Irrglauben, er könnte nach seiner Haftentlassung wieder Verbindung zu seinen terroristischen Kreisen aufnehmen, abzubringen.

Als er drei Tage nach seiner Verurteilung und sofortigen Haftentlassung am 10. 2. 1973 versuchte, seinen Befrager bei einem Treff durch dritte Personen fotografieren zu lassen, war seine Absicht deutlich. Was er allerdings schließlich wirklich vorhatte, wissen wir bis heute nicht mit Bestimmtheit. Es wird wohl immer ungeklärt bleiben, ob er tatsächlich wieder Terrorist werden wollte oder ob er meinte, er könnte sich alleine die Verbindungen zu seinen alten Freunden schaffen, um dann für uns von Interesse zu sein.

Für uns – meine Herren – bestand jedenfalls nach seinem Versuch, unseren Beamten zu fotografieren, keine Möglichkeit mehr, ihm – wie wir das mit SOMMERFELD getan haben und weiter tun werden – bei seiner Rückkehr ins normale Leben zu helfen oder ihn gar vor Racheakten zu schützen.

Er machte das im übrigen auch seinerseits unmöglich, in dem er nach diesem Treff im Februar 1973 untertauchte. SCHMÜCKER meldete sich dann nur noch einmal bei uns Ende September 1973 – also nach mehr als einem halben Jahr. Bei diesem Treffen, das unter Beachtung aller Sicherheitspunkte für unseren Beamten durchgeführt wurde, wollte er lediglich wissen, ob er bereits polizeilich gesucht werde; dies war zu diesem Zeitpunkt noch nicht der Fall.

Erst im März 1974 – also nach einem weiteren halben Jahr – tauchte der Name SCHMÜCKER dann wieder im Meldebild auf. Ein VM des LfV Berlin, der seit Ende 1972 für uns in terroristischen Kreisen tätig war, meldete, daß SCHMÜCKER unter dem Namen Bernd LAURISCH in Berlin Neukölln, Lahnstr. 82, eine Einzimmerwohnung bewohne. Durch Ermittlungen und Observationen wurde festgestellt, daß diese Meldung den Tatsachen entsprach. Wir hatten zu diesem Zeitpunkt die Absicht, nach Möglichkeit SCHMÜCKER nicht aus den Augen zu verlieren, da nach seinem Verhalten damit gerechnet werden mußte, daß er nicht nur wieder Verbindung mit Terroristen unterhält, sondern sich selbst auch wieder entsprechend betätigt. Dies galt um so mehr, als uns etwa zur gleichen Zeit bekannt wurde, daß SCHMÜCKER ein Gedächtnisprotokoll über seine Befragung durch unseren Beamten während seiner Haft gefertigt hatte und dieses Protokoll im Besitz linksextremer Rechtsanwälte war. Wir selbst erhielten Ende April 1974 Kenntnis vom Wortlaut des Protokolls. Wir hatten es von unserem VM über Götz TILGENER, einer Randfigur der terroristischen Berliner Kreise, erhalten.

Der Inhalt dieses Protokolls ist Ihnen ja allen aus den Presseveröffentlichungen weitgehend bekannt. Das Gedächtnisprotokoll strotzt von Verdrehungen, Entstellungen und Verleumdungen und war genau das, was wir bei Durchführung der Befragungen als Möglichkeit stets befürchtet hatten. Offensichtlich erhoffte sich SCHMÜCKER dadurch seine Rehabilitierung. Wenngleich das Gedächtnisprotokoll auch hinsichtlich der damit verfolgten Absicht recht durchsichtig angelegt war, so war uns – wie Sie sich denken können – bei dem Gedanken an den Wirbel, der damit in der Öffentlichkeit ausgelöst werden könnte, gar nicht wohl; jedoch konnten wir dagegen nichts tun, sondern mußten abwarten, wie die Dinge sich weiter entwickeln würden.

Wir rechneten damit, daß die linksextremen Anwälte bei den Prozessen gegen Inge VIETT, RÄTHER, Verena BECKER u. a. mit dem Protokoll herausrücken würden, um die Aussagen SCHMÜCKERs und SOMMERFELDs damit als unglaubwürdig hinstellen zu können. Wir konnten zu diesem Zeitpunkt nicht ahnen, daß alles ganz anders kommen würde.

Kurze Zeit darauf, im April 1974, erhielt unser VM erstmals Kontakt mit der sog. ›Wolfsburger Kommune‹ um Ilse BONGARTZ. Der VM hatte die BONGARTZ und ihre Begleitung in einem einschlägigen Lokal über den bereits erwähnten TILGENER kennengelernt. Da der VM die Möglichkeit hatte, Gleichgesinnte während ihres Berlin-Aufenthaltes unterzubringen, wurde der Kontakt zu dieser Gruppe schnell enger. Hinzu kam, daß der VM der BONGARTZ offensichtlich recht sympathisch war. Hierzu ist anzumerken, daß die sexuelle Ausstrahlungskraft der B. – wie sich später herausstellte – der Hauptzusammenhalt der gesamten Gruppe war.

Ilse BONGARTZ berichtete dem VM, daß sie einer Gruppe angehöre, die sich zielstrebig auf den revolutionären Kampf vorbereite. Sie ließ sehr bald ihr Interesse an Waffen, falschen Papieren und dergleichen erkennen. Dies deckte sich mit Äußerungen des – bei uns an sich als Aufschneider bekannten – TILGENER, der erklärt hatte, die Gruppe um die B. habe eine ›Wahnsinnstat‹ vor, wolle sich Waffen beschaffen und plane eine ›Geldkiste‹, sprich Banküberfall.

Diese Informationen veranlaßten uns, den VM anzuhalten, die Kontakte zu dieser Gruppe zu intensivieren. Dies galt um so mehr, als die B. eines Tages auf SCHMÜCKER zu sprechen kam. Sie erklärte, man habe einen Rechtfertigungsbericht des SCHMÜCKER über das Zustandekommen seines Geständnisses in Händen und halte diesen Bericht möglicherweise für eine Provokation. Man wolle sich anhand der Prozeßakten vergewissern, inwieweit diese Behauptungen SCHMÜCKERs tatsächlich zuträfen. Aufgrund dieser Sachlage wurde die Gruppe B. während ihrer Berlin-Aufenthalte soweit wie möglich observiert. Hierbei wurde eine Begegnung zwischen der B. und SCHMÜCKER am 11. 4. 74 in dem bereits zuvor erwähnten Lokal beobachtet. Gleichzeitig wurde festgestellt, daß diese Zusammenkunft von TILGENER und drei weiteren Personen beobachtet wurde. Später konnten diese drei Personen als die Mitglieder der ›Wolfsburger Kommune‹ Wolfgang S., Wolfgang W. und Annette von W. identifiziert werden. Aus den späteren Aussagen des TILGENER und Jürgen BODEUX wissen wir heute, daß das Treffen zwischen der B. und dem SCHMÜCKER von den übrigen Mitgliedern der ›Wolfsburger Kommune‹ regelrecht observiert worden war.

Wie der VM von der B. erfuhr, soll SCHMÜCKER bei diesem Gespräch nochmals betont haben, daß er es ehrlich meine und wieder aktiv mitarbeiten wolle.

Am 8. 5. 1974 übergab TILGENER dem VM ein verschlossenes Kuvert zur Aufbewahrung. In dem Briefumschlag befand sich eine ›Vernehmung‹ des SCHMÜCKER zu seiner Befragung während seiner Haft. Bei dieser ›Vernehmung‹ handelte es sich um einen Fragenkatalog mit den dazugehörenden Antworten des SCHMÜCKER, der später dem ›Bekennerbrief‹ als Anlage beigefügt war. TILGENER gab zu, daß der Fragebogen von ihm selbst auf einer Maschine geschrieben worden war, die sich die B. vom VM geborgt hatte. Der VM hat diese Maschine im übrigen nie wieder zurückbekommen. Sie ist, wie inzwischen aus den Aussagen des BODEUX bekannt geworden ist, in Wolfsburg ins Wasser geworfen worden. Sie konnte vor etwa 10 Tagen von der Polizei geborgen und als Beweisstück sichergestellt werden.

Bei einem weiteren Besuch der B. am 13. 5. 74 in Berlin, bei dem sie in Begleitung eines ›Harry‹ war, der erst nach der Tat als der bereits erwähnte Jürgen BODEUX identifiziert werden konnte, beobachtete der VM, daß die B. und BODEUX im Besitz einer alten verrosteten Pistole 08 waren. VM stellte fest, daß einmal die B. und das andere Mal BODEUX die Pistole mit sich führten. Zuvor hatte der VM mitgeteilt, daß Inge VIETT und Ralf REINDERS unter den Namen ›Maria‹ und ›John‹ die B. in Wolfsburg besucht hatten.

Am 31. Mai 1974 meldete sich nach über achtmonatiger Pause SCHMÜCKER beim LfV Berlin und verlangte einen Treff mit seinem damaligen Befrager.

Trotz erheblicher Sicherheitsbedenken für unseren Beamten wurde eine Zusammenkunft mit SCHMÜCKER für denselben Tag vereinbart. Hierfür wurden umfangreiche Sicherheitsmaßnahmen getroffen.

SCHMÜCKER gab zu, daß er versucht habe, wieder Kontakte zu Terroristen aufzunehmen. Es sei ihm aber bisher nicht gelungen, volles Vertrauen zu erringen. Er fühle sich von ›Linken‹ observiert und bedroht. In diesem Zusammenhang nannte er Namen mehrerer Mitglieder der ›Schwarzen Hilfe‹. Er bat um eine Schußwaffe. Dies wurde mit Entschiedenheit abgelehnt.

Gleichzeitig brachte er aber zum Ausdruck, daß er der B. vertraue. Diese habe ihm erklärt, es gäbe für ihn noch eine Chance zur Mitarbeit. Man habe Kontakte zur ›IRA‹ aufgenommen. Dort bestände die Möglichkeit, sich zu rehabilitieren, ohne daß es jemanden gefährden könne. Er werde zu diesem Zwecke nach Westdeutschland kommen müssen. SCHMÜCKER erklärte, er erwarte nun jederzeit eine Aufforderung der B., nach Westdeutschland zu fahren. Dies sei auch der Grund gewesen, weshalb er sich nun plötzlich wieder mit dem Verfassungsschutz in Verbindung gesetzt habe. Gleichzeitig bat er um DM 300,–, um ggf. nach Westdeutschland fahren zu können. Im übrigen bestätigte er die Erkenntnisse, die bereits zuvor über den VM über die ›Wolfsburger Kommune‹ und über SCHMÜCKER selbst gewonnen werden konnten.

SCHMÜCKER wurde bei diesem Treff kein Geld ausgehändigt. Ihm wurde erklärt, daß es für ihn der wirksamste Schutz wäre, wenn er sich nicht mehr mit seinen ›Genossen‹ treffen würde. Um über ihn durch entsprechende Beobachtungen möglicherweise weitere Terroristenkreise aufklären zu können, wurde verabredet, daß er sich am 4. 6. 74, dem Pfingstdienstag, vormittags erneut telefonisch melden sollte, um ggf. einen neuen Trefftermin vereinbaren zu können.

SCHMÜCKER meldete sich auch tatsächlich am 4. 6. erneut telefonisch. Ihm wurde aufgetragen, am 7. 6. wieder anzurufen. An diesem

Tage sollte ein neuer Treff stattfinden. Aus Sicherheitsgründen sollte dieser aber erst ganz kurzfristig abgesprochen werden.

Zu diesem Treff kam es nicht mehr – in der Nacht vom 4. zum 5. 6. 74 wurde SCHMÜCKER im Grunewald ermordet.

In der Zwischenzeit hatte sich folgendes abgespielt: In der Nacht vom 2. zum 3. 6. 74 waren Ilse BONGARTZ und HARRY (Jürgen BODEUX) nach Berlin gekommen. HARRY war zu dieser Zeit der intime Freund der B. Beide berichteten dem VM, daß sie sich zum 3. 6. mit den beiden steckbrieflich gesuchten Inge VIETT und Ralf REINDERS treffen wollten.

Daraufhin wurde eine Observation angesetzt. Die B. und HARRY fuhren am Nachmittag des 3. 6. (Pfingstmontag) mit der U-Bahn zur Krummen Lanke. Sie gingen einmal um die Krumme Lanke herum. Hierbei machten sie gleich zu Anfang an einer Stelle Rast, zu der sie nach der Umwanderung der Krummen Lanke noch einmal zurückgingen und sich dort noch einmal hinsetzten. Kurz vor dem Aufbruch ging HARRY noch allein zu dem wenig oberhalb dieser Stelle gelegenen Waldweg. Genau an dieser Stelle wurde keine 36 Stunden später die Leiche des SCHMÜCKER gefunden.

Dieser gesamte – wie wir damals meinten – Spaziergang wurde von unserer Observationsgruppe in allen Einzelheiten beobachtet. Da sich die B. und HARRY hierbei wie ein ausgesprochenes Liebespaar benommen hatten – was im übrigen ja auch den Tatsachen entsprach –, waren wir über dieses Observationsergebnis ausgesprochen ärgerlich.

Statt zu den gesuchten VIETT und REINDERS geführt zu werden, hatten wir die Zeit unserer Observation an einem Feiertag mit der Beobachtung eines Spazierganges eines Liebespaares vertan! Bei dieser Sachlage brachen wir die Observation sofort ab.

Am darauffolgenden Tag – am 4. 6. 74 – dem Pfingstdienstag, teilte VM mit, daß die B. sich seinen VW-Kombi für den Vormittag ausleihen wollte. Außerdem hatte man ihm mitgeteilt, daß am Abend Wolfgang W. den Wagen nochmals gebrauchen würde. W., der ebenfalls zur ›Wolfsburger Kommune‹ gehörte, war erst am 4. 6. morgens nach Berlin gekommen. Weiterhin war dem VM mitgeteilt worden, daß W. ihm ein ›Paket‹ übergeben würde, wenn er abends den Wagen zurückbringen würde. Dieses sollte der VM sicher aufbewahren.

Wir standen nun vor der Frage, ob wir die angekündigten Fahrten mit dem Wagen des VM observieren sollten. Mit Rücksicht auf den Schutz des VM sahen wir schließlich davon ab. – Hätten wir uns damals anders entschieden – meine Herren –, wären unsere Observanten aller Wahrscheinlichkeit nach Augen-, oder mindestens Ohrenzeugen des Mordes geworden.

Denn an diesem Abend fuhr W. mit dem Wagen unseres VM in den Grunewald, um SCHMÜCKER zu erschießen. Das steht heute unzweifelhaft fest! Nun – meine Herren –, als wir uns entschieden, die Fahrten am Vormittag und Abend nicht zu observieren, konnten wir das nicht wissen. Aber es sollte keine 24 Stunden mehr dauern, bis uns dies nahezu zur Gewißheit wurde.

Aber lassen Sie mich kurz noch den Ablauf dieses Tages weiter schildern. Die B. und HARRY brachten den Wagen des VM gegen Mittag zurück und fuhren sodann mit dem Zug nach Wolfsburg zurück. Der VM brachte sie zum Bahnhof. Allerdings sah er die beiden nicht in den Zug einsteigen. Heute wissen wir, daß sie auch tatsächlich abgereist waren. Unmittelbar nach der Tat aber bedeutete dies, daß sie auch den VM absichtlich getäuscht haben konnten und doch noch in Berlin geblieben waren. Sie konnten somit als Täter nicht ausgeschlossen werden.

Am Abend holte sich W. den Wagen gegen 20.50 Uhr vom VM ab. Es war vereinbart, daß er ihn ab 23.00 Uhr wieder an den VM übergeben sollte, der auf ihn am Bhf. Zoo warten wollte, da W. anschließend ebenfalls sofort nach Westdeutschland fahren wollte. Wegen des angekündigten ›Pakets‹ war anschließend ein Treff zwischen VM und VMF verabredet, der zu Hause abrufbereit wartete.

Gegen 23.30 Uhr übergab W. den Wagen wieder an VM. Hierbei überreichte er ihm statt des ›Pakets‹ eine Plastiktüte. Dann verabschiedete sich W. in völlig ungewohnter Weise mit Umarmung und wollte mit dem Zug nach Westdeutschland zurückfahren. Ob er tatsächlich in den Zug einstieg, konnte der VM nicht sagen. Als der VM in der Plastiktüte nachsah, was drinnen war, entdeckte er eine alte Pistole 08, von der er sofort annahm, daß es sich um die Waffe handelte, die er schon Wochen vorher bei der B. und ›Harry‹ beobachtet hatte. In der Tüte waren weiterhin zwei Magazine und einige Schuß Munition.

Gegen 23.50 Uhr rief der VM seinen VMF an, und es wurde ein Treff vereinbart. Beide trafen sich gegen 0.20 Uhr. Hierbei übergab der VM dem VMF die Tüte mit der Waffe. Beide faßten hierbei die Waffe an. Der VMF nahm die Tüte mit der Waffe an sich. Etwa zur gleichen Zeit wurde im Grunewald die Leiche SCHMÜCKERs durch amerikanische Soldaten gefunden.

Als wir in den frühen Morgenstunden des 5. 6. von der Ermordung SCHMÜCKERs, dem ungefähren Zeitpunkt seiner Ermordung und vor allem den Fundort seiner Leiche erfuhren, ergaben sich für uns folgende Überlegungen:

1. Die Ermordung SCHMÜCKERs war von der Wolfsburger Kommune durchgeführt worden. Unsere Observanten waren Zeugen gewesen, als die B. und ›Harry‹ die Mordstelle ausgesucht hatten. Unser VM hatte die vermutlichen Täter während der Vorbereitung der Tat beherbergt. Sein Auto war für die Vorbereitung und vermutlich auch Ausführung der Tat benutzt worden. Der für die Tat am dringendsten Verdächtige hatte die vermutliche Tatwaffe unserem VM übergeben. Sie befand sich in unserem Besitz. Die Waffe trug die Fingerabdrücke des VM und des VMF.
2. Bei dieser Sachlage drängte sich die Überlegung auf, ob die Täter den VM erkannt hatten und ihn und uns absichtlich gezielt in diese Situation manipuliert hatten. Es wäre ihnen sicherlich nicht allzu schwer gewesen, der Öffentlichkeit sogar noch ein Motiv des Verfassungsschutzes für die Ermordung SCHMÜCKERs zu liefern. Schließlich hatte SCHMÜCKER zu erkennen gegeben, daß er seine Aussagen über die Straftaten der Gruppe 2. Juni widerrufen wollte. Sie war im Besitz seines Gedächtnisprotokolls. Wer also hätte ein stärkeres Interesse am Tode SCHMÜCKERs haben können als der Verfassungsschutz? Bei eingehenderen Überlegungen, auf die ich hier jetzt nicht näher eingehen kann, sprach allerdings sehr viel gegen diese Möglichkeit.
3. Bedenklicher war schon die Frage, hatte der VM etwas von der Mordabsicht gewußt oder war er gar an der Ausführung des

Mordes beteiligt? Für die entscheidende Zeit zwischen 20.50 Uhr und 23.50 Uhr hatte der VM kein für uns nachprüfbares Alibi! Er war in dieser Zeit im Kino – allein! Wenn wir diese Möglichkeit verwarfen, so nicht deshalb, weil die Fakten dem unausweichlich entgegenstanden, sondern nur, weil der VM bis dahin in allen wesentlichen Punkten zuverlässig gearbeitet hatte.

Ein nagender Zweifel blieb allerdings. Damit Sie das verstehen können, muß ich hier wohl erst einmal einige Worte zum oder über den VM sagen:

Als wir den VM im November 1972 warben, war er als Zuhälter tätig. Er war zwar noch nicht straffällig geworden oder besser gesagt, man hatte ihm noch keine Straftat nachweisen können, er lebte aber in einem eindeutig kriminellen Milieu. Er war in seiner Umgebung als nicht zimperlich bekannt. Er wurde allgemein, selbst von den Terroristen, respektiert, die Wolfsburger fürchteten ihn bis zu einem gewissen Grade, fühlten sich jedoch in seiner Gegenwart andererseits sicher und geborgen. Er war für sie der Fachmann! Er stammte aus gutbürgerlichem Haus – Professorensohn. Er hatte in der Schule Schiffbruch erlitten und nie einen normalen Beruf ausgeübt. Politisch hatte er allerdings mit den Terroristen nichts im Sinn. Und so hatte er sich bei der Polizei gemeldet, als er von einer Terroristin auf Waffenbeschaffung angesprochen worden war. Er galt in kriminellen Kreisen als Waffenspezialist. Die Polizei hatte ihn seinerzeit uns übergeben, und wir haben ihn dann in zäher und geduldiger Arbeit aufgebaut und in die terroristische Szene hineingespielt. Ihm selbst machte diese Arbeit Spaß. Wahrscheinlich war es Abenteuerlust. Zuweilen waren allerdings auch versteckte Anzeichen dafür erkennbar, daß er hier eine Gelegenheit sah, sich vor sich selbst zu rehabilitieren.

Im allgemeinen folgte er unseren Anweisungen, nur fand er uns häufig viel zu ängstlich und hatte für rechtsstaatliche Bedenken nicht das geringste Verständnis. So gingen unsere Befürchtungen auch nur in diese Richtung. Hatte der VM möglicherweise durch einen Alleingang den großen ›Schlag‹ landen wollen, von dem er immer geträumt hatte?

In politischer Hinsicht waren wir unserer Sache ziemlich sicher. Er hatte bereits wertvollste Arbeit geleistet. U. a. waren die Festnahmen von RÄTHER, KÜPPERS und ZIELKE allein auf seine Arbeit zurückzuführen.

Bei dieser Charakterisierung des VM werden Sie, meine Herren, verstehen, daß wir den letzten Zweifel in uns nicht beseitigen konnten. Bei unseren weiteren Überlegungen ließen wir sie allerdings unberücksichtigt.

4. Es erhob sich vielmehr die Frage, ob es zweckmäßig und erforderlich sei, der Polizei und Staatsanwaltschaft den wahren Sachverhalt zu offenbaren. Wir kamen zum gegenteiligen Ergebnis. Wir kannten ohne Zweifel den Täterkreis, aber wir kannten nicht die Täter! Wir hatten keinerlei Tatsachen in der Hand, mit denen wir den Beweis hätten antreten können. Selbst die Schußwaffe wäre hierfür nur bedingt zu verwenden gewesen, da keine Hülse gefunden worden war und das Geschoß sich völlig zerlegt hatte. Uns wäre also nur der Zeugenbeweis geblieben. Diesen aber hielten wir in Anbetracht der Person des Zeugen für nicht erbringbar, ganz abgesehen davon, daß der VM zum damaligen Zeitpunkt hierzu auch nicht bereit gewesen wäre. Und selbst die Gestellung der Observanten als Zeugen für die Vorbereitungshandlung hätte nach allgemeiner Auffassung allenfalls zum Erlaß eines Haftbefehls, nie aber zur Überführung gereicht. Außerdem hätte auch dies zur Enttarnung des VM geführt, es sei denn, irgendein Amtsangehöriger hätte später im Prozeß einen Meineid über den eigentlichen Grund für die Observation leisten müssen.

   Im übrigen waren wir bei der geschilderten Sachlage der Auffassung, daß die Enttarnung des VM zu diesem Zeitpunkt schon allein deshalb vermieden werden mußte, weil sonst die Täter mit großer Wahrscheinlichkeit den VM nicht nur als agent provocateur abgestempelt hätten, sondern ihn zumindest der Mittäterschaft, wenn nicht gar der Täterschaft beschuldigt hätten. Es gab keinerlei Tatsachen, mit denen der VM hätte seine Unschuld beweisen können. Nicht einmal wir hätten ihm helfen können. Auch wir konnten nicht bezeugen, wo er zur fraglichen Zeit war. Und die vermutliche Tatwaffe hatten wir von ihm erhalten, und sie trug obendrein seine Fingerabdrücke.

Wir sind nachträglich unserer politischen Führung, der Polizei und der Staatsanwaltschaft sehr, sehr dankbar, daß sie sich damals von uns haben überzeugen lassen, daß die Offenbarung des wahren Sachverhalts bzw. Opferung des VM und der Observanten nicht zum Erfolg führen würden, sondern möglicherweise sogar noch größeren Schaden anrichten würden. Vor allem der Polizei und der Staatsanwaltschaft gilt unsere Anerkennung, da wir ihnen gegenüber stets nur mit abstrakten Andeutungen und vagen Hinweisen arbeiten konnten. Sie haben sehr viel Vertrauen aufgebracht. Ohne unsere langjährige erfolgreiche Zusammenarbeit auf diesem Gebiet wäre dies sicher nicht möglich gewesen. Sicherlich allerdings auch nicht ohne die Erfahrungen aus dem URBACH-Fall, in dem wir ja leider mit unseren Bedenken auf der ganzen Linie Recht behalten hatten.

In der gegebenen Situation konnten wir zunächst nun nicht mehr machen, als die Polizei, die ja keinerlei Hinweis auf den Mörder besaß, auf die richtige Fährte anzusetzen. Dies war ohne Gefährdung des VM dadurch möglich, daß wir die Polizei über das Auftauchen SCHMÜCKERs kurz vor dem Mord, den Treff mit ihm am 31. 5. und seine hierbei gemachten Angaben informierten. Dadurch erhielten Polizei und Staatsanwaltschaft die Möglichkeit, die gesamte Wolfsburger Kommune, Götz TILGENER und noch einige Personen mehr als Zeugen zu vernehmen.

Diese Taktik der Staatsanwaltschaft, diesen Kreis nicht als Beschuldigte, sondern als Zeugen zu vernehmen, erwies sich sehr schnell als richtig. Als Zeugen konnten die betreffenden Personen nicht die Aussage verweigern, ohne sich selbst als Straftäter hinzustellen oder eine Beugehaft zu riskieren. Sie machten dann auch bis auf Ilse BONGARTZ Teilaussagen und verwickelten sich sehr schnell – wenn auch bei Randfragen – in Widersprüche. Die Staatsanwaltschaft konnte ihnen so bald nachweisen, daß sie die Unwahrheit gesagt hatten oder, fachmännischer ausgedrückt, sich der uneidlichen Falschaussage schuldig gemacht hatten. Daß dies allerdings auch für unseren VM zutraf, sei nur am Rande bemerkt. Es ließ sich aus Tarnungsgründen nicht vermeiden. Verschwiegen werden darf hierbei allerdings nicht, daß die Erfolge der Staatsanwaltschaft bei diesen Vernehmungen ganz wesentlich dadurch möglich waren, daß wir ihr von Anfang an die Gewißheit verschafft hatten, daß sie auf der richtigen Spur ist, und sie auch immer mit dem für die Vernehmung erforderlichen Hintergrundwissen ausgestattet hatten. Dadurch wurde sofort Unsicherheit über das tatsächliche Wissen der Staatsanwaltschaft in den Täterkreis getragen. Die Wirkung dieser Taktik wurde z. B. ganz deutlich bei der zeugenschaftlichen Vernehmung der B. Als die B. lediglich gefragt wurde, ob sie in Berlin auch die Krumme Lanke kenne, verweigerte diese hierzu die Aussage, statt schlicht und einfach mit »ja« zu antworten. Dieses Verhalten brachte ihr eine zweimonatige Beugehaft ein, was wiederum zur Folge hatte, daß der eigentliche Kopf der Gruppe erst einmal mehr oder weniger ausgeschaltet war.

So erfolgreich diese Taktik nun aber auch war, so reichte sie jedoch nicht aus, zwischen den Vernommenen und dem Mord einen unmittelbaren Zusammenhang nachzuweisen. Nicht einmal Haftbefehle hätten damit erreicht werden können. Und hierin sahen wir eigentlich noch unsere einzige Hoffnung, die Täter überführen zu können. Denn auch die intensivsten Ermittlungen der Polizei hatten zwischenzeitlich keinerlei Tatsachenbeweise erbracht. Und da wir – wie bereits dargelegt – die Zeugenaussage des VM und der Observanten ebenfalls nicht als ausreichend und vor allem als nicht praktikabel ansahen, bestand die einzige Aussicht dafür, diesen Mord aufzuklären bzw. besser die Mörder zu überführen, darin, einen der Beteiligten zum Geständnis zu bringen. Hierauf war unsere gemeinsame Taktik angelegt.

Ich weiß nicht, meine Herren, ob dies gelungen wäre, wenn uns hier nicht das Glück zur Seite gestanden hätte. Das Glück, das wir allerdings zunächst als etwas ganz anderes empfunden hatten, als ein sehr schwer zu lösendes Problem, als eine ganz schöne Patsche, in die wir geraten waren.

Anfang Juli 1974 hatte »Harry« den VM bei einem Besuch des VM in Wolfsburg zwei Taschen übergeben, in denen sich eine Kleinkalibermaschinenpistole der Marke Landmann-Preetz, eine Pistole, ein Sparbuch auf den Namen Jürgen BODEUX, ein Führerschein auf den Namen Wolfgang W., andere Ausweispapiere und diverse schriftliche Aufzeichnungen, darunter der Plan für einen Lohnbüroüberfall in

Hamburg, befanden. Erläuternd muß ich hier vielleicht noch einschieben, daß der VM auf unsere Weisung hin die ganze Zeit über engsten Kontakt zum Täterkreis aufrechterhalten hatte, um weitere Informationen über den Tatablauf und die künftigen Pläne der Gruppe zu erhalten. Diese Bemühungen waren äußerst erfolgreich. So war es uns z. B. bereits unmittelbar nach der Tat gelungen, ein Telefongespräch zwischen dem VM und der B. auf Tonband zu nehmen, das uns gleich drei wesentliche Erkenntnisse lieferte: Einmal waren wir auf der richtigen Spur, zweitens handelte es sich bei der in unserem Besitz befindlichen Pistole tatsächlich um die Tatwaffe und drittens – das war für uns besonders beruhigend – wir erhielten durch diese Aufzeichnung den Beweis, daß unser VM tatsächlich nichts von dem Mordplan gewußt hatte. Später schilderte W. aufgrund des engen Kontaktes zu dem VM den gesamten Tatablauf und rühmte sich selbst der Tat. Dadurch wurde noch die letzte Erkenntnislücke geschlossen.

Doch nun zurück zur Übergabe der Taschen Anfang Juli in Wolfsburg. »Harry« bat den VM, die Taschen mit Inhalt für die Gruppe sicher aufzubewahren. VM versteckte daraufhin die Taschen im Hause seiner Eltern in Braunschweig. Erst durch das in der Tasche befindliche Sparbuch war es dann möglich, »Harry« als Jürgen BODEUX zu identifizieren.

Mitte August 1974, die B. war inzwischen wieder aus der Beugehaft entlassen worden, wurde uns durch den VM bekannt, daß diese Gruppe Ende August 1974 eine sog. Geldkiste, sprich Banküberfall, in Darmstadt durchführen wollte. Hierzu sollte der VM die versteckten Waffen wieder zurückgeben. Nun war aber bereits zuvor bei uns in Abstimmung mit der politischen Führung entschieden worden, daß die vom VM versteckten Waffen auf keinen Fall der Gruppe zurückgegeben werden durften. Wir waren stets der Ansicht, daß man gewiß einiges machen kann, um die Glaubwürdigkeit seines VM im Interesse eines weitergesteckten Aufklärungsziels zu unterstreichen. So haben wir wiederholt für den VM Ausweispapiere entweder beschafft oder gefälscht. Aber wir waren in Übereinstimmung mit der Auffassung unserer politischen Führung stets der Meinung, daß es für das Machbare Grenzen gibt. Hierzu gehört eindeutig, daß wir nicht bereit sein konnten, den Terroristen Waffen zu geben, über deren Verwendung wir später keine Kontrolle haben würden.

So standen wir nunmehr vor der Notwendigkeit, die Rückgabe der Waffe zu verhindern. Dies war umso unumgänglicher, als die Wolfsburger Kommune die Landmann-Preetz tatsächlich früher einmal durch eine Panne, auf die ich hier jetzt nicht näher eingehen kann, von unserem VM erhalten hatte.

Nun hätten wir vielleicht noch eine Möglichkeit gefunden, eine Legende für den Verlust der Taschen zu konstruieren. Im günstigsten Fall aber hätte jede Lösung das Image des VM unter seinen Gesinnungsgenossen erheblich ramponiert. Andererseits hätten wir der Gruppe wegen ihrer Vorbereitungen des Banküberfalls nichts nachweisen können, und für die Überführung in der Mordsache wäre auch nichts herausgesprungen. Die Gruppe mußte jedoch mit Sicherheit in Verlegenheit geraten, wenn es uns gelingen würde, die Taschen mit ihrem Inhalt der Polizei in die Hände zu spielen.

So entschlossen wir uns schließlich, einen Autounfall zu inszenieren. Dadurch konnten wir hoffen, daß einmal das »Ansehen« des VM keinen Schaden erlitt und zum anderen weiteres Belastungsmaterial gegen die Gruppe in die Hände der Polizei fallen würde.

Ich kann mir ersparen, Ihnen die Abwicklung des »Unfalls« hier im einzelnen zu schildern. Es gab erhebliche Schwierigkeiten, auch einige von uns vorher nicht vorhergesehene. Im Endergebnis aber war diese Unfallinszenierung ein voller Erfolg. Dieser »Unfall« und seine Folgen waren der eigentliche Schlüssel, mit dem es der Staatsanwaltschaft schließlich gelang, den Täterkreis aufzubrechen und das angestrebte Geständnis in der Mordsache SCHMÜCKER zu erlangen. Wir müssen zugeben, hier stand uns das Glück kräftig zur Seite.

Durch die bei dem Unfall aufgefundenen Materialien war es der Staatsanwaltschaft möglich, Ilse BONGARTZ, Jürgen BODEUX und zwei weitere Personen in Darmstadt wegen Mitgliedschaft in einer kriminellen Vereinigung festzunehmen. Gegen W. und S. wurden wegen anderer, früherer, mehr oder weniger belangloser Straftaten Haftbefehle erwirkt, und Götz TILGENER wurde aufgrund eines Haftbefehls wegen Nichtanzeige eines geplanten Verbrechens inhaftiert. Damit waren vom Täterkreis nur noch Annette v. W., Sönke L.

und – für den Außenstehenden – der VM auf freiem Fuß. Dies war schon allein zur Abdeckung des VM unbedingt erforderlich.

Nun, meine Herren, mußte es sich zeigen, ob die gemeinsam von Staatsanwaltschaft, Polizei und uns verfolgte Taktik aufging. Wenigstens einer der Täter mußte zum Geständnis gebracht werden. Und wir hatten Glück, unsere Rechnung ging auf. Götz TILGENER, den wir von Anfang an als das schwächste Glied in der Kette gehalten hatten und der in die Tatausführung selbst auch nicht verwickelt war, machte die ersten Aussagen über die Planung des Mordes. Dies allein schon hätte der Staatsanwaltschaft erstmals die Möglichkeit gegeben, die ergangenen Haftbefehle in Haftbefehle wegen Mordverdachts umzuwandeln und diese sicher auch einige Zeit aufrechtzuerhalten. Zur Verurteilung hätten diese Angaben allerdings nie ausgereicht.

Dann aber kam aus Darmstadt die Mitteilung, daß BODEUX, von dem wir dies im übrigen am wenigsten erwartet hätten, erste Angaben – allerdings nur bezüglich des geplanten Überfalls in Darmstadt – machte. Nun kam es darauf an, schnell zu handeln. Aufgrund unserer Erfahrungen auf diesem Gebiet wußten wir, daß es vor allem darauf ankam, BODEUX schnell aus den Händen der linksextremen Anwälte herauszubekommen. Anderenfalls konnte mit entscheidenden Aussagen nicht gerechnet werden. Entgegen starker Bedenken örtlich zuständiger Stellen setzten wir uns auf Bitten der Berliner Staatsanwaltschaft zusammen mit dem BfV mit dem Vater des BODEUX, einem seriösen Juristen, in Verbindung. Wir konnten den Vater durch informelle Unterrichtung über die tatsächliche Situation davon überzeugen, daß für seinen Sohn ein Geständnis noch immer das beste sei. Der Vater stimmte zu, aber dann verweigerte sein Familienanwalt die Hilfe, vermutlich aus Angst für die Reputation seiner Anwaltspraxis. Wieder appellierte die Staatsanwaltschaft an unsere vermittelnde Hilfe. Aufgrund unserer Zusammenarbeit im Fall BROCKMANN, der seinerzeit ebenfalls zur Aussage bewegt werden konnte und somit selbst lebendes Beispiel dafür geworden war, daß dies noch immer der vorteilhafteste Weg für den Mittäter war, gelang es uns, dessen Verteidiger, einen bekannten Berliner Strafverteidiger, für diese Aufgabe zu gewinnen.

Damit war die Sache auch in diesem Fall gelaufen. BODEUX

entzog Herrn REINHARDT das Mandat und sagte zum SCHMÜKKER-Mord aus, zunächst allerdings unter Fortlassung derjenigen Begebenheiten, die ihn selbst besonders belasteten.

Eigentlich hätten wir nun froh sein müssen. Aber aus den Aussagen des BODEUX entstanden nunmehr zwangsläufig neue Komplikationen. Zwar bestätigte BODEUX – wie bereits vorher schon TILGENER – in seiner Aussage, daß unser VM nichts von dem Mord gewußt hatte. Dies ist gewiß von unschätzbarem Wert für den Fall, daß wir den VM doch noch werden enttarnen müssen. Wenn auch bereits der Bekenntnis-Brief und das schon erwähnte aufgezeichnete Telefongespräch in dieser Richtung unsere größten Sorgen schon kurz nach der Tat beseitigt hatten, so war durch diese Aussagen auch der Möglichkeit vorgebeugt, den VM und damit uns eine Mitwisserschaft in die Schuhe zu schieben. Aber BODEUX sagte selbstverständlich einige Dinge mehr aus, die es der Staatsanwaltschaft nun ermöglichten, die bestehenden Haftbefehle abzuändern und nunmehr gegen alle Beteiligten Haftbefehle wegen Mordverdachts zu erlassen, auch gegen unseren VM.

Hieran aber waren wir zu diesem Zeitpunkt gar nicht interessiert. Der VM hatte zwischenzeitlich über Annette von W. engen Kontakt zu Brigitte HEINRICH in Frankfurt bekommen. Nach ersten Informationen aus dieser neuen Verbindung zeichnete sich der Plan einer Befreiung aller BAADER-MEINHOF-Häftlinge durch die Geiselnahme von hohen Diplomaten nach Möglichkeit aus Ostblockstaaten ab. Wir hielten es dringend für geboten, an dieser Sache dranzubleiben.

In schwierigen Verhandlungen mit der Staatsanwaltschaft konnten wir schließlich erreichen, daß diese von der Beantragung eines Haftbefehls gegen den VM und zu dessen Abtarnung auch gegen Annette von W. Abstand nahm. Die Situation änderte sich jedoch in kurzer Zeit. Einmal stellte sich heraus, daß der Befreiungsplan nicht so aktuell war, wie wir zunächst angenommen hatten, zweitens wurde Annette von W. nicht mehr als Zwischenperson zwischen Brigitte HEINRICH und VM benötigt, drittens wurde der enge Kontakt durch eine operative Panne unserer Schweizer Kollegen gestört und viertens waren uns selbst Bedenken gekommen, daß die Nichtbeantragung des Haftbefehls doch den VM gefährden könnte. So zogen wir unsere Einwände zurück, und es ergingen nunmehr auch Haftbefehle gegen Annette von W. und VM. Annette von W. wurde festgenommen, der VM befindet sich seit dieser Zeit im Untergrund.

Kurz darauf kam es zur Ermordung des Berliner Kammergerichtspräsidenten. In die bundesweite Aktion gegen Terroristen wollte das BKA auch Brigitte HEINRICH einbeziehen. Wir äußerten keine Bedenken, da – wie bereits erwähnt – der Kontakt des VM zu ihr gestört worden war. Nach der Festnahme der HEINRICH zogen wir den VM aus dem Frankfurter Raum wieder zurück und versuchen, ihn hier wieder mit terroristischen Kreisen in Kontakt zu bringen, da es auch heute noch keine Anzeichen dafür gibt, daß ihm mißtraut wird.

Zum gegenwärtigen Stand des Ermittlungsverfahrens in der Mordsache SCHMÜCKER ist zu sagen, daß die Staatsanwaltschaft durch die Aussagen von TILGENER und BODEUX, den wir im übrigen durch ein Gespräch noch zur vollen Aussage bewegen konnten, den Mord als aufgeklärt ansieht. Für die Beweisführung ist sie allerdings im wesentlichen auf diese Aussagen angewiesen. Sie hofft deshalb mit uns noch immer darauf, daß noch ein weiterer Mittäter ein Geständnis ablegt. Es würde unsere Chancen verbessern, den VM auch weiterhin, zumindest bis nach der Aburteilung der Täter, aus der Sache heraushalten zu können. Aber selbst wenn dies nicht möglich sein sollte, sind die Voraussetzungen für eine Präsentierung des VM im Verfahren heute um vieles besser als unmittelbar nach der Tat.

Insoweit, meine Herren, ist das Kapitel Mordfall SCHMÜCKER für uns sicher noch nicht abgeschlossen. Dieser Fall wird uns auch weiterhin noch sehr viel Kopfzerbrechen bereiten. Dessen bin ich sicher. Aber er ist auch ein Fall, der ein hervorragendes Beispiel erfolgreicher Zusammenarbeit von Verfassungsschutz, Polizei und Staatsanwaltschaft unter einer mutigen und verantwortungsbewußten, nicht auf politische Effekthascherei bedachten politischen Führung darstellt. Ohne das gegenseitige Verständnis des einen für die Möglichkeiten, aber auch für die Notwendigkeiten des anderen, hätte dieser Fall niemals so erfolgreich gelöst werden können.

Meine Herren! Es war mir in dem hier zur Verfügung stehenden zeitlichen Rahmen unmöglich, näher auf alle diejenigen Probleme einzugehen, die dieser Fall aufgeworfen hat. Ich konnte sie überwiegend nur anreißen und mußte und muß es Ihrer Phantasie überlassen, sich vorzustellen, wie viele Stunden wir vom VM-Führer bis zum Amtsleiter immer wieder für die Lösung dieser Probleme aufwenden mußten. Sicher sollte, wenn der Fall einmal endgültig abgeschlossen ist, über alle diese Dinge noch einmal viel eingehender gesprochen und berichtet werden. Ich glaube, es läßt sich an ihm sehr, sehr viel lernen. Aber dann müßte man sich hierfür wesentlich mehr Zeit nehmen.

Heute möchte ich mich nur abschließend noch bei allen den Ämtern und Kollegen für ihre Mithilfe bedanken, die wir während der Arbeit an diesem Fall um Unterstützung bitten mußten. Wir wissen, daß nicht alle Beteiligten mit unserem Informationsverhalten einverstanden gewesen sind, und wir machen keinen Hehl daraus, daß uns manche Reaktion und auch manche Handlungen beteiligter Ämter nicht gefallen haben. Ich habe diese Problematik der Zusammenarbeit des Verfassungsschutzes untereinander, die entsteht und erforderlich ist, wenn ein VM im terroristischen Bereich in einem anderen Bundesland tätig wird, heute absichtlich nicht angeschnitten. Dies hätte den zeitlichen Rahmen vollends gesprengt. Ich möchte diese Problematik keineswegs bagatellisieren. Ganz im Gegenteil, es muß darüber gesprochen werden. Vielleicht gibt uns der nächste Punkt unserer heutigen Tagesordnung hierzu schon die erste Gelegenheit.

Bibliographie

Wichtige Informationen stammen aus der schriftlichen Begründung des Einstellungsurteils im 4. »Schmücker-Prozeß«. Es ist als Broschüre in der Schriftenreihe der Vereinigung Berliner Strafverteidiger e. V., Güntzelstraße 53, 1000 Berlin 31, erschienen und dort gegen Rechnung zu beziehen.

Hilfreich war das Buch »Der unendliche Zeuge – Szenen aus dem Schmücker-Prozess« von Bernd Häusler, erschienen 1987 im TRANSIT Buchverlag, Berlin. Der Autor ist einer der Verteidiger, die von Anfang an in dem Verfahren tätig waren.

Wolfram Bortfeldt, geboren 1945 in Hilden im Rheinland. Seit Anfang 1972 Journalist in Berlin, zuletzt Leiter des Berliner Büros des ›Stern‹. Lebt seit 1986 als freier Journalist und Filmautor in Hamburg.

Politische Magazinbeiträge für den NDR und Spiegel-TV. Den Fall Schmücker hat er seit 1975 beobachtet.